Serie Tres Ríos

Espacio urbano, comunicación y violencia en América Latina

Para Susana Rotker,
in memoriam

Espacio urbano, comunicación y violencia en América Latina

Mabel Moraña, editora

INSTITUTO INTERNACIONAL DE LITERATURA IBEROAMERICANA

ESPACIO URBANO, COMUNICACIÓN Y VIOLENCIA EN AMÉRICA LATINA
© 2002, Mabel Moraña, ed.

ISBN: 1-930744-08-0

Instituto Internacional de Literatura Iberoamericana
University of Pittsburgh
1312 Cathedral of Learning
Pittsburgh, PA 15260
(412) 624-5246 • (412) 624-0829

Diseño de portada: Diego Echesortu Pinasco
Composición: Erika Braga
Correctores: Ana Miramontes, Alicia Ortega y Susana Rosano

SUMARIO

Mabel Moraña, Introducción 9

I. LA CIUDAD Y SUS DEMONIOS: DISTRIBUCIÓN Y FORMAS DE LA VIOLENCIA URBANA

Jesús Martín-Barbero, La ciudad que median los miedos 19
José Teixeira Coelho Netto, A imaginação e o capital cultural da violência no Brasil 37
Rossana Reguillo-Cruz, ¿Guerreros o ciudadanos? Violencia(s). Una cartografía de las interacciones urbanas 51
Martín Hopenhayn, Droga y violencia: fantasmas de la nueva metrópoli latinoamericana 69

II. IMAGINARIOS URBANOS, IDENTIDADES, CIUDADANÍAS

Mary Louise Pratt, Tres incendios y dos mujeres extraviadas: el imaginario novelístico frente al nuevo contrato social 91
Alicia Ortega, La representación de Quito en su literatura actual 107
Domingo Miliani, Cien años de ciudad entre dos violencias y dos novelas: *Todo un pueblo* (1899)/ *Pin Pan Pun* (1997) 127
Juan Poblete, Violencia crónica y crónica de la violencia: espacio urbano y violencia en la obra de Pedro Lemebel 143

III. LA MEMORIA ESCINDIDA: QUIEBRES Y RELATOS

Hermann Herlinghaus, Desafiar a Walter Benjamin desde América Latina. De la «violencia» del discurso a unas «terribles ambivalencias» de la narración 157
Ticio Escobar, Memoria insumisa. Notas sobre ciertas posibilidades críticas del arte latinoamericano 169
Nelly Richard, El drama y sus tramas; memoria, fotografía y desaparición   195

IV. CIUDAD Y VIOLENCIA: MODELO PARA ARMAR

Beatriz Sarlo, Violencia en las ciudades. Una reflexión sobre el caso argentino 205

Wander Melo Miranda, Cenas urbanas: a violência como forma 215
Carlos Jáuregui, Violencia, representación y voluntad realista. Entrevista con Víctor Gaviria 223

Introducción

El tema de la violencia es connatural a la historia misma de América Latina y, por lo mismo, resulta inagotable en cualquiera de sus múltiples manifestaciones materiales y simbólicas, desde los orígenes coloniales hasta la actualidad. A nivel continental, la praxis y el discurso de la violencia pueden perseguirse desde la penetración y la depredación colonizadora con que América Latina es inscrita en el desarrollo cultural de Occidente hasta llegar a las más recientes y sutiles formas asumidas por la violencia de Estado, pasando por las instancias de imposición de modelos culturales y económicos que en las distintas épocas impactaron radicalmente las culturas criollas y vernáculas. América Latina ha sufrido así, históricamente, las consecuencias de una violencia fundacional, que la condena a una posición periférica con respecto a sistemas globales cuyos centros han difundido, en sus correspondientes áreas de influencia, la "racionalidad" de su propia reproducción cultural, política y económica. De esta manera, la trama social que resultara de la matriz colonialista registró desde el comienzo las huellas imborrables de la violencia que se manifestara tanto a nivel racial como económico, tanto en lo referido a las políticas del género como en lo relacionado con la distribución geocultural del poder, en todos sus niveles. Las "dolorosas repúblicas hispanoamericanas" de que hablara Martí se han debatido desde entonces contra las formas naturalizadas de la violencia de la exclusión y el autoritarismo, la miseria interna y la depredación imperialista, la penetración cultural y las intervenciones políticas, siempre amparadas en la retórica legitimadora que las clases dominantes esgrimieran en cada caso para perpetuar su poder.

Puede hablarse así, para el caso de América Latina, de la violencia colonialista, imperialista, o nacionalista, y de la violencia impuesta por los modelos de modernización; de la violencia que conlleva la creación y aplicación del sistema institucional y de las formas múltiples de violencia emancipadora y revolucionaria; de la violencia represiva y de las formas que se asocian con la estructura republicana, la implementación del liberalismo y la búsqueda o quiebres del consenso democrático. En todos los casos, asoma el problema central de la *legitimidad* y el derecho, como muros de contención que permitirían encaminar las especulaciones ético-filosóficas en torno a la función de la violencia dentro de la dramaticidad histórica, y su interpretación como la condición humana que de Maquiavelo a Sade, de Hobbes a Sorel, define al individuo en sociedad.

En el conocido artículo titulado "Para una crítica de la violencia", Walter Benjamin indicaba: "La tarea de una crítica de la violencia puede definirse como la exposición de su relación con el derecho y con la justicia", enfatizando la importancia de las repercusiones que todo acto de violencia tiene sobre la esfera de las relaciones morales. Preocupa a Benjamin, fundamentalmente, que la consolidación del poder, en sus formas institucionales y jurídicas, implica ya un acto de violencia, la que llama "violencia creadora de derecho", o sea significa la implantación y reconocimiento de una violencia dominante, hegemónica, que se apoya en la coerción y la fuerza para imponer un orden, ya que "si decae la conciencia de la presencia latente de la violencia en una institución jurídica, ésta se debilita". La violencia es entonces, en este nivel jurídico-filosófico señalado por Benjamin, inherente a la constitución misma del Estado y a la organización del orden social. Pero a esta forma de violencia que podríamos llamar "socializante", que reprime para regular, se suman, a veces en proporciones descomunales, las perversiones que corrompen y subvierten las bases mismas de la sociedad civil, en sus múltiples niveles. Lo que queda por determinar –en un trabajo que no puede dejar de ser puntual, documentado, cuantificado, pero también y principalmente interpretativo y, en su mejor sentido, ampliamente *político*– son las vinculaciones entre ambos niveles: el institucional y el que recorre los estratos más oscuros y sumergidos de *lo social*, el de la cultura oficial y el de los micro-relatos que forman la intrahistoria nacional, sectorial, comunitaria.

El presente volumen, que compila trabajos que fueran presentados y discutidos en la *Segunda Conferencia Internacional de Estudios Culturales Latinoamericanos* llevada a cabo en la Universidad de Pittsburgh en marzo del año 2000, tiene como foco principal una articulación específica en torno al tema de la violencia contemporánea: la que analiza los cruces y formas específicas en que la violencia se manifiesta teniendo como escenario principal los centros urbanos de América Latina, y las modalidades a partir de las cuales el fenómeno de la violencia es recogido y re-presentado por los medios de comunicación de masas, tanto como por la cultura popular, el arte, la literatura y otras formas del discurso letrado y la "alta cultura".

Algunos temas se repiten incansablemente a través de estos estudios: el del *miedo*, como denominador común que atraviesa las interacciones sociales, y el de la existencia de *subculturas* múltiples a través de las cuales se expresan las frustraciones y conflictos que aquejan a vastos sectores sociales: la cultura de los jóvenes, la de la droga, la de las pandillas, la de los marginados. Se repite, asimismo, la interpretación de la violencia como una de las más claras y perturbadoras *patologías identitarias* derivadas de sociedades excluyentes, jerárquicas, autoritarias, que expulsan de una ciudadanía "de primera clase" a los grupos que no transitan los canales del "orden", el consumo, el progreso social, consagrados por el liberalismo desde la fundación de las repúblicas. En todos los casos, *la ciudad* es el escenario en el que se suceden, en una especie de *performance* interminable, "los rituales del caos", de que hablara Carlos Monsiváis.

Las narrativas de la violencia dialogan con los discursos oficiales con un lenguaje *otro*: exasperado, desafiante, reivindicativo, siempre altamente simbólico, ambivalente, contradictorio. El mapa de las grandes ciudades latinoamericanas, que fueran fraguadas por las burguesías nacionales como el proscenio en el que se llevaría a cabo la puesta en escena del capitalismo liberal integrado, el nacionalismo y la democracia republicana, ha sufrido a través de las épocas innumerables cambios. La historia de las ciudades de América Latina puede leerse como un texto pautado por rupturas, quiebres y fraccionamientos constantes, y como el escenario de permanentes transgresiones que revelan dinámicas ocultas pero poderosas, que el ojo complacido y doméstico de un *flâneur* no podría discernir más que como epifenómenos que perturban, a veces incisivamente, el paisaje ciudadano. La ciudad-puerto de Buenos Aires, que materializara en el momento de su diseño primero la utopía de una América europeizada, existente de espaldas a sus realidades demográficas, naturales e históricas, no puede ser leída sólo por la amplitud de sus bulevares parisinos, ni por la sucesión de sus escaparates, parques y monumentos conmemoratorios, sino como el teatro de una épica de movilizaciones y violencias históricas: la del populismo peronista, en todas sus numerosas inflexiones, la de la dictadura que lanzara a las grandes avenidas los tanques de guerra y las fuerzas del ejército nacional, la de las Madres de la Plaza de Mayo que levantan la foto en blanco y negro de los desaparecidos interpelando a un poder elusivo y anónimo. Ciudad de México será, para siempre, Tlatelolco, y las urbes colombianas no podrán nunca dejar de ser la cara descompuesta de *Rodrigo D*, los ojos y las manos extendidas de la *La vendedora de rosas* ni la despojada soledad –la propia, la ajena– a que nos enfrenta *La virgen de los sicarios*. La historia de Caracas no puede concebirse de espaldas a las montañas de Petare, desde donde baja al valle un sujeto social que está fuera de la ley no por su recurrencia al delito sino porque la ley lo dejó afuera desde las primeras constituciones nacionales y desde las primeras orgullosas formulaciones de lo que era o debía ser la disciplinada "cultura nacional". El "caracazo", el populismo *a la Chávez*, la violencia del hambre y la corrupción son inseparables de los logros de la "alta cultura" y de las imágenes de una "Venezuela suya" *for export*. La Habana no existe ya sino como el lugar de la utopía revolucionaria, y Quito no se puede evocar más que como el espacio en el que los indios se congregan para desafiar el lugar del poder. Santiago de Chile es el emblema que recuerda una de las heridas más profundas de la historia continental. Es, en este sentido, el testimonio vivo de un vacío – el de los desaparecidos, el de la justicia que llega tarde y mal, el de un modelo económico que profundiza el desamparo de demasiados y por el que se ha pagado un precio tremendamente alto. Brasilia, Rio de Janeiro, São Paulo, son escenarios en los que una "sintaxis moderna" organiza la representación y "comprensión" del conflicto social como si se tratara de sujetos desmaterializados pero inevitablemente sometidos a una violencia que ya parece constitutiva, inescapable (Teixeira Coelho).

Real o re-presentada por el arte, la violencia latinoamericana forma parte de los imaginarios ciudadanos que evocan con triste ironía los bocetos que el sueño ilustrado propusiera como cartografía primera de la *comunidad imaginada*. En el primer apartado de *Espacio urbano, comunicación y violencia en América Latina*, titulado *La ciudad y sus demonios: distribución y formas de la violencia urbana*, Jesús Martín-Barbero nos habla de la fascinación pública con la violencia y del modo en que ésta ha pasado a integrar los procesos comunicacionales en los centros urbanos, erosionando profundamente las identidades individuales y colectivas. Los medios y los miedos se trastocan como movilizantes sociales, transfigurando las formas en que se vive el espacio público y privado, y las narrativas que dan cuenta de ellos. Los pioneros trabajos de Martín-Barbero, que han abierto una nueva ruta en la intepretación de la cultura latinoamericana, ayudan a entender, principalmente, la coexistencia de diversos imaginarios que se enfrentan cotidianamente en las interacciones urbanas, así como los procesos interpretativos que los medios de comunicación realizan en su procesamiento de la información y las ideologías. Por esa misma ruta, Rossana Reguillo-Cruz nos interna por los vericuetos de la vida ciudadana, donde los individuos recorren los caminos de la violencia como forma de respuesta al caos nacional. La investigadora mexicana reconoce un uso político de la violencia, y sus múltiples articulaciones al poder en las variadas formas de socialización que se combinan en los centros urbanos. El miedo es así un ritual que une y fragmenta, que divide y, paradójicamente, cohesiona a los individuos en la ceremonia de resistencias grupales erráticas y discontinuas. La figura de la víctima y el guerrero sustituyen, finalmente, a la del ciudadano, dibujando los trazos de la cartografía social que decompone los imaginarios y utopías de la modernidad. Para Martín Hopenhayn, droga y violencia son los "fantasmas de la nueva metrópolis latinoamericana". Como indica el sociólogo chileno, la brecha existente entre el consumo de imágenes y el consumo –menor– de bienes materiales contribuye a la creación de un desarraigo existencial que asigna a la droga un valor compensatorio indudable. Sin embargo, la "resonancia simbólica" de la droga es mucho mayor que su incidencia real. Y es justamente esta repercusión la que denuncia la existencia de grandes carencias sociales que conducen al sobredimensionamiento del placer y a la búsqueda de gratificaciones inmediatas. Al mismo tiempo, la droga, manipulada desde los discursos del poder, abre el espacio para la creación de estados de excepción destinados a proteger de todo aquello que amenaza los valores y proyectos de la modernidad. En el caso del Brasil, José Teixeira Coelho examina las cambiantes relaciones entre imaginación y capital cultural en un mundo saturado por la violencia. Para Teixeira Coelho, la violencia es una forma exacerbada de poder, que los medios de comunicación reproducen en una función que contradice lo que los medios prometen a la ciudadanía. Los medios confirman el espacio urbano como el escenario de la violencia y "educan" al individuo en la naturalización de ésta y en el camuflaje del conflicto social. En todos los artículos mencionados, la modernidad es el horizonte de expectativas contra el cual se recortan las prácticas sociales y los imaginarios nacionales a nivel continental. Las desviaciones del modelo amenazan sistemas de control, intereses y alianzas, y por lo mismo dejan al descubierto las fracturas mismas de la base social en que se fundan. Pero al mismo tiempo esas desviaciones son manipuladas por el poder político, como una forma de mantener el control material y simbólico en formaciones sociales aquejadas por fracturas estructurales muy profundas, cuya historia se confunde con la del desarrollo cultural, político y económico, desde sus orígenes.

El segundo apartado del volumen, titulado *Imaginarios urbanos, identidades, ciudadanías*, reúne cuatro trabajos que leen el texto –social, literario– como una crónica de la violencia urbana, en la que los actores se interrelacionan en un *performance* en el que género, clase y raza constituyen instancias de poder o subordinación que modifican el ordenamiento social y las formas que asume la subjetividad colectiva. Mary Louise Pratt, siguiendo a Carol Pateman, articula las nociones de contrato social y contrato sexual, para indicar cómo las sociedades existen en un doble registro conflictivo donde la cuestión genérica se plantea en términos de agencia (masculina), colocando a la víctima –a su cuerpo real y simbólico– en una posición de subalternidad. En novelas contemporáneas (de Ricardo Piglia, Mayra Montero y Fernando Vallejo) Pratt comprueba la crisis de ambos contratos, presentada a través de planteamientos a la vez alegóricos y fuertemente referenciales de problemáticas actuales en la sociedad latinoamericana. Alicia Ortega enfoca la fragmentación ciudadana y la nostalgia por el centro urbano concebido como un espacio concentrado y cohesionado en torno al "centro histórico". También en su caso la literatura representa los rituales de esa fragmentación, dejando al descubierto una ciudad secreta recorrida siempre por la melancolía y la búsqueda. En el caso de la narrativa chilena, Juan Poblete analiza también los ocultamientos, repliegues y perversiones de una urbe que insospechadamente subyace al triunfalismo del consumo neoliberal en la posdictadura. Los rituales del margen, iluminados por la prosa neobarroca de Pedro Lemebel, muestran una forma alternativa y por cierto desafiante de circulación material y simbólica, creando una inflexión grotesca en la lógica de mercado y en el discurso oficial. Domingo Miliani se interna en dos novelas que marcan los finales del siglo XIX y del siglo XX en Venezuela, registrando la violencia ciudadana con una contra-estética apropiada para el relato del quiebre de las utopías, en contextos históricos distintos, que el análisis de Miliani coloca en contrapunto. De esta manera, los textos literarios funcionan, en todos los casos señalados, como la arena en la que se dirimen conflictos sociales que estas narrativas exponen como la exhibición de una herida social pero también como la denuncia de una culpa política.

La memoria escindida: quiebres y relatos es el apartado que se ocupa de revisar aspectos que componen el aparato conceptual de la modernidad, en los puntos en que éste afecta la constitución de identidades colectivas y las lecturas del pasado. Como Ticio Escobar indica en sus referencias al arte visual en Paraguay, superadas las restricciones esencialistas con que ciertas formas del arte moderno revisitan el discurso oficial, la función fundamental del arte sería justamente la de convertirse en agencia de la memoria colectiva, negociando la referencia, a veces excesivamente abrumadora, al pasado histórico, con la necesidad de evitar el olvido. En el mismo sentido, Nelly Richard sitúa el drama social del Chile de la posdictadura dentro de las tramas sociales en las que olvido y justicia, memoria y negociación política, se dan cita conflictivamente. En su análisis del discurso fotográfico, la imagen es evocación y testimonio de una violencia que no encuentra su lugar de equilibrio ni su mitigación en los discursos del pacto redemocratizador. La memoria es un *desideratum* y una práctica destinada a fijar el trauma histórico de la desaparición y la tortura dentro de las narrativas de la recomposición nacional, a través de una estética innovadora, que asimila lo fragmentado, marginal o incluso sustraído de la escena colectiva, como parte de un imaginario de fuerte tono político y reivindicativo. En "Desafiar a Walter Benjamin desde América Latina", Hermann Herlinghaus vuelve sobre el filósofo alemán proponiendo una historización del pensamiento crítico que permita formalizar alternativas ante la melancolía y el nomadismo intelectual. Herlinghaus se refiere a narrativas que ayudan a "establecer comunidad", donde "la memoria viva (e.g. narrativa) es la fuente más importante de experiencias". En América Latina aparecen cronistas, testimonios, escrituras femeninas "pos-identitarias', canciones populares, telenovelas, que permiten un desplazamiento de la mirada, desde los relatos de la "alta cultura" a las peripecias "menores" y los micro-relatos que señalan una historicidad *otra*, que requiere nuevas estrategias de lectura crítica y de teorización.

Finalmente, en *Ciudad y violencia: modelo para armar*, tres contribuciones ayudan a reconceptualizar los mapas quebrados de las urbes latinoamericanas. Beatriz Sarlo reflexiona sobre el caso argentino, y sobre la existencia de un imaginario que ha interiorizado el miedo como constante y como metáfora de la situación nacional. El debilitamiento de la misma noción de *pertenencia* a la sociedad muestra un resquebrajamiento del pacto social y una conciencia de la incapacidad del Estado para garantizar la seguridad de los ciudadanos. En una trama en la que se cruzan deterioro económico, vaciamiento de las instituciones, aumento de la delincuencia y sentimiento difuso pero generalizado de inseguridad personal, los medios de comunicación masiva se convierten en tribunales de justicia pública, desde los que se procesa la experiencia de acuerdo con intereses, retóricas y estrategias de control social reforzando, premeditadamente o no, la estructura de poder. Por encima de estadísticas y programas sociales, el imaginario colectivo registra los quiebres del programa de la modernidad centrado en la función rectora y protectora del Estado, sin que se vislumbren salidas que puedan contarrestar la percepción colectiva. Walter Melo Miranda analiza representaciones artísticas brasileñas en las que se busca minar el discurso monumentalizador de la ciudad. A través de la fotografía y el discurso narrativo, resurge el tema de la memoria como subversión del discurso oficial y como representación de discontinuidades sociales. En estas escenas urbanas, la violencia es la forma a través de la cual se expone la ruptura del orden social, y las perversiones de su lógica reguladora. Cerrando el volumen, Carlos Jáuregui recopila impresiones y opiniones del director de cine colombiano Víctor Gaviria, que presentara en Pittsburgh, como cierre de la conferencia internacional, su película *La vendedora de rosas*. Como ejemplo no sólo de la vigencia dramática del tema de la violencia en la sociedad colombiana, sino de una de las más efectivas formas que asume su representación estética, la película de Gaviria permitió anudar elaboraciones crítico-teóricas y praxis artística en la presencia concreta de la voz y la imagen cinematográficas. Jáuregui explora la noción de realismo que atraviesa la obra de Gaviria, y las imposiciones que conlleva el uso de "actores naturales", así como las interrelaciones entre discurso fílmico y literatura, violencia ficticia y condiciones sociales, ética y representación.

En resumen, los textos aquí reunidos constituyen no solamente un diálogo intenso y desafiante entre intelectuales de primer orden, sino también un intercambio fecundo de la academia con los artistas y los escritores, del discurso teórico con las sociedades a las que éste es aplicado, y con los actores e intérpretes a los que directa o indirectamente interpela. Es justamente este carácter de interpelación, de cuestionamiento y de duda ante los parámetros disciplinarios e ideológicos establecidos, lo que vale la pena rescatar, entre tantas otras cosas, en los escritos aquí reunidos.

Esta introducción y este volumen no deberían cerrarse sin una mención especial y entrañable a nuestra colega y amiga Susana Rotker, que nos acompañara durante la conferencia de Pittsburgh, y que falleciera trágicamente meses después de nuestro encuentro. En los días previos al accidente que le quitara la vida, Susana preparaba la contribución para este libro, que registra dolorosamente su ausencia. Pocos días después de su desaparición vería la luz *Ciudadanías del miedo*, volumen que tanto agrega al tema que nos ocupa en esta ocasión. La cuidada selección y edición de Susana Rotker, así como la introducción y artículo que dedicara en ese libro al caso venezolano, son una inspiración para todos nosotros y un testimonio más de su capacidad y compromiso intelectual y humano. A ella se dedica este libro, que también le pertenece.

Para terminar, agradezco calurosamente la participación de todos los colegas que nos acompañaron en la conferencia de Pittsburgh y en el presente proyecto editorial. Agradezco también a mis colaboradores del Departamento de Lenguas y Literaturas Hispánicas de la Universidad de Pittsburgh y del Instituto Internacional de Literatura Iberoamericana por su fundamental contribución para que la conferencia y la publicación de los trabajos allí presentados se hiciera posible. Mi especial reconocimiento a Carlos Jáuregui por su dedicada y cuidadosa asistencia en la coordinación de la conferencia internacional, que debe a él gran parte de su éxito.

MABEL MORAÑA

I. La ciudad y sus demonios: distribución y formas de la violencia urbana

La ciudad que median los miedos

Jesús Martín-Barbero
Grupo de Estudios Culturales
Universidad Nacional de Colombia

INTRODUCCIÓN: DE LOS RELATOS DE ALDEA A LAS CRÓNICAS URBANAS

La narración inaugural se titula *El carnero* y la escribió Juan Rodríguez Freyle en 1638: "Cuéntase en ella su descubrimiento, algunas guerras civiles, sus costumbres y gentes, y de qué procedió este tan celebrado nombre de El Dorado". Con gran irreverencia, frente a las ostentosas genealogías y las heráldicas llenas de mentiras, se narra allí la *vida* mundana de sus habitantes y las vidas de algunos hechiceros, incluidos ciertos milagros eróticos. Los intérpretes discuten el significado de su nombre, pues *carnero* significa tanto aquel animal de cuernos retorcidos en el que la tradición precristiana vio un símbolo de lujuria y fertilidad, y la cristiana al demonio, como el estuche o baúl de cuero donde se guardaban los papeles viejos, inservibles, por lo que *carnero* sería sinónimo de "sepultura social", de la falsedad y presunción de una sociedad descompuesta. En lo que convienen los críticos es que en ese escrito Bogotá tiene su *clásico* al construir una trama que mezcla la crónica con la invención literaria. "Pues ante el patético espectáculo aldeano, *el cronista escapa de él burlándose,* satirizando, entremezclando a su mirada mordaz hechos históricos y sucesos gozosos" (Chaparro 81).

Los cronistas que siguieron a Rodríguez Freyle —de Cordobez Moure a José Asunción Silva o Carrasquilla y Vargas Vila— todos hicieron lo mismo: escribir para escapar del tedio o de la ausencia de oportunidades. Lo que ha seguido pasando en nuestros días: ante el *gris* visual, anímico y literario, con que se identifica a Bogotá, sus escritores reaccionan con una fascinación que paradójicamente se traduce en amargura y fuga. De Osorio Lizarazo a Moreno-Durán el afán testimonial se enfrenta al caos transformando la crónica en ficción. Del "oscuro hervor del mestizaje bullendo entre el hambre y el desamparo" en *De sobremesa,* al deterioro del cuerpo urbano, literario e histórico, frente al que sólo puede sobrevivir y salvarse *El caballero de la invicta* reinventando la ciudad en la palabra. De ahí que no pueda entenderse a Bogotá sin *sus historias* "como si la ciudad fuera más palabra e imagen que edificios, semáforos y almacenes" (Botero 88). En *Sin remedio,* su autor, Antonio Caballero, se burla, a comienzos de los ochenta, de una ciudad *lluviosa, horrible y riesgosa*, en la que la geografía, al condenar a sus habitantes al aislamiento, no deja otra salida que la imaginación poética. Que es el caso de su protagonista, enfermo de una enfermedad que lo mantiene vivo en una atmósfera que sólo él puede respirar, pues sólo él sabe que "las cosas son iguales a las cosas", y Bogotá no es un afuera —el gris que algunos días rompe una luz incomparable y que la lluvia interrumpe incansablemente a las cuatro de la tarde— sino el adentro de las casas y las personas; por eso hace versos y versos con los que conjura a la *ciudad sin remedio*. Mirando desde otro ángulo, ya en los noventa, el joven escritor H. Chaparro describe en *Opio en las nubes* el monstruo urbano en que se ha ido convirtiendo Bogotá: ese flujo de masas, de imágenes y sensaciones en el que los transeúntes *navegan a la deriva*, porque; estamos en una ciudad que no sólo es ya un mar sino que tiene mar! Y carnavalizada, Bogotá es la ciudad donde todo puede ocurrir, donde las calles se expanden al infinito, sus nombres cambian, las demarcaciones se borran, y por sus laberintos camina, corre, se pierde, se rencuentra y desencuentra la muchedumbre de los sin nombre. La *última* novela sobre Bogotá la ha escrito una mujer —fue otra mujer la que a fines del siglo XIX escribió el cuento: "Bogotá en el año 2000: una pesadilla", Soledad Acosta de Samper, quien vivió gran parte de su vida entre París y Lima, y en ese relato nos cuenta la *pesadilla* de una mujer de la alta sociedad que regresa a Bogotá en el año 2000 y se encuentra con que las sirvientas son universitarias —cocinera/filósofa, *femme de chambre* graduada en la Academia de Bellas Artes— anarquistas, de vestidos deslumbrantes y ateas, en una ciudad que acaba de crear el *Instituto de la Alegría*, cuyo eslogan es "Viva la emancipación y la libertad". En *Dulce compañía*, Laura Restrepo, periodista y novelista, "reemplaza su intento de lograr reportajes periodísticos que den razón de los elusivos mundos" en que vive por una "solución ficcional" (Ordóñez 2): la aparición de un angel autista en un barrio popular del sur de Bogotá, del que se enamora una periodista que, en su búsqueda, atraviesa una ciudad mojada y sucia, fragmentada, peligrosa y desquiciada, pero cuya recompensa es el descubrimiento de un amor loco y de una voz que, desde los saberes marginados, ilumina místicamente las desgarraduras de la ciudad.

Hoy Bogotá tiene además otras escrituras, que ya no pertenecen a voces de exilados o migrantes sino a las voces de esos nómadas urbanos que se movilizan entre el adentro y el afuera de la ciudad montados en las canciones y sonidos de los grupos de rock, como *Ultrágeno* y *La pestilencia*, o en el *rap* de las pandillas y los *parches* de los barrios de invasión, vehículos de una conciencia dura de la descomposición de la ciudad, de la presencia cotidiana de la violencia en las calles, de la sinsalida laboral, de la exasperación y lo macabro. En la estridencia sonora del *heavy metal* y en el concierto barrial de *rap*, los juglares de hoy hacen la crónica de una ciudad en la que se hibridizan las estéticas de lo desechable con las frágiles utopías que surgen de la desazón moral y del vértigo audiovisual.

1. MIEDOS MILENARIOS, VIOLENCIAS MODERNAS

> Bogotá, no seas tan macho, tan dura. Deja un poco el afán, el temor, la agresividad, el cemento, lo vertical, la racionalidad y recupera tus emociones, los lugares para la palabra, para la diferencia, en fin, feminízate.
> Florence Thomas

Bogotá es la ciudad capital de un país en el que como en ningún otro conviven los miedos de este fin de milenio con los del anterior, los del año mil. A entender, desde esa convivencia, las malhadadas violencias que aterrorizan a Colombia, nos ayuda G. Duby en su libro subtitulado *La huella de nuestros miedos*.[1] Entrecruzando ese texto con la situación de Colombia el relato podría ser como sigue: Al finalizar el primer milenio *poco importaba la muerte* pues el salvajismo de los caballeros hacía que *todo estuviera permitido* y sólo la iglesia lograba imponer algunas reglas mínimas de convivencia. Entonces, hasta las *bandas que asolaban los caminos* no hacían la guerra los viernes ni los domingos, y respetaban a las mujeres y los monjes —¡ya quisiéramos gozar de esos mínimos de convivencia los colombianos hoy! Había violencia *por todas partes* y cuando una fuerza militar *no estaba encuadrada por una fuerza política* se volvía devastadora. La propia caballería se había vuelto una *empresa de extorsión* a la que los campesinos resistían, pero todo se volvió más peligroso cuando una *revuelta de campesinos ricos exasperó la brutalidad de los guerreros* — en esos tres párrafos están nombrados todos: la guerrilla, el ejército y los para-militares. ¡La guerra duraba ya *cincuenta años* en todo el país! Y por si fuera poco, Duby complementa el cuadro de las coincidencias aseverando que, a pesar de todo, aquella sociedad del año mil era mucho menos convulsa que la nuestra, *menos trabajada por la perturbación interior*. Ahí está la pista sobre la densidad de las violencias en Colombia: a las del año 1000 se añaden las del 2000, esa perturbación interior que es el vacío de sentido producido por la desmitificación de la tradición y la alteración de los criterios de orientación axiológica, rompiendo la coherencia de los modelos culturales, de las coordenadas de la identidad social y psíquica de los individuos.

Puesto que los miedos de Bogotá no son sólo los de una ciudad sino los de un país, necesitamos desplegar ese contexto. Un primer acercamiento nos descubre un país de *violencia generalizada,* en el que "ésta no se vive como catástrofe sino como un proceso banal, que ofrece oportunidades, produce acomodamientos y tiene normas y regulaciones" (Pecaut 16). Ello se evidencia claramente en tres ámbitos: la profesionalización del violento como una forma más del amplio campo de *lo informal*, una *economía de la violencia* que tiene sus propios modos de inclusión y exclusión, y el *paso al terror* que se produce cuando la "ley del silencio" intensifica hasta la paranoia la desconfianza de todos hacia todos, lo que se realiza sin mayor ruptura pues no se puede inscribir en ninguna trama de memoria/relato.[2] El terror circula de punta a punta de la geografía por la puesta en escena que de él hacen unos *medios que viven de los miedos*, que los explotan morbosa, obscenamente, agravando la *desinstitucionalización de la violencia* y colaborando en la expansión del sentimiento de impotencia hacia la acción colectiva y el repliegue del individuo sobre el territorio doméstico y sobre sí mismo. Ese cuadro sociológico se *recarga* desde las estadísticas[3] —pero ¿cómo escucharlas sin convertir sus cifras en la morbosa exhibición que alimenta la *banalización* interior de la violencia y la "mala imagen" de que sufre el país? Dejaremos de lado las cada vez más detalladas cifras de delitos por minutos, horas, días, semanas y trazaremos un rápido mapa de los miedos: el 85% de los colombianos que habitan las seis ciudades más grandes confiesa no hablar con extraños, el 72% redujo la frecuencia en que salía de noche, el 54% ha dejado de salir para cuidar la casa, para el 73% la seguridad es una obsesión cotidiana. Todo lo cual se traduce en una lista de miedos bien concretos: a caer secuestrado en los retenes — llamados primeramente "pescas milagrosas" y hoy "pescas diabólicas"— que la guerrilla monta y desmonta instántaneamente en las principales carreteras del país; a abordar un taxi en la calle, a sacar el automóvil de noche prefiriendo llamar un taxi, a salir de madrugada de la casa en que los amigos jóvenes hacen fiesta instituyendo la costumbre de quedarse a dormir en ella, a refugiarse los fines de semana en los centros comerciales como único lugar de encuentro seguro, a establecer crecientemente en las ciudades "frentes de seguridad local" mediante un *árbol telefónico* de todos los vecinos integrantes del frente —atención al cariz militar expreso en la denominación— la instalación de alarmas en sitios estratégicos del barrio activables por cualquiera que "detecte personas extrañas" o sea testigo de un atraco o robo, lo que garantiza la presencia de la policía en treinta segundos.

Una segunda mirada coloca su foco en el carácter *exhibicionista* y *la fascinación pública* que la violencia tiene entre los colombianos, y los efectos que ello produce sobre la trama de los discursos y las topografías sociales: estamos ante una violencia sin sujeto social y por lo tanto, atribuida a la condición misma del ser colombiano: "los sujetos sociales y sus actividades quedan emascarados en la malignidad nacional" (Jimeno, "Identidad y experiencias").[4] Incluso los actores más violentos, como los narcotraficantes, sus sicarios y los secuestradores profesionales, son dis-culpados por ser productos de un "orden injusto" o de "compulsiones profundas" (¡la explicación no puede ser más moderna!, pero ¿quién iba a pensar hace unos años en la perversión que cobraría en la sociedad colombiana la revoltura de marxismo con psicoanálisis?). La presencia *reiterada* del acto violento en los discursos sociales remite, por un lado, a su banalización, y por otro a la necesidad psicológica de sobrepasar el trauma permitiendo su asimilación como experiencia —¡junto al 85% que se declara desconfiado, el 90% se declara valiente! Lo cual significa que en el acto mismo de *domesticación* de la violencia, esto es de su control psicológico y de su habituación, de su conversión en *habitus*, la sociedad colombiana vive un profundo deterioro de la calidad de la convivencia ciudadana pues legitima el *derecho al miedo* y su consecuencia estructural, la *desconfianza*. Claro que ese derecho y sus consecuencias no son vividas del mismo modo en los estratos sociales medios y altos que en los populares. Mientras que en los primeros la violencia es mayoritariamente referida a su existencia/presencia *impersonal* e *instrumental*, en los populares la violencia tiene rostros y remite siempre a alguna *deuda* que se cobra, de ahí que los actos violentos que más les impresionan sean los que ven en la televisión.

En ese contexto se ubica Bogotá: una ciudad de seis millones de habitantes "mal contados", que en los últimos veinte años ha vivido un proceso galopante de disminución de sus habitantes raizales y otro de acelerada *heterogeneización* por su poblamiento con gentes procedentes de todas las regiones del país, y últimamente con buena parte del millón y medio de desplazados por la guerra. A la *informalidad ambiente* de sus procesos de urbanización —permanente construcción y destrucción, precariedad de la malla vial, deficiencia y caos del trasporte público— se añade la *discriminación topográfica*: su división entre el norte "de" los ricos y el sur "para" los pobres, entre el territorio de los conjuntos residenciales cerrados y los barrios de pobres a medio hacer, los de invasión y desplazados, la ausencia de espacios públicos disfrutables colectivamente y la presencia de enormes espacios "vacíos" con un gran deterioro físico y social. La narrativa de sus miedos agrega al mapa antes trazado este otro: a) la mayor cantidad de lesiones violentas no ocurre —a pesar de sus altos índices de criminalidad e inseguridad— entre extraños sino en los ámbitos vecinales, privados e íntimos, que es donde operan las "deudas" y las venganzas, el maltrato entre familiares y los delitos sexuales; b) sus habitantes "transitan entre la casa y el lugar de trabajo como si lo hicieran por entre un túnel, sin percibir mayormente lo que les circunda" (Uribe),[5] atentos únicamente a cualquier indicio de peligro; y c) el habitante de Bogotá se halla permanentemente sometido a mensajes contradictorios sobre la violencia y a comportamientos imprevisibles y desconcertantes, en función de los cuales él mismo "se encarga de recrear el clima de inseguridad haciendo circular rumores y relatos que describen en detalle los atracos, violaciones y demás hechos violentos, contribuyendo a mantener y acrecentar la percepción de la violencia como algo inevitable y consustancial a la vida de la ciudad" (Uribe 394).

Entre las miradas que buscan desentrañar los miedos de Bogotá me parece particularmente penetrante la de una feminista y su contraposición entre lo que la modernización del país ha entrañado para las mujeres —una fuerte y ancha redefinición de los principales marcadores de su identidad, y una paulatina pero creciente apertura de todos los ámbitos de la sociedad no sólo a su presencia sino al desconcertante y des-ordenador reconocimiento de su diferencia— y la negación que la ciudad, en especial la ciudad capital, produce hacia el nuevo paradigma de la feminidad. "Las mujeres hemos perdido la ciudad, o más exactamente la ciudad, por haber olvidado que debe ser el lugar para la pluralidad y la diferencia sexual, nos excluye" (Thomas 413). Esa pérdida es rastreada en la específica dureza y agresividad patriarcal con que trata al cuerpo de la mujer, en su negarse al encuentro sensual: cuando las mujeres iban a poder recuperar la rumba, la salsa, el aguardiente, *Bogotá les prohíbe la noche*. Y les prohíbe muchas cosas más a las mujeres, entre otras la gestión urbana que, en manos de los hombres, deja por fuera algunas dimensiones y prácticas esenciales de la vida sin las cuales la vida se torna insoportable para todos. En el cuaderno de quejas feminista se esboza uno de los cuadros más expresivos de la ciudad: "Bogotá, no seas tan macho, tan dura. Deja un poco el afán, el temor, la agresividad, el cemento, lo vertical, la racionalidad y recupera tus emociones, los lugares para la palabra, para la diferencia, en fin, feminízate" (Thomas 414).

2. Dos experiencias históricas de mediación de la ciudad

La relación entre violencia y comunicación entró en mi agenda a golpe de tragedia cotidiana en el inicio de los noventa, y motivada por la insatisfacción que me producía tanto el discurso que atribuía la expansión de la violencia a los medios de comunicación, como el de los violentólogos —esa especialización introducida por Colombia en las ciencias sociales— dedicado a tipificar muertes y catalogar delitos, a escudriñar viejos odios y tenaces desigualdades, pero incapaz de pensar, y aun de nombrar, la *cultura de la violencia*. El inicio de mi primer texto ("Comunicación y ciudad") sobre esa relación fue éste:

> Para pensar los procesos urbanos en Colombia, como procesos de comunicación, necesitamos pensar cómo los *medios* se han ido convirtiendo en parte del tejido constitutivo de lo urbano, pero también cómo los *miedos* han entrado últimamente a formar parte constitutiva de los nuevos procesos de comunicación. Se plantea, entonces, la necesidad de enfrentar de entrada dos prejuicios igualmente tenaces:

uno que proviene del campo de los estudiosos de la comunicación, y el otro que proviene de los expertos en violencias y miedos. El primer prejuicio consiste en creer que se pueden comprender los procesos de comunicación estudiando sólo *los medios*, cuando lo que los medios hacen, lo que producen en la gente, no puede ser entendido más que en referencia a las transformaciones en los modos urbanos de comunicar, es decir, a los cambios en las relaciones entre lo público y lo privado que produce una "nueva" ciudad, hecha cada día más de flujos, de circulación e informaciones, y cada vez menos de encuentro y comunicación. Así, la posibilidad de entender el atractivo que ejerce la televisión está mucho menos en estudiar lo que la televisión hace que en estudiar los procesos y situaciones que hacen que la gente se sienta compelida a resguardarse en el pequeño espacio de lo privado y hogareño, y a proyectar sobre él un imaginario de seguridad y protección. Si la televisión atrae es, en buena medida, porque la calle expulsa. Es la ausencia de espacios —calles y plazas— para la comunicación lo que hace de la televisión algo más que un instrumento de ocio, un lugar de encuentro. De encuentros vicarios con el mundo, con la gente y hasta con la ciudad en que vivimos. Enfrentar el segundo prejuicio implica referir el sentido y la envergadura de los nuevos *miedos* no sólo al aumento de la violencia, de la criminalidad y la inseguridad en las calles. Pues los miedos son clave de los nuevos modos de habitar y de comunicar, son expresión de una angustia más honda, de una angustia cultural que proviene, en primer lugar, de la pérdida del arraigo colectivo en unas ciudades en las que un urbanismo salvaje —pero que, a la vez, obedece a un cálculo de racionalidad formal y comercial— va destruyendo poco a poco todo paisaje de familiaridad en el que pueda apoyarse la memoria colectiva. En segundo lugar, es una angustia producida por la manera como la ciudad normaliza las diferencias: se echa la culpa a los medios de comunicación de homogeneizar la vida cuando el más fuerte y sutil homogeneizador es la ciudad impidiendo la expresión y el crecimiento de las diferencias. Pues al normalizar las conductas, tanto como los edificios, la ciudad erosiona las identidades colectivas, las obtura, y esa erosión nos roba el piso cultural, nos arroja al vacío. De ahí el miedo.

La relación violencia/comunicación, inserta en las transfomaciones que vive la ciudad, entra así a ser parte de mis trabajos de largo aliento. Primero, el que va del análisis de las mediaciones históricas, que han dado forma a la experiencia social de los medios y las tecnologías (*De los medios a las mediaciones*), al del estudio de las experiencias de comunicación que median la formación de la ciudad moderna en América Latina. El segundo está aún en proceso a partir de "Mediaciones urbanas y nuevos escenarios de comunicación", publicado en 1994. Es el sentido de ese proyecto[6] el que voy a esquematizar aquí.

Ciudad mediada: la experiencia de la calle

La comprensión de la modernidad desde el análisis de las figuras que *median* la experiencia de constitución y lectura de la ciudad encuentra en el pensamiento de Walter Benjamin su horizonte pionero y el más ancho. No sólo en su discurso explícito acerca de la ciudad moderna sino en el trabajo de *de-construcción* y *montaje* que gestan las categorías-eje de ese pensamiento. Pues es en ese trabajo donde se hallan las claves que permitieron a Benjamin pensar *al mismo tiempo* la forma inaugural de la modernidad y la de su crisis, pero no como decadencia sino como emergencia de otra figura de la sensibilidad, de otro *sensorium*. Ni integrado ni apocalíptico, afirma: "superar la noción de 'progreso' y la de 'decadencia' son dos aspectos de la misma cosa" (*Le livre des Passages* 477). La lección —que ya estaba presente en la manera como piensa la crisis de la *narración*: "Nada sería más estúpido que terminar viendo en ella un fenómeno de decadencia. Más bien se trata de una manifestación concomitante de fuerzas de producción seculares, históricas, que muy poco a poco han substraído a la narración del ámbito de la palabra viva, y que a la par hacen sensible una belleza nueva en lo que desaparece" ("El narrador" 95) —se convierte en pista estratégica sobre la densidad y ambigüedad de las relaciones de la *ciudad mediada*, primera figura de la ciudad moderna, con la *ciudad virtual* que se configura actualmente.

Llamo *ciudad mediada* a la ciudad que W. Benjamin ve emerger en las mediaciones que el cine hace de "las modificaciones en el aparato perceptivo que vive todo transeúnte en el tráfico de la gran urbe", y a las que otorga una repercusión manifiesta: "Parecía que nuestros bares, nuestras oficinas y viviendas, nuestras estaciones y fábricas nos aprisionaban sin esperanza. Entonces vino el cine y, con la dinamita de sus décimas de segundo, hizo saltar ese mundo carcelario. Ahora emprendemos entre sus diversos escombros viajes de aventuras. *Con el primer plano se ensancha el espacio y bajo el retardador se alarga el movimiento*. No se trata sólo de aclarar lo que no se veía claro sino de que aparecen formaciones estructurales del todo nuevas" (*Discursos interrumpidos I* 47; énfasis mío). El cine mediaba así, a la vez, la constitución de una nueva figura de ciudad y la compresión de un nuevo modo de percepción. Los dispositivos que, según W. Benjamin, configuran ese nuevo *sensorium* son la *dispersión* y la *imagen múltiple*. La *dispersión* se arranca a, y rompe con, el antiguo modo "cultural" de recepción configurado por el *recogimiento*, que corresponde al observador de la pintura y al lector de novela: al "individuo en su soledad". Pues la *dispersión* es el modo de percepción de la *masa*, esa que, frente a los Tocqueville, Tarde y Le Bon, W. Benjamin va a ser el primero en pensar no conservadoramente: "la masa es una matriz" pues "el crecimiento masivo del número de participantes ha modificado la índole de su participación" (52). No importa si ante ese nuevo *sensorium*, que hace especialmente manifiesto el cine, los "críticos" disparan toda la batería de su descalificación: disipación para iletrados, espectáculo que no requiere el menor esfuerzo, que no plantea preguntas, que no aborda con seriedad ningún problema. Frente a esas críticas, la toma de posición de Benjamin es aun hoy tan radicalmente escandalosa como lo fue en su tiempo. "Se trata de la antigua queja: las masas buscan disipación pero el arte reclama recogimiento" (53). Queja anacrónica pues unifica el arte en una época en la que para ver cine, como para caminar por las grandes avenidas, la percepción necesita dispersarse y es desde una atención distraída que el espectador se apropia del nuevo arte: "De retrógrada frente a un Picasso, la masa se transforma en progresista frente a un Chaplin" (44). El otro dispositivo, la *imagen múltiple*, constituye ese otro dispositivo de percepción, que hace particularmente explícita la diferencia del montaje cinematográfico con la mirada exigida por la pintura clásica.

La *ciudad mediada* se hace latinoamericana en los movimientos de constitución de la cultura urbana que media el cine en algunos países y la radio en todos ellos. En varios de sus trabajos[7] C. Monsiváis nos descubre que el cine, en el México de los años treinta, conecta con el hambre de las masas urbanas por hacerse social y nacionalmente visibles. *Al cine van las mayorías, no a divertirse, sino a aprender a ser mexicanos, no van a soñar sino a verse* y a *representarse un país a su imagen.* Más allá de lo reaccionario del contenido de muchos filmes y de los esquematismos de forma, ese cine legitimó gestos, rostros, voces, modos de hablar y caminar, hasta entonces social y culturalmente des-conocidos en un movimiento que resultó vital para unas masas urbanas que, a través de él, amenguaban el impacto de los choques culturales que las constituían en tales. Monsiváis despliega toda la complejidad y ambigüedad de *esa imagen* en la secuencia de cuatro verbos: en el cine la gente se *reconoce,* en un reconocimiento que no es pasivo pues la gente lo *goza, disfruta,* y para un pueblo que viene de la Revolución eso significaba *resignarse* y *encumbrarse* secretamente, no hay sólo consuelo sino también revancha.

Algo parecido se operó con la radio en América Latina en su mediar la experiencia popular de la ciudad. Al insertar su lenguaje y sus ritmos en la *oralidad cultural* —en cuanto organizador expresivo de unas particulares formas de percepción del espacio y el tiempo— la radio hará el enlace entre la matriz expresivo-simbólica del mundo rural con la racionalidad informativo-instrumental del mundo urbano (Munizaga, Gutiérrez, Suknel). La radio pondrá en marcha dispositivos de enlace de la temporalidad con lo discursivo y de esto con la sobrevivencia de las socialidades territoriales —regional y local— en la ciudad. En la radio, el obrero encontrará códigos de orientación urbana y las mujeres ritos emocionales de conformación de una nueva subjetividad (Alfaro 26).

Ciudad virtual: la experiencia domesticada

La *ciudad virtual* da forma a una figura antitética de la ciudad mediada. Lugar de otro *sensorium* cuyo surgimiento se halla estrechamente ligado al movimiento que enlaza la expansión/estallido de la ciudad con el crecimiento/ densificación de los medios y las redes electrónicas. "Son las redes audiovisuales las que efectúan, desde su propia lógica, una nueva diagramación de los espacios e intercambios urbanos" ("Culturas de la ciudad" 49).[8] La diseminación/ fragmentación de la ciudad espesa, densifica la mediación y la experiencia tecnológica hasta el punto de sustituir, de volver vicaria, la experiencia personal y social: en la ciudad actual, afirmará machaconamente Baudrillard (*Simulacrus et simulation, les stratégies fatales, La ilusion del fin; Le crime parfeit*) toda experiencia sería mero *simulacro,* simulación de un *imposible real.* Es en ese nuevo *espacio comunicacional,* tejido ya no de encuentros y muchedumbres sino de *conexiones, flujos y redes,* en el que veo emerger un *sensorium* nuevo, esto es nuevos "modos de estar juntos" y otros dispositivos de percepción, que aparecen mediados, en un primer momento por la televisión, después por el computador y después por la imbricación entre televisión e informática en una acelerada alianza entre velocidades audiovisuales e informacionales: "Un aire de familia vincula la variedad de las pantallas que reúnen nuestras experiencias laborales, hogareñas y lúdicas" (Ferrer 155). Atravesando y reconfigurando hasta las relaciones con nuestro cuerpo, la ciudad *virtual,* al contrario de la *mediada,* ya no requiere cuerpos reunidos, los quiere interconectados. Mientras el cine catalizaba la "experiencia de la multitud" en la calle, pues era en multitud que los ciudadanos ejercían su derecho a la ciudad, lo que ahora cataliza la televisión es por el contrario la "experiencia doméstica" y domesticada: es "desde la casa" que la gente ejerce ahora cotidianamente su conexión con la ciudad. Mientras del *pueblo* que tomaba la calle al *público* que iba al cine la transición era transitiva y conservaba el carácter colectivo de la experiencia, de los públicos de cine a las *audiencias* de televisión el desplazamiento señala una profunda transformación: la pluralidad social sometida a la lógica de la desagregación hace de la diferencia una mera estrategia del *rating*: imposible de ser representada en la política, la fragmentación de la ciudadanía es tomada a cargo por el mercado. Es de ese cambio que la televisión es la principal mediación.

Frente a la *dispersión* y la *imagen múltiple* que constituían los dispositivos de la experiencia social mediada por el cine y vivida por el transeúnte en la ciudad, los dispositivos que ahora conectan la estructura comunicativa de la televisión con las claves que ordenan la nueva ciudad son otros: *la fragmentación* y *el flujo*. Hablamos de *fragmentación* para referirnos no sólo a la forma del relato televisivo sino a la *desagregación social*, a la atomización que la privatización de la experiencia televisiva consagra. Constituida en el centro de las rutinas que ritman lo cotidiano (Silverston; Mier y Piccini), en dispositivo de aseguramiento de la identidad individual (Vezzetti) y en terminal del videotexto, la video-compra, el correo electrónico y la teleconferencia (Gubern; Piscitelli), la televisión convierte el espacio doméstico en territorio virtual: aquel al que, como afirma Virilio, "todo llega sin que haya que partir" (36).

El *flujo* televisivo es el dispositivo complementario de la fragmentación: en la discontinuidad espacial de la escena doméstica y en la pulverización del tiempo que produce la *aceleración* del presente, la contracción de lo actual por la "progresiva negación del intervalo", transformando el tiempo extensivo de la historia en el intensivo de la instantánea. Ello se hace manifiesto en el *continuum* del palimpsesto televisivo (Barlozzetti) —la diversidad de programas cuenta menos que la presencia permanente de la pantalla encendida— haciendo que lo que retenga al telespectador sea más el ininterrumpido flujo de las imágenes que el contenido de sus discursos. Lo que pone en evidencia la relación de los flujos que establece el régimen económico de la temporalidad al tornar aceleradamente obsoletos los objetos, los productos, las mercancías, con el régimen estructural de la televisión que torna indiferenciables, equivalentes y desechables todos sus relatos y discursos. Tiene toda la razón Beatriz Sarlo cuando afirma que sin el *zapping* la televisión estaba incompleta (57 y ss.), pues él posibilita el orgasmo del flujo, ahora ya no sólo del interno al discurso televisivo sino el del discurso construido por el televidente con fragmentos o "restos" de noticieros, telenovelas, concursos o conciertos.

Más allá de la aparente democratización que introduce la tecnología, la metáfora del "zappar" ilumina doblemente la escena social. Pues es con pedazos, restos y desechos que buena parte de la población arma los cambuches en que habita, teje el rebusque con que sobrevive y mezcla los saberes con que enfrenta la opacidad urbana. Y hay también una cierta y eficaz travesía que liga los modos de ver desde los que el televidente explora y atraviesa el palimpsesto de los géneros y los discursos, con los modos nómadas de habitar la ciudad —los del emigrante al que le toca seguir indefinidamente emigrando dentro de la ciudad a medida que se van urbanizando las invasiones y valorizándose los terrenos, y sobre todo con el hilo que liga los desplazamientos de la banda juvenil que constantemente cambia sus lugares de encuentro.

A la inseguridad, que ese descentrado y desespacializado modo de habitar implica, la ciudad virtual responde expandiendo el anonimato propio del *no-lugar* (Augé; Joseph; Ruberto de Ventos): ese espacio en que los individuos son liberados de toda carga de identidad interpeladora y exigidos únicamente de interacción con informaciones o textos. Como en el aeropuerto, en el supermercado uno puede hacer todas sus compras *sin tener que identificarse,* sin hablar con, ni ser interpelado por nadie. Mientras las "viejas" carreteras atravesaban las poblaciones convirtiéndose en calles, contagiando al viajero del "aire del lugar", de sus colores y sus ritmos, la autopista, bordeando los centros urbanos, sólo se asoma a ellos a través de los textos de las vallas que "hablan" de los productos del lugar y de sus sitios de interés. No puede entonces resultar extraño que las nuevas formas de habitar la ciudad del anonimato, especialmente por las generaciones que han nacido con esa ciudad, sea rehaciendo las figuras de la socialidad: esas *tribus* (Maffesoli) cuya ligazón no proviene ni de un territorio fijo ni de un consenso racional y duradero sino de la edad y del género, de los repertorios estéticos y los gustos sexuales, de los estilos de vida y las exclusiones sociales. Enfrentando la masificada diseminación de sus anonimatos, y fuertemente conectada a las redes de la cultura-mundo de la información y el audiovisual, la heterogeneidad de las tribus urbanas nos descubre la radicalidad de las transformaciones que atraviesa el *nosotros*, la profunda reconfiguración de la socialidad.

Al menos en lo que concierne al mundo de los jóvenes, adonde apuntan los cambios es a la emergencia de sensibilidades "desligadas de las figuras, estilos y prácticas de añejas tradiciones que definen 'la cultura' y cuyos sujetos se constituyen a partir de la conexión/desconexión con los aparatos" (S. Ramírez y S. Muñoz 60). En la empatía de los jóvenes con la cultura tecnológica, que va de la información absorbida por el adolescente en su relación con la televisión a la facilidad para entrar y manejarse en la complejidad de las redes informáticas, lo que está en juego es la emergencia de una nueva sensibilidad hecha de una doble complicidad cognitiva y expresiva: es en sus relatos e imágenes, en sus sonoridades, fragmentaciones y velocidades que ellos encuentran su idioma y su ritmo. Estamos ante la formación de *comunidades hermenéuticas* que responden a nuevos modos de percibir y narrar la identidad, y de la conformación de identidades con temporalidades menos largas, más precarias pero también más flexibles, capaces de amalgamar, de hacer convivir en el mismo sujeto, ingredientes de universos culturales muy diversos.

Mis últimas lecturas de W. Benjamin me están llevando a deconstruir, en buena parte, la oposición entre la ciudad *mediada* y la ciudad *virtual,* en la medida en que esa oposición está impidiendo pensar aquello que "al dinamitar la *continuidad reificada* de la historia hace asimismo explotar la homogeneidad de la época, su estar saturada de presente" (*Le livre* 492). Esa explosión abre el agujero por el que se nos hace posible acceder a lo que desde el pasado horada la aparente coherencia de un presente sometido a las lógicas de lo homogéneo, y nos sensibiliza a sus incoherencias, a sus brechas, que son hoy nuestras posibilidades de inventar/construir futuros. El proyecto político que dinamizaba a la *ciudad mediada* atraviesa y tensiona el contradictorio texto cultural de la *ciudad virtual,* pero se expresa en otras "geografías simbólicas"

(Piccini) que des-ubican la energía de la representación política desde las intensidades y los flujos del reconocimiento social.

3. COMUNICACIÓN Y POLÍTICA EN LA CIUDAD VIRTUAL

> Para mantener y fomentar la identidad y las formas de comunicación autónomas, las comunidades debían abordar las tecnologías de comunicación de masas (...) Pero una vez más, los movimientos sociales y las fuerzas de cambio político pasaron por alto el potencial de estos medios y lo que hicieron fue desconectar la televisión o utilizarla en forma puramente doctrinaria. No se intentó vincular la vida, la experiencia, la cultura del pueblo con el mundo de las imágenes y los sonidos
> Manuel Castells

Partamos de una constatación decisiva: lo que constituye la fuerza y la eficacia de la *ciudad virtual* no es el poder de las tecnologías en sí mismas sino su capacidad de acelerar —de amplificar y profundizar— tendencias estructurales de nuestra sociedad. Como afirma F. Colombo "hay un evidente desnivel de vitalidad entre el territorio real y el propuesto por los massmedia. La posibilidad de desequilibrios no deriva sin embargo del exceso de vitalidad de los medios, antes bien provienen de la débil, confusa y estancada relación entre los ciudadanos del territorio real" (47). Es el desequilibrio generado por un tipo de urbanización irracional el que de alguna forma es compensado por la eficacia comunicacional de las redes electrónicas. Pues en unas ciudades cada día más extensas y desarticuladas, en las que el desarraigo y el crecimiento de la marginación se acompaña de una acelerada pérdida de la memoria urbana, la radio, la televisión y la red informática acaban convirtiéndose en un dispositivo de comunicación capaz de ofrecer formas de contrarrestar el aislamiento de los individuos posibilitando vínculos culturales a las diversas agrupaciones en que se fragmenta la sociedad. Pero de esa compensación, al disfrazamiento culturalista de los problemas sociales tras las tensiones y virtualidades generadas en el ámbito comunicacional, hay mucho trecho. Cualquier sustitución de lo político por lo tecnológico, además de legitimar la omnipresencia mediadora del mercado, encuentra su desmentido más tajante en la insaltable zanja que separa la *levedad del mundo de la información* —la virtualidad de sus circuitos y redes, de sus dispositivos de procesamiento y almacenamiento, de su interactividad y velocidades— del *espesor* y *pesantez del mundo de la incomunicación* que representan/producen las implacables y abigarradas violencias mediante las cuales unos actores —lumpen, delincuentes, narcotraficantes, guerrillas— desbordan y desbaratan con sus guerras las barreras alzadas por otros actores, en su renovado esfuerzo por seguir demarcando la ciudad y marcando la exclusión, por aislarse y protegerse mediante conjuntos habitacionales o financieros cerrados y armados con policías, perros y circuitos electrónicos de vigilancia.

En los últimos años, Bogotá no es solamente una de las ciudades más violentas del planeta, también ha sido el escenario de una de las experiencias de gestión urbana más innovadoras. Partiendo de una campaña electoral sin partido y centrada por entero en su propia capacidad de convocación, la administración del ex-rector de la

Universidad Nacional, Antanas Mockus, puso en marcha un rico y complejo proceso de lucha contra las violencias urbanas y de reinvención de la política cultural. Dos hilos atraviesan y dinamizan de punta a punta esa experiencia: una política cultural que asume como objeto promover y regular no las culturas especializadas sino la cultura cotidiana de las mayorías, y con un objetivo estratégico: potenciar al máximo la competencia comunicativa de los individuos y los grupos como forma de resolver ciudadanamente los conflictos y dar expresión a nuevas formas de inconformidad que sustituyan la violencia física. A esa nueva idea de política cultural se llega a partir de la *diferenciación de contextos*, en cuanto repertorios regulados de posibilidades de lenguaje y de acción. "Entendimos que la reproducción cultural tenía su propia lógica: tal vez no era más potente que la reproducción económica pero no era tampoco una súbdita elemental de aquella. Hay claramente un sistema de límites que están culturalmente definidos, cuyo aprendizaje y transmisión de una generación a otra es implícito, ese es el contexto de la familia y de la escuela. Pero, ¿qué pasa con los contextos que tienen que ver con los desconocidos? Allí, en la regulación de comportamientos donde no está de por medio la reproducción cultural especializada (familia, escuela, iglesia) estaría el lugar de la *cultura ciudadana*, que es aquella en la que lo que está en juego no es ni la conciencia moral del individuo ni la sanción jurídica de una ley sino la necesidad que tenemos del reconocimiento de los demás" (Mockus, "Cultura, ciudad y política" 18). A esa primera diferenciación de contextos, Antanas va a añadir otra, teóricamente quizá no muy ortodoxa pero políticamente clave, entre *lo legal* —constituido por normas especializadas de orden jurídico—, *lo moral* —perteneciente al mundo individual de la satisfacción interior y de las culpas— y *lo cultural*, autorregulación incorporada en hábitos que acarrean derechos, deberes y placeres y cuya sanción es colectivo-comunitaria. La idea de fondo es que lo cultural (nosotros) media y establece un *continuum* entre lo moral (individuo) y lo jurídico (los otros), como lo ponen en evidencia los comportamientos que, siendo ilegales o inmorales son sin embargo culturalmente aceptados por la comunidad. Fortalecer la cultura ciudadana equivale entonces a aumentar la capacidad de regular los comportamientos de los otros mediante el aumento de la propia capacidad expresiva y de los medios para entender lo que el otro trata de decir. A eso lo llama Antanas "aumento de la capacidad de generar espacio público renocido" (Mockus, "Prólogo"). Armada inicialmente de ese bajage conceptual la alcaldía de Bogotá contrató una compleja encuesta sobre contextos ciudadanos, sentido de justicia, relaciones con el espacio público, etc., dedicó a su campaña de "Formar ciudad" una enorme suma, el 1% del presupuesto de inversión del Distrito Capital, y emprendió su lucha en dos frentes —la interacción entre extraños y entre comunidades marginadas— y sobre cinco programas estratégicos: el respeto a las normas de tráfico (mimos en las cebras), la disuasión del porte de armas (a cambio de bienes simbólicos), la prohibición del uso indiscriminado de pólvora en festejos populares, la "ley zanahoria": fijación de la una de la madrugada para el cierre de establecimientos públicos donde se expenden licores con propuestas de cócteles sin bebida alcohólica, y la "vacunación contra la violencia", un ritual público de agresión simbólica especialmente entre vecinos, familiares y contra el maltrato infantil.

El otro ámbito decisivo de políticas de la administración Mockus fue el de la *política cultural* encomendada al Instituto Distrital de Cultura, institución que, en lugar de seguir dedicado al fomento de las artes, pasó a tener a su cargo la articulación de los muchos y muy diversos programas culturales del proyecto rector de *Formar ciudad*, en el que se insertaban tanto las acciones sobre la cultura ciudadana como las de las instituciones especializadas de cultura y las de las asociaciones comunitarias en los barrios. Los estudiosos de las políticas culturales en América Latina (agrupados en una Comisión de CLACSO) llevábamos años convencidos de que no podía haber política cultural orientada a la cultura cotidiana ya que ésta, en cuanto mundo de vida abierto a la producción permanente de sentido, no era ni regulable ni subvencionable. Sólo podía hablarse en sentido propio de *política cultural* cuando se trata de culturas especializadas e institucionalizadas, como el teatro, la danza, las bibliotecas, los museos, el cine o la música. Y bien, lo que a través de la propuesta de *Formar Ciudad* posibilitaron las alcaldías de Mokus y Bromberg —y esto debe quedar claro: no fue tanto lo que ellos hicieron como lo que la gente hizo con las posibilidades que ellos abrieron— planteó un colosal desafío a nuestra académica concepción de políticas culturales. El eje de la política cultural fue la llamada "cultura ciudadana", esto es la que rige la convivencia social desde las relaciones con el chofer de bus al respeto de las señales de tráfico, desde la resolución pacífica de conflictos entre vecinos hasta las reglas de juego ciudadano en y entre las pandillas juveniles, desde la relación con el espacio público de los andenes, los parques, las plazas, hasta el polémico control del horario nocturno de cierre de los bares. Fue entonces a partir de políticas de generación y reconocimiento de espacio público que se desarrollaron las políticas sobre las culturas especializadas de las artes y no a la inversa. Y esta directriz permeó tanto el trabajo de las instituciones a través de sus agentes, como el de los creadores o los profesionales de arte que insertaron su trabajo en el proyecto de *Formar ciudad*.

La ruptura y la rearticulación introducidas sonaron a blasfemia a no pocos pero ella expresa, para un país como Colombia, el talante de las rupturas/propuestas que necesitamos para transformar el miedo y la agresividad en creatividad, que es lo que pude constatar personalmente durante la evaluación de las tareas y programas del Instituto Distrital de Cultura. Pues la focalización de la cultura ciudadana llevó a muchos artistas y a otros trabajadores culturales a repensar su propio trabajo a la luz de su ser de ciudadanos. Desde la caída del muro de Berlín y la desaparición del mundo socialista muchos artistas de izquierda se hallaban sumidos en una honda desmoralización, de la que les despertó el llamado a *Formar ciudad*, en el cual le reencontraron sentido a su "compromiso social". Pues el trabajo en barrios se convirtió en posibilidad concreta de recrear, a través de las prácticas estéticas, expresivas, el sentido de pertenencia de las comunidades, la reescritura y la percepción de sus identidades. Redescubriéndose como *vecinos*, se descubrían también nuevas formas expresivas tanto en las narrativas orales de los viejos como en las oralidades jóvenes del rock y del *rap*. Un ejemplo precioso de esa articulación entre políticas sobre cultura ciudadana y culturas especializadas es el significado que empezó a adquirir el espacio público y los nuevos usos a los que se prestó para el montaje de infraestructuras culturales móviles de disfrute colectivo. Devolverle el espacio público a la gente comenzó a significar no sólo el respeto de normas sino su apertura para que las comunidades puedan desplegar su cultura y "ciudadano" signifique a la vez pertenencia, participación y creación.

Al exponer ante los directivos del programa y los coordinadores de área de las diversas localidades en que se subdivide Bogotá, el desafío teórico y poítico que para mí implicaba la compleja experiencia que estaba evaluando, se presentó una fuerte discusión. Algunos artistas expresaron sus temores acerca del peligro que implicaba la inserción de su trabajo en el programa de cultura ciudadana, pues al subsumir la especificidad de su trabajo cultural en un programa de la Administración Distrital se corría el riesgo de servir de aval a la política oficial y a sus autoridades. En otras palabras, varios artistas se preguntaban si haber vivido esa experiencia barrial no podía ser tomado como un aval a la política de la alcaldía. Sin embargo, fue justamente ese debate entre artistas sobre los riesgos que corría su trabajo, lo que a mí acabó de convencerme sobre la importancia estratégica de la nueva concepción de política cultural que se había abierto campo en Bogotá. Pues lo que ahí se hizo visible fue el desajuste profundo entre la nueva política cultural y *la política* tal y como la hemos entendido, esto es su moldeamiento en conservadora o liberal, de izquierda o de derecha. Lo que estábamos descubriendo es que la política de verdad se había salido de sus marcos desbordando sus instituciones formales y sus actores tradicionales. Estábamos ante una recreación de la política que descolocaba a los artistas, como hace tiempo había descolocado a los politiqueros: la que consiste en ejercer de ciudadanos. Y desde ahí la ciudad emergía como *espacio comunicacional* que le mete conflictos y actores, cuerpos y pulsiones, a la ciudad virtual.

Notas

[1] Georges Duby, *Año 1000, año 2000. La huella de nuestros miedos*. Escribí ese entretejido de textos para el editorial del N° 5 de la *Revista de Estudios Sociales*, dedicado al "Fin de siglo", Bogotá, 2000.
[2] Sobre esa ausencia de trama y sus consecuencias: Carlos M. Perea Restrepo, *Porque la sangre es espíritu. Imaginario y discurso político en las elites capitalinas*, Bogotá: Aguilar/ IEPRI, 1996; para una puesta en contexto histórico: G. Sánchez/ R. Peñaranda (Comp.), *Pasado y presente de la violencia en Colombia*, Bogotá: IEPRI/Cerec, 1991.
[3] Recojo aquí los datos de una encuesta encargada y publicada por el diario *El Tiempo* en su edición del 12 de marzo del 2000.
[4] Véase también M. Jimeno, J. Arocha y F. Cubides, *Las violencias: inclusión creciente*, Bogotá: CES/Universidad Nacional, 1999.
[5] Ver también a ese propósito: S. Niño Murcia y otros, *Territorios del miedo en Santafé de Bogotá*, Bogotá: Tercer Mundo, 1998.
[6] Reelaborado en: "De la ciudad mediada a la ciudad virtual", "La ciudad virtual: transformaciones de la comunicación", "Comunicación y ciudad: sensibilidades, paradigmas, escenarios".
[7] Carlos Monsiváis, "Notas sobre la cultura mexicana en el siglo xx, en *Historia general de México*. También: "Notas sobre el Estado, la cultura nacional y las culturas populares".
[8] Ver también "Del espacio político a la teleparticipación", en *Culturas híbridas* de N. García Canclini.

Bibliografía

Alfaro Moreno, Rosa María. "La pugna por la hegemonía cultural en la radio peruana". *Cultura transnacional y culturas populares*. Rosa María Alfaro, Néstor García Canclini. Lima: IPAL, 1988.

Arango, Luz G., Gabriel Restrepo y Jaime Jaramillo. *Cultura, política y modernidad*. Bogotá: CES/Universidad Nacional de Colombia, 1998.

Augé, Marc. *Los "no lugares". Espacios del anonimato*. Barcelona: Gedisa, 1993.

Barlozzetti, Guido (Ed.). *Il Palinsesto: testo, apparati e generi della televisione*. Milano: Franco Angeli, 1986.

Baudrillard, Jean. *Le crime parfait*. Paris: Galilée, 1994.

_____ *La ilusión del fin*. Barcelona: Anagrama, 1994.

_____ *Les stratégies fatales*. Paris: Grasset, 1984.

_____ *Simulacres et simulation*. Paris: Galilée, 1981.

Benjamin, Walter. *Le livre des passages. Paris capitale du XIX siecle*. Paris: Du Cerf, 1997.

_____ "El narrador". *Revista de Occidente* 129 (Madrid, 1973): 301-33.

_____ *Discursos interrumpidos I*. Madrid: Taurus, 1982.

Botero, B.L. "El exilio de los extraviados". *Número* 21 (monográfico dedicado a Bogotá) (Bogotá, 1999).

Chaparro, H. "Sobre como huir de Bogotá escribiendo sobre ella". *Número* 21 (monográfico dedicado a Bogotá) (Bogotá, 1999).

Colombo, Furio. *Rabia y televisión: reflexiones sobre los efectos imprevistos de la televisión*. Barcelona: Gustavo Gili, 1983.

Duby, Georges. *Año 1000, año 2000. La huella de nuestros miedos*. Santiago de Chile: Editorial Andrés Bello, 1999.

Encuesta. El Tiempo (12 de marzo del 2000).

Ferrer, Christian. "Taenia saginata o el veneno en la red". *Nueva Sociedad* 140 (Caracas, 1995): 154-64.

García Canclini, Néstor. "Culturas de la ciudad de México: símbolos colectivos y usos del espacio urbano". *El consumo cultural en México*. México: Conaculta, 1993.

_____ "Del espacio político a la teleparticipación". *Culturas híbridas. Estrategias para entrar y salir de la modernidad*. México: Grijalbo, 1990.

Giraldo, Fabio y Fernando Viviescas (Comp.). *Pensar la ciudad*. Bogotá: Tercer Mundo, 1999.

Gubern, Roman. *El simio informatizado*. Madrid: Fundesco, 1987.

Jimeno, M. "Identidad y experiencias cotidianas de violencia". Luz G. Arango, Gabriel Restrepo, et. al. *Cultura, política y modernidad* 246-75.

_____ *Las violencias: inclusión creciente*. Myriam Jimeno, Jaime Arocha y Fernando Cubides. Bogotá: CES /Universidad Nacional, 1999.

Joseph, Isaac. *El transeúnte y el espacio urbano*. Barcelona: Gedisa, 1988.

Maffesoli, Michel. *El tiempo de las tribus: el declive del individualismo en las sociedades de masas*. Barcelona: Icaria, 1990.

Martín-Barbero, Jesús. "Comunicación y ciudad: entre medio y miedos". *Imágenes y reflexiones de la cultura en Colombia.* VV.AA. Bogotá: Colcultura, 1991. 427-34.

_____ *De los medios a las mediaciones.* Barcelona: Gustavo Gili, 1987.

_____ "Mediaciones urbanas y nuevos escenarios de comunicación". *Sociedad* 5 (Buenos Aires, 1994): 34-49.

_____ "De la ciudad mediada a la ciudad virtual". *Telos* 44 (Madrid, 1996)

_____ "La ciudad virtual: transformaciones de la comunicación". *Revista Universidad del Valle* 14 (Cali, 1996)

_____ "Comunicación y ciudad: sensibilidades, paradigmas, escenarios". *Pensar la ciudad.* Fabio Giraldo y Fernando Viviescas, comps. Bogotá: Tercer Mundo, 1999.

Mier, Raymundo y Mabel Piccini. *Desierto de espejos: juventud y televisión en México.* México: Plaza y Valdés, 1987.

Mockus, Antanas. "Cultura, ciudad y política". *La ciudad observada. Violencia, cultura y política.* Yesid Campos e Ismael Ortiz, comp. Bogotá: Tercer Mundo, 1998.

_____ "Prólogo". *La ciudad representada.* F. Gutierrez, ed. Bogotá: Tercer Mundo, 1998.

Monsiváis, Carlos. "Notas sobre la cultura mexicana en el siglo XX". *Historia general de México.* Vol. IV. México: El Colegio de México, 1976.

_____ "Notas sobre el Estado, la cultura nacional y las culturas populares". *Cuadernos políticos* 30 (México, 1981): 33-43.

Munizaga, Giselle y Paulina Gutierrez. *Radio y cultura popular de masas.* Santiago: CENECA, 1983.

Niño Murcia, Soledad, et. al. *Territorios del miedo en Santafé de Bogotá.* Bogotá: Tercer Mundo, 1998.

Novaes, Adauto. *Rede imaginaria: televisão e democracia.* São Paulo: Companhia das Letras, 1991.

Ordóñez, Monserrat. "Angeles y prostitutas: dos novelas de Laura Restrepo". Ponencia presentada en el *Coloquio internacional: Celebración de la escritura femenina contemporánea* (marzo 2000) Montreal: Concordia University.

Pecaut, D. "De la violencia banalizada al terror: el caso colombiano". *Controversia* 171 Bogotá: Cinep, 1997.

Perea Restrepo, Carlos Mario. *Porque la sangre es espíritu. Imaginario y discurso político en las elites capitalinas, 1942-1949.* Bogotá: Aguilar/IEPRI, 1996.

Piccini, Mabel. "Territorio, comunicación e identidad". *La ciudad, escenario de comunicación.* VV.AA. Quito: Flacso, 1999.

Piscitelli, Alejandro. "De las imágenes númericas a las realidades virtuales". *David y Goliath* 57 (Buenos Aires,1990): 78-91.

_____ "Hay vida después de la televisión?". *Nueva Sociedad* 140 (Caracas, 1995): 112-21.

Ramírez, S. y S. Muñoz. *Trayectos del consumo.* Cali: Univalle, 1995.

Rodríguez, Freyle Juan. *El carnero.* Madrid: Testimonio compañía editorial, 1994.

Rubert de Ventos, Xavier. "El desorden espacial". *Ensayos sobre el desorden.* Barcelona: Kairos, 1976.

Sánchez, Gonzalo y Ricardo Peñaranda (Comp.). *Pasado y presente de la violencia en Colombia*. Bogotá: IEPRI/CEREC, 1991.
Sarlo, Beatriz. *Escenas de la vida posmoderna*. Buenos Aires: Ariel, 1993.
Silverston, R. "De la sociología de la televisión a la sociología de la pantalla". *Telos* 22 (Madrid, 1990).
Sunkel, Guillermo. *Razón y pasión en la prensa popular. Un estudio sobre cultura popular de masas y cultura política*. Santiago de Chile: ILET, 1985.
Thomas, Florence. "Pensar la ciudad para que ella nos piense...una mirada femenina sobre la ciudad". *Pensar la ciudad*. Fabio Giraldo y Fernando Viviescas, comp. Bogotá: Tercer Mundo Editores, 1996.
Uribe, Ma. T. "Bogotá en los noventa, escenario de intervención". *Pensar la ciudad*. Fabio Giraldo y Fernando Viviescas, comp. Bogotá: Tercer Mundo Editores, 1996. 391-408
Vezzetti, Hugo. "El sujeto psicológico en el universo massmediático". *Punto de Vista* XVI/47 (Buenos Aires, 1993): 22-25.
Virilio, Paul. *Esthétique de la disparition*. Paris: Galilée, 1989.

A imaginação e o capital cultural da violência no Brasil

José Teixeira Coelho Netto
Diretor do Observatório de Políticas Culturais e do Museu de Arte Contemporânea da Universidade de São Paulo, Brasil

Este estudo tem uma motivação nada abstrata ou teórica. Pelo contrário, é impelido por aspectos dos mais concretos e duros da realidade brasileira. Neste violência, a violência tornou-se uma dimensão aparentemente tão inevitável da vida cotidiana quanto o trânsito ou as chuvas de verão. Parece mesmo ter-se transfigurado em um dado da natureza humana ou, em todo caso, social. Os indicadores são legião, e dos mais diversos. Um levantamento do Centro Internacional de Ciências Criminais e Penais de Paris (CISCP) divulgado em março de 2000 aponta o Brasil como o segundo país do mundo em número de sequestros (1.100), precedido apenas pela Colômbia (3.000) e seguido por outros situados bem abaixo na escada da indignidade (Filipinas, 425; Rússia, 237; Estados Unidos, 39; Itália, 14 e China 9). Esse estudo alerta, porém que os números devem ser bem maiores: apenas 10 a 40% dos sequestros seriam registrados pela polícia. A frequência da violência na cidade de São Paulo deveria ser motivo de decretação do estado de calamidade social. Todos são atingidos — de modo mais intenso, os jovens e as escolas de periferia. Em 10 dias de março de 2000, 5 jovens foram feridos a tiros e uma jovem foi morta. Em 1999, foram seis assassinatos, 133 alunos feridos em brigas e 16 armas apreendidas. 89% das escolas públicas da cidade registraram algum tipo de violência em 1999; 21% foram casos de mortes de estudantes e 35%, de ameaças de homicídio. A idade dos envolvidos é cada vez menor: 17, 15, 14 anos. Na semana de março em que este texto é concluído, um menino de 10 anos, junto com dois outros, de 14 e 16, mataram e violentaram duas irmãs de 9 e 8 anos de idade numa cidade próxima a São Paulo. A violência, portanto, não é um tema acadêmico sobre o qual se podem fazer brilhas teorias transeuntes, mas uma questão central em nossa vida. E desse ponto de vista é aqui tratada.

"Fui educado pela imaginação", escreve o poeta português Fernando Pessoa.

Com efeito, e este será pelo menos um ponto que teremos em comum com o grande poeta, todos fomos e somos educados pela imaginação —esta é a primeira referência que procuro firmar.

E essa constatação me faz desde logo anotar que existe a violência e existe a representação da violência —outro modo de dizer que existe a *imaginação da violência* e que abre espaço para pensar numa violência da imaginação, numa violência que se faz à imaginação.

Não me detenho na questão, a esta altura irrelevante, da precedência da violência sobre a representação da violência, ou vice-versa, na investigação dos aspectos e das causas da violência atual nas cidades brasileiras. Interessa-me destacar que na condição atual a imaginação é educada pela violência e pela representação da violência — e que portanto não há base alguma para desprezar a idéia de que a representação da violência educa, quer dizer, alimenta a violência. Proponho-me, assim, a abordar *focalmente* a questão do regime das imagens oferecidas pelo que ainda se chama *comunicação de massa* no Brasil, através de seu veículo privilegiado, a televisão, com o objetivo de verificar —não sob o ângulo tradicional do exame do *conteúdo violento* dessa representação mas do ponto de vista das figuras que compõem seu regime— até que ponto a imaginação assim alimentada não apenas se associa à produção e reprodução da violência imediata como a reforça ao contribuir para a acumulação de um capital cultural da violência. Este ensaio se fará orientado por minha convicção de que o problema da violência no Brasil não tem solução visível por meio de uma abordagem econômica. Por uma série de motivos que exponho no texto maior do qual este foi extraído, estamos no momento obrigados a verificar que a cultura não é uma função da economia mas que, pelo contrário, ela determina a economia e que nada indica que, uma vez resolvidos os problemas econômicos do Brasil — o que não faz parte de nossa tabela de operações intelectuais, por aparente impossibilidade física— a questão da violência estaria superada. Tudo leva a crer, pelo contrário, que só uma ação cultural pode dar conta da questão cultural em que se transformou a violência no Brasil.

Voltando então ao ponto de partida, antes de seguir adiante: "Fui educado pela imaginação", escreve o poeta-filósofo português Fernando Pessoa num poema que continua assim:

> Viajei pela mão dela sempre,
> Amei, odiei, falei, pensei sempre por isso
> todos os dias têm essa janela por diante,
> todas as horas parecem minhas dessa maneira.

De seu lado, o filósofo-poeta francês Gaston Bachelard notava, há cinqüenta anos, que as imagens que estão por aí nos impedem de imaginar.

Será ainda possível educar-se pela imaginação, viajar com ela, apoderar-se do mundo através dela ou essa dimensão nos é agora negada no exato momento em que as imagens nos envolvem por todos os lados, da manhã à noite, na publicidade e na política, nos jornais como no teatro, na guerra como na escola e no esporte?

Muito provavelmente não se trata de colocar essas duas visões numa situação de antagonismo. É possível que as imagens que estão por aí de fato nos impeçam de imaginar *aquilo que Bachelard queria ver imaginado* mas nos forcem a imaginar algo de que tanto ele quanto nós queremos manter à distância. E é também possível que a imaginação *continue a nos educar* — porém não mais de modo a nos abrir uma janela à nossa frente todos os dias, nem de maneira a me dar a impressão de que todas as horas são minhas. É possível mesmo que a imaginação de hoje me bloqueie uma nova janela a cada dia e me dê a impressão de que nenhuma hora é minha. Vejamos como isso se dá no caso da televisão brasileira.

1) Uma sintaxe moderna...

O primeiro ponto de referência que tomei para estas reflexões me foi proposto por uma representação constante a respeito da natureza das imagens fornecidas pela TV brasileira: aquela segundo a qual essas imagens são de extrema modernidade, são a essência da modernidade mesma, que seu regime (sua linguagem, como habitualmente se diz) é o da modernidade. É uma representação com ampla circulação no Brasil e fora dele. No final da década de 80, por exemplo, a televisão cubana exibia simultaneamente duas séries: uma russa, ambientada na segunda-guerra mundial, e outra brasileira, a novela intitulada *Escrava Isaura*. Como pude verificar pessoalmente na ocasião, Havana parava para assistir *Escrava Isaura*, preferência comum de não intelectuais e intelectuais igualmente. A série russa merecia apenas rejeição, pelo que os cubanos diziam ser seu caráter tedioso, seu conservadorismo. Ficava evidente nas conversas a respeito da força de atração da série brasileira a *modernidade* de sua linguagem. A televisão brasileira usava uma linguagem que dava aos *cubanos a sensação de pertencer a um mundo moderno*, o que lhes parecia de particular relevância. Para além, e por baixo de seu conteúdo, de sua mensagem narrativa de superfície, o quê de fato diz esse prisma moderno, como o diz, que imaginação conforma? Que regime é esse? A resposta não tarda: é o regime da publicidade. Na TV brasileira, as imagens se sucedem rapidamente, as cenas são sempre decupadas em seus planos menores (como na antológica cena do chuveiro em *Psicose*, de Hitchcock, ou naquela outra, também instituinte, dos marinheiros do Potenkim esmurrando a mesa e provocando a queda do prato — pena que a distância entre os universos da TV brasileira e os dois cineastas sejam estelar). Todos os planos são breves e todas as seqüências, curtas — numa narrativa que pula de uma referência a outra sem mostrar a ligação que entre elas possa haver. Nada deve durar muito na tela. Mas como o programa de todo modo precisa ter uma certa duração, o recurso é recorrer à multiplicação, à redundância das imagens. O resultado é um acúmulo de signos, gerador de inflação simbólica mas simultaneamente, e por isso mesmo, da dessimbolização do mundo através de um iconoclasmo por excesso. As imagens, ao mesmo tempo em que se propõem, se destroem — e nesse processo destruído é o significado.

> Alguns historiadores e teóricos da arte viram no barroco um caso desse iconoclasmo por excesso: a argumentação era que as imagens acabavam despidas de todo sentido referencial (de toda mensagem, de todo conteúdo) e se transformavam em meros ornamentos sem conteúdo. Não estavam longe da verdade ou, em todo caso, daquilo com que posso concordar: o barroco pode eliminar ou deixar em segundo plano o conteúdo porque de fato o que lhe interessa é operar na superfície, é produzir efeitos de superfície; em outras palavras, a mensagem, o sentido primeiro do barroco é a forma — e esse já é um enorme sentido. Mas quando não há uma estética sustentando um programa de acumulação de signos, o resultado pode ser a evacuação do significado. Estudantes da Universidade de São Paulo, entre os quais um grupo que coordeno no Observatório de Políticas Culturais realizou uma pesquisa de orientação de valores, queixou-se da "falta de sentido em tudo" e reconheceu não saber "para que serve a cultura". De modo análogo, grupos de jovens da periferia de São Paulo,

não marginais, marginais ou para-marginais, afirmam que seu grande problema é a "falta de auto-estima", outro modo de apontar para a falta de sentido em tudo.

Haverá uma origem econômica para essa sintaxe: tempo é dinheiro, portanto um "comercial", semente dessa linguagem geral, apenas excepcionalmente dura mais de um minuto: na norma, trinta segundos bastam. As consequências são enormes. A partir do treinamento com essas imagens curtas e rápidas a que é submetido o espectador através dos comerciais da TV, determina-se que ele não tem paciência para suportar outras durações, como as de um filme de Glauber Rocha ou Tarkovski ou qualquer outro que se abra mais à imaginação, e insiste-se nessa linguagem visual feita de repetições monossilábicas. O resultado, no telespectador, é um enorme cansaço —insuficiente para levá-lo a sair em busca de outros formatos embora o faça pular constantemente do mesmo para o mesmo, de um canal para outro, sem com o mesmo se satisfazer ...

Mais grave é a consequência que extravasa do domínio da televisão: o dogma, defendido com flatulenta arrogância por muitos publicitários, segundo o qual tudo o que vale a pena ser dito, deve ser dito em trinta segundos. O que se derruba com isso é o procedimento da argumentação; o que se instala no lugar, na melhor das hipóteses, é a persuasão. A propaganda política em época de eleição encontrou nessa sintaxe seu formato ideal: sob a desculpa de que a duração mais longa provoca o cansaço e desvia a atenção, essa propaganda nada *diz*: apenas se mostra, apenas *aparece*, na celebração da vacuidade programática.

Nessa atmosfera visual, o formato ideal é o do videoclipe, movido pelo princípio da ejaculação precoce na música como na imagem, no discurso político como no sexo, na notícia como na vida. Não por coincidência, o processo se acelera ao ponto em que não há mais, nos casos extremos, nenhuma diferença entre o comercial e o não-comercial, a publicidade e a não-publicidade, o intervalo e o programa, como a MTV deixa bem claro. É um modelo vencedor, que impõe seus padrões ao cinema e ao teatro brasileiros há cerca de 20 anos. O que esse modelo promove é a impossibilidade de imaginar: a imaginação precisa da duração —mas à linguagem da publicidade não interessam nem a duração, nem a possibilidade que o espectador imagine: ele deve consumir o que é mostrado, apenas isso.

2) ... ELABORADA PELA METONÍMIA...

Num dos dois modos de produção do sentido, o modo metafórico, um signo o substitui o referente primeiro *do mundo* (um animal, um gesto) e é depois substituído por outro que por sua vez sai de cena em favor de um terceiro e assim por diante, ao infinito, numa cadeia vertical de criação de novos significados. Pelo modo metonímico, os símbolos *já gerados metaforicamente* são agora, não substituídos uns pelos outros, mas dispostos uns ao lado dos outros num jogo combinatório no qual o que varia é apenas a posição relativa dos signos. Esses dois modos, que configuram dois eixos, operam ou deveriam operar em conjunto. Separá-los é fragmentar o conhecimento e a significação, fraturando o sujeito e instalando nele o que se chama adequadamente de alienação porque, entre outras coisas, o modo metafórico é o modo da comportamento, da práxis, produtor do efeito de mundo, enquanto o modo metonímico é o modo do discurso, do falar sobre o fazer, do efeito de discurso. Comportamento e discurso deveriam, no limite, coincidir. A rigor, um não é mais importante que outro: se pelo modo metafórico o sujeito se constrói na prática, pela metonímico ele reconhece os outros e se dá a reconhecer através do discurso sobre a prática. Um sem outro nada é. Não resta dúvida, porém, que a grande criação é metafórica, com o jogo metonímico atuando, predominantemente, como vulgarização, facilitação das propostas metafóricas — salvo quando nas mãos dos grandes criadores.

Na TV brasileira, porém, prevalece o universo metonímico dos efeitos de discurso: símbolos não são criados, apenas tirados de seus locais de origem e combinados em ordens menos ou mais variadas — porém antes menos do que mais variadas e de tal modo extraídos de seu lugar original que têm seu sentido corroído ou invertido. Os símbolos se encostam uns nos outros mas não se substituem; acionam o mundo do discurso — e do discurso descolado de algum real concreto— mas não o do fazer e o do refazer; permitem e provocam o reconhecimento a partir do que já existe (se falar assim, falarei como as pessoas do Rio de Janeiro; se me vestir assim, me visto como o paulista) mas não, necessariamente, a construção e a autoconstrução inovadora. Nessa condição, os signos apontam *para o imediato* (função básica da metonímia) e impedem a abstração, a generalização, a expansão da reflexão. A metáfora é sempre uma alusão — mas a TV brasileira detesta a alusão porque na alusão os significados se ampliam e escapam ao controle.

Um dos casos mais gritantes desta operação metonímica deu-se há quase dois anos na forma de um comercial de detergente elaborado para uma das marcas líderes do mercado e que há vários anos utiliza um mesmo ator que conseguiu, com sua simpatia doce e delicada, quase efeminada, estabelecer com o público em geral, em particular com o feminino, um forte elo de empatia, através do qual carreia decisiva aceitação para o produto vendido. Neste comercial, o ator aparece fantasiado de Che Guevara, com o uniforme, a barba rala e o boné inconfundíveis e utiliza-se de expressões mundialmente conhecidas do intelectual guerrilheiro, como "Hay que ser duro pero sin perder la ternura jamás" — no caso, empregada para significar que é preciso ser duro com a sujeira e com os germes que a compõem sem perder de vista que é igualmente necessário garantir a suavidade da pele das mãos da mulher que utiliza o detergente (porque no Brasil é sempre a mulher que utiliza o detergente na pia, nunca o homem). E ali estava então Che Guevara na televisão, 30 anos depois, vendendo detergente na televisão, da forma mais clownesca possível, fazendo se realizarem todos os piores prognósticos sobre o que faria a televisão com a cultura e provocando, por parte dos espectadores, expressões do tipo "como é engraçadinho este comercial, que divertido, que idéia interessante". Perguntado a respeito dos motivos que o teriam levado a utilizar a figura de Che Guevara no comercial, o publicitário responsável pela idéia —um dos mais poderosos no Brasil— disse, simplesmente, que o havia utilizado porque Che Guevara é um *pop icon* internacional e que, portanto, podia ser usado pela publicidade por fazer parte da cultura do telespectador. Não o incomodou em nada, assim como não incomodou à maioria dos telespectadores, já insensibilizados, a impropriedade daquela *apropriação e mistificação cultural*, pela publicidade, de parte importante da história latino-americana, numa operação indefensável sob tres aspectos imediatos vinculados ao domínio do direito e da ética, para não ir mais longe. De fato, a figura de Che Guevara não poderia jamais ser usada num comercial de televisão porque Che foi ou um criminoso, ou um mártir ou, no mínimo, um ser humano massacrado em seus direitos humanos elementares. Para muitos, Che foi um criminoso —e se foi um criminoso, sua figura não pode ser usada para vender detergente. Para outros, Che foi um mártir do projeto de libertação da América Latina— e nesse caso, sua figura e sua memória não podem ser usadas para vender detergente sob os traços de um ator que a tudo atribui um caráter risível e de tolice. E em terceiro lugar, no mínimo Che Guevara foi uma pessoa aprisionada fora das normas legais, assassinada a sangue frio sob a forma de uma execução privada e que teve seu cadáver, ao qual se negou sepultura conhecida, profanado na forma da amputação de suas mãos. Nada disso, porém, pareceu ter aflorado à consciência daquele publicitário, nem à memória histórica de colunistas de jornal e intelectuais, para nada dizer do restante da população. De fato, neste caso, todo senso histórico mostrou-se perdido e, junto com ele, a capacidade de distinguir-se entre valores, de modo que um criminoso ou mártir ou pessoa humana vilipendiada e um detergente tornam-se uma única e *engraçada* coisa. Poucas vezes, como neste caso, é tão clara a operação metonímica de mero deslocamento dos significantes, esta operação de retirada dos significantes de sua posição de origem para elaboração de um outro significado inteiramente desvinculado do contexto original e real e que o distorce radicalmente de modo a provocar a perda da capacidade de reconhecimento dos valores agregados a significantes e significados. Este caso configura uma situação radical mas nada incomum: constitui, mesmo, a base da operação publicitária e do discurso televisual, do qual é núcleo gerador. Foi, na verdade, o primeiro de uma série. Neste ano de 2000, um outro comercial anunciando um site da Internet mostra agora, através de um filme de época, o próprio Fidel Castro discursando em Havana para uma multidão. Sua fala no entanto está dublada e o que se ouve é Fidel afirmando enfaticamente a necessidade de se comprar geladeira e televisores e telefones celulares. O efeito de mundo, através da metáfora, sai de cena e a metonímia se instala de vez, num jorro de imagens que corroem imagens anteriores num claro processo de iconoclastia. Os produtores de imagens para a TV percebem que a metáfora não lhes convém porque ela escapa ao controle de quem as cria. "Metáforas são perigosas", diz o narrador de Milan Kundera, em *A insuportável leveza do ser*. Não se deve brincar com as metáforas, ele continua. "Uma simples metáfora pode levar ao amor... e isso é exatamente o que não se quer".

3)... ARTICULANDO UM IMAGINÁRIO PRÉ-MODERNO...

A TV brasileira, que se pretende tão pós-moderna em sua estética e em sua atuação, arrasta-se ainda na verdade em plena pré-modernidade quando se observa os elementos de imaginário que privilegia em seus conteúdos. Um modo de descrever as orientações de valor do imaginário pré-moderno é dizer que esse imaginário organizava-se por um maniqueísmo entre as idéias do Bem e do Mal, da Verdade e da Pluralidade (não da Falsidade, como pode parecer à primeira vista), do Banal e do Divino e de tal modo que os primeiros prevaleciam sobre os segundos e todos eles sujeitavam-se à noção do Divino ou, em todo caso, do oposto ao que era Banal, ordinário. E este é o paradigma da comunicação de massa no Brasil através do canal privilegiado que é a televisão. Não se trata de um maniqueísmo simples e espontâneo, se pode dizer assim, mas de um maniqueísmo intencionalmente desejado como tal. Há algum tempo atrás, Saddam Hussein era o Mal na televisão brasileira, significando que era a Mentira e, automaticamente, o não-divino, quer dizer, Satã. Na fase mais aguda do conflito entre Irã e EUA, essa mesma TV criticava o medievalismo daquele estado islâmico, com seu dogmatismo e seu maniqueísmo, de fato evidentes. Os pronunciamentos de Khomeini contra o Ocidente (quer dizer, contra os EUA, por ele identificados como Satã em pessoa) eram pela TV expostos à execração pública. Os métodos pré-modernos de Khomeini, no entanto, são exatamente aqueles praticados por essa TV pré-moderna. Uma dessas relações de valores em particular constitui o terreno de eleição da TV brasileira: o que põe em jogo as idéias do Banal e do Divino. O Banal é aqui entendido no sentido histórico da palavra, que remonta nesse uso à Idade Média e pode ser verificado em expressões como *forno banal*, quer dizer, o forno do senhor feudal que, uma vez por semana, era oferecido para o uso das pessoas comuns, as pessoas banais. Os *banais* aparecem na televisão, nas telenovelas sobretudo, é verdade, mas apenas *representados* por artistas que, eles, não são nada banais e ocultam inteiramente, atrás de sua excepcionalidade, a *banalidade* de seus personagens. Dar espaço a personagens banais na TV não é a mesma coisa que dar espaço na TV aos banais eles mesmos, abrir-se aos não Divinos, às não personalidades — e isto fica muito claro quando se observa que não existe no Brasil a TV comunitária, aquela cujo controle de produção é entregue à comunidade para que faça da TV o que bem entender. Todas as ações de política cultural pública nesse campo orientam-se, pelo contrário, no sentido de restringir o acesso dos banais aos meios de produção — e, como se sabe, ou se tem o controle dos meios de produção ou se é condenado a ficar sentado na rua vendo a banda passar... Quando os banais aparecem na televisão, eles mesmos e não como personagens, quase sempre o fazem em programas de tele-jornalismo ou de ficcionalização de fatos reais — e então aparecem quase sempre envolvidos em histórias de crimes, traições, corrupção e outras baixezas. E tanto que, há pouco tempo, um banco resolveu produzir uma série de comerciais intitulada *Gente que faz* cujo objetivo era mostrar diretamente, sem o recurso a atores, pessoas banais e que faziam coisas positivas por si mesmas e pelos outros. A presença dos Divinos, na verdade, tende a aumentar sempre mais no universo mais amplo da representação brasileira. Nas escolas de samba, o direito de desfilar na avenida é vendido caro aos Divinos, numa proporção sempre maior (os Divinos atraem a atenção da mídia televisiva e isso traz atenção para a escola de samba, que ganha pontos na *competição* em que se transformou o carnaval brasileiro). Quanto mais Divinos no desfile, menos espaço sobra para as pessoas da comunidade na escola de samba. Questionado sobre a excessiva participação de Divinos, inclusive estrangeiros, em seus blocos no carnaval deste ano, o diretor de uma escola de samba procurou se justificar dizendo que não via nada de errado nisso, que eles tinham direito por serem pessoas iguais às outras... Certamente não eram, e esse é a razão para serem admitidos no desfile...

    E se há poucos banais na representação que a TV faz, praticamente inexiste a Pluralidade, outro valor moderno: uma coisa implica a outra. O Estado, ou a administração pública brasileira atual vanglória-se de não ter uma televisão estatal no Brasil: não precisa tê-la, uma vez que todos os canais são canais oficiosos que adotam sempre o ponto de vista oficial do governo... qualquer que seja o governo...

    Moderna, essa TV? Nosso amigos cubanos estavam enganados: pré-moderna.

4)... ANIMADO POR SUJEITOS DESMATERIALIZADOS...

A TV fala para um sujeito qualquer numa situação qualquer, isto é, em nenhuma situação. O telespectador vê uma cena mas está fora dela —do mesmo modo como fora de cena está a voz da TV que fala em *off* nos comerciais, nos comentários das notícias. As TVs têm uma cara, a de seus apresentadores ou "âncoras". Mas, por cima destas caras, predomina, no tempo, uma voz etérea, desmaterializada, a mesma voz que nos comerciais, por exemplo, quer convencer, orientar, ordenar.

A desmaterialização *dos que falam* pela TV atingiu um ponto culminante durante uma campanha eleitoral, no início da década de 90, para governador no Estado de São Paulo. A essa eleição concorria um político de direita ligado à ditadura militar entre os anos 60 e 80 e que tem em São Paulo um núcleo de apoio entre os eleitores conservadores que o mantém à tona há anos graças à divisão do campo oposto. Sua penetração nesse núcleo, porém, não lhe garantia a eleição naquela ocasião e o problema era ampliar seu eleitorado. Mas, um pequeno problema: a simples visão de sua figura de homem arrogante, que não consegue esconder seu autoritarismo, antipático, exaltado, provocava, como provoca, forte rejeição no leque mais amplo dos eleitores. E isso era reconhecido pela sua própria equipe de marketing. A saída encontrada foi *ocultar* o candidato atrás da mediação da TV. Ele não apareceria no programa político: em seu lugar, se veria a figura de uma mulher simpática, nem jovem nem velha, vestida com bom gosto e sem excessos, que sorridentemente anunciaria as boas qualidades do candidato, visível apenas ocasionalmente, de relance, mudo, durante frações de segundo, em imagens "jornalísticas" que registravam seus passeios políticos pelas ruas. Em resumo, o candidato seria mostrado o menos possível: outros apareceriam em seu lugar, outros falariam por ele. Na verdade, a TV faria as vezes do candidato. O candidato seria a imagem de TV. O recurso não funcionou inteiramente e o candidato foi derrotado. O episódio pode ser lido, certamente, como índice do poder afinal relativo que a TV detém. Mas não pode deixar de ser visto como a exacerbação do princípio da desmaterialização dos sujeitos na TV. Nesse caso específico, o recurso não funcionou. E no entanto, é esse mesmo princípio que vigora no restante da prática da TV.

5) ...IMERSOS NUM JOGO DE CONFLITO E ACASO...

Dentre todos os tipos de jogos, que são representações da vida — e há o jogo da imitação, e o jogo da competição ou do antagonismo e o jogo do acaso, por exemplo —, a TV brasileira privilegia um: o da competição, o jogo agônico, que implica a vitória de um e a derrota (a morte) do outro. É a constante: nos espetáculos esportivos, sem dúvida, mas também nos programas "infantis", na programação das tardes de domingo, nos debates políticos em véspera de eleição (quando os há), nas mesas redondas e nas notícias. Mesmo quando em cena entra o princípio do acaso (um dado que rola, uma roleta que gira), a linha norteadora é a competição entre os participantes: a sorte de um é o azar do outro. A vida é um conflito e um acaso, nada há a fazer a não ser resignar-se ao combate e portanto ao poderio do mais forte (isto é, à violência) disfarçado pelas leis do destino. O nome do jogo, na verdade, é resignação.

O jogo agônico é também uma constante na televisão de outros países, por certo — como na francesa. Mas enquanto nesta esse jogo se dá de forma sublimada e comportamentalmente polida (os adversários se sentam atrás de mesas e competem através do recurso à inteligência, procurando a palavra certa ou a resposta correta a uma pergunta), na TV brasileira o combate é literalmente físico, com os corpos se atritando em cenas que se supõem divertidas (pessoas se jogam pós e líquidos na cara) ou eróticas (essas mesmas pessoas estão frequentemente vestidas de modo sumário). A violência não é representada, ela é, aqui, atuada.

6) ...INEVITAVELMENTE VIOLENTO.

E aqui se chega ao tópico que não se queria privilegiar: o conteúdo.

A TV gera violência ou apenas mostra a violência que existe no mundo fora dela? Os espíritos bem pensantes e bem-falantes (muitos intelectuais brasileiros sofrem da compulsão de sempre "ficar de bem" com os meios de comunicação de massa) habituaram-se a dizer que a violência é do mundo e que todos têm o direito de ser bem informados sobre ela— por coincidência, os mesmos argumentos que a TV usa quando acusada de glorificar a violência e usá-la para vender mais sabonete. Nesses momentos, costuma-se esquecer que a força e a violência são técnicas bem sucedidas de controle social e que a violência é a forma exacerbada do poder. Autoridade, poder, força e violência, no Brasil, são sinônimos. A televisão brasileira tem pouco mais de 40 anos e há pelo menos mais de 30 tem optado pela violência, tem usado a violência, mostrado a violência, glorificado a violência. Não o faz por morbidez: usa a violência como forma de poder econômico e de controle social. Atemoriza a sociedade para que o poder apareça como recurso salvador. Na década de 60 era o "terrorismo de esquerda" que ameaçava a felicidade cotidiana nacional tanto quanto o comunismo internacional espreitava o mundo para desgraçá-lo. Quando esses temas desmoronaram, criou-se a violência interna, a violência do roubo, do assalto, do seqüestro, do assassinato. Quando escrevo "criou-se", estou dizendo que a TV gerou essa violência tanto quanto foi ela provocada pelas condições políticas, econômicas e sociais deste país. A TV, como todo signo, não retrata apenas realidades: cria realidades. A TV estimula a violência ao fornecer um modelo de ação de cuja existência depende para continuar a divulgá-lo e com isso atemorizar e controlar a sociedade.

Quando comparada às TVs de outros países, como Itália, França, Inglaterra, Alemanha e Cuba, a TV brasileira sai na frente em termos de tempo dedicado às notícias de violência. O mundo que a TV brasileira mostra é um mundo perigoso. Melhor ficar em casa assistindo TV. A TV brasileira vive da violência (e da miséria), tanto quanto o poder no Brasil. A TV brasileira não pode combater a violência porque teria de combater-se a si mesma. São várias as violências: a violência do assalto e da morte no mundo real reconstituída por atores do modo mais infame para exibição "jornalística" no noticiário das 8 (o assaltante que encosta a arma na cabeça da vítima caída no chão e dispara; o telefonema sinistro para a família do sequestrado; a forma rápida de arrombar um carro estacionado); a violência, nos programas de auditório, contra os ingênuos e os portadores de alguma deformação física, assim como contra a mulher, vista sempre como um par de nádegas encimada por uma par de seios; a violência contra as crianças nos programas infantis em que são usadas como cenário para o exercício de auto-promoção da apresentadora e de seus convidados que se exibem na tentativa de vender seus discos e produtos variados — enfim, uma longa sequência de violências. Nenhuma finura, nenhuma delicadeza, nenhuma sofisticação, nenhuma leveza (recordemos Italo Calvino).

Essa é a imaginação que educa o Brasil, aquela que se organiza conforme *o imaginário de um mundo pré-moderno, articulado por uma sintaxe "moderna" firmada na metonímia, animado por sujeitos desmaterializados, imersos num jogo de conflito e acaso, inevitavelmente violento.*

Esse imaginário não abre janelas à minha frente todos os dias, e dessa maneira as horas — e com elas as coisas, os espaços, eu mesmo e minha vida— não parecem minhas e minhas não serão jamais. Este imaginário não abre janelas, pelo contrário: empareda as que possam existir. Há imaginários que corroboram a violência, ou que com ela em todo caso são complacentes, e há imaginários refratários à violência. O imaginário da comunicação de massa no Brasil pertence à primeira espécie.

Não me preocupa tanto demonstrar aquilo que é em si mesmo evidente, isto é, a predominância da representação da violência na TV através de cenas que, integrantes de um capital cultural da violência, propõem modelos reiterativos de comportamento violento. Interessa-me mais perceber que um certo tipo de regime da imaginação difundido pela comunicação de massa impõe uma estrutura de comportamento violento ou facilita seu aparecimento quando todos os demais aspectos da vida social estão numa conjuntura desfavorável ao estabelecimento de uma cultura política, aquela que torna viável a vida em comunidade, a vida que persegue metas mais ou menos comuns ao permitir que as pessoas vejam mais ou menos, na maior parte do tempo pelo menos, a mesma coisa. E interessa-me constatar que, oposto a esse regime do desmanche cultural, existe um outro regime da imaginação que aponta para tudo aquilo que é o contrário da violência. É o regime da imaginação que cria as condições para *dar ordem à realidade através da distinção entre o que é importante e o que não é importante e que, por isso, permite a compreensão das relações entre os fenômenos da vida e do mundo, abrindo caminho para projetos relativos à vida pessoal e ao mundo coletivo e permitindo que se proponham os caminhos pelos quais se pode alcançar as metas assim formuladas.*[1] A imaginação que está no poder no Brasil, e que é difundida sobretudo pelos meios de comunicação mas agora não mais apenas por eles é o oposto exato disso tudo.

> Estamos de fato num segundo momento da história da comunicação no Brasil, aquele em que os discursos dos meios já está internalizado no comportamento, o que dá uma força poderosa à representação hegemônica do mundo.

É a imaginação que, *por não estabelecer distinções entre o que é importantante e o que não é importante*, não pode contribuir para o ordenamento do mundo e não permite ver *por onde* se poderia perseguir outras metas. A imaginação que está no poder é a imaginação da publicidade exemplarmente representada no episódio de Che Guevara vendedor de detergente, uma imaginação para a qual necessariamente *qualquer coisa vale qualquer outra coisa.* É esse o princípio organizador dessa imaginação. A publicidade só na superfície busca a diferenciação e a novidade; a corrente submersa que a alimenta é a da indiferenciação, única operação a dar eficácia ao sistema fechado do qual todos os comerciais dependem: se não forem todos no fundo equivalentes, o sistema não funciona. E o que esse sistema põe em funcionamento é o imaginário da violência, com seu discurso fragmentada e fragmentante cuja coerência é a coerência da neurose. Aquela que "estrutura" sujeitos que não se ancoram em lugar algum, convidados a se verem em estado de eterna competição violenta e condenados a repetir, por uma combinatória re-produtiva (metonímia), um sentido que nunca podem criar metaforicamente. Não quero sugerir uma relação de interdependência entre as seis figuras do regime da imaginação da violência aqui avançados, de tal modo que uma dependa da outra para se realizar e a provoca. A violência não surge porque se representa, por exemplo, um mundo pré-moderno através de uma sintaxe moderna. Cada um deles é, em si, uma ocorrência da violência que tinge com sua cor específica a imaginação assim para a violência tornada disponível.

A vida ainda é possível numa grande cidade do Brasil, é verdade. Mas não só a vida em si importa: também conta, e muito, a representação que se faz dessa condição de vida. Um brasileiro típico de uma grande cidade como São Paulo pergunta-se de manhã, ao sair de casa para o estudo, o trabalho ou o lazer, qual a chance de voltar vivo ou inteiro para casa ao final do dia. Impossível representar em porcentagens essa expectativa. Basta dizer que todos se preocupam em deixar no bolso a quantia mínima para o assalto, em fechar a janela do carro se tiver um, em não tomar ônibus em determinados horários e determinados lugares, em não deixar que uma criança se aproxime muito para pedir esmola, em não adormecer antes de ver chegar em casa o filha ou a filha. A vida ainda é possível talvez porque, como as pessoas costumam repetir quando se reúnem para conversar, e um pouco espantadas com sua constatação, ainda exista uma *boa vontade difusa*. Diante da omissão da administração pública e diante da ação violenta dos que não foram integrados ao sistema (e não querem mais ser integrados ao sistema), resta apenas uma boa vontade difusa.

É pouco. O capital cultural da violência acumulado no Brasil, graças sobretudo ao regime das imagens na TV e à imaginação resultante, é uma obscenidade contra a qual nada fez nenhum dos governos recentes, nem o militar entre os anos 60 e 80, nem a seguir o governo conservador dito de redemocratização, nem o atual governo auto-intitulado social-democrata administrado em boa parte por intelectuais da universidade. Adotando suicidariamente uma atitude neoliberal radical, o atual governo federal entende que deve deixar às televisões estabelecer seu próprio código de conduta, o que rigorosamente significa, como se costuma dizer, entregar a guarda do galinheiro à raposa.

É aceitável, porém, entender que uma política cultural adequada possa fazer frente a essa situação. Se a questão não puder ser tratada sob êsse ângulo, e não só do ponto de vista economicista; se não pudermos, nós, propor alguma coisa, de que adiantaria estarmos aqui numa reunião universitária dedicada a estudos culturais? De um ponto de vista brasileiro, é imperioso substituir o comodismo dos intelectuais mediáticos e o cinismo dos administradores públicos colocados sob o guarda-chuva do *mercado* por uma nova atitude humanista — e não tenho receio de usar a palavra. Essa nova atitude humanista deve opor-se, por exemplo, ao descaramento que se constata nos *"green books"* e *"white books"* produzidos pelos mais diferentes governos do mundo sobre a nova Sociedade da Informação baseada na Internet e que se concentram escandalosamente no mercado e na questão comercial. Toda a política cultural para a Internet está centrada na idéia dos negócios e se preocupa em facilitar a vida do mercado. Jamais antes um programa cultural foi tão claramente expresso. O primeiro princípio encontrado no documento do *keynote speech* de um encontro sobre a nova sociedade da informação intitulado *Word/E-com*, realizado na Austrália em novembro de 1999, assim diz: "A Sociedade da Informação deve ser orientada para e pelo mercado" (em inglês, "*The information society must be market-driven*"). Ora, o mercado tem produzido predominantemente imaginários como o que procurei descrever aqui — e defendê-lo nesses termos é de um cinismo insuportável.

A violência encontra combustível em imaginários como o que desenhei, constituintes de um cenário de hipercomunicação inteiramente fechado à expressão humana individual e comunitária. O indício dessa condição só aparentemente paradoxal pode ser encontrado todos os dias na cidade de São Paulo, amplamente desfigurada por pichações apostas a casas, prédios, monumentos e obras de arte que dão à cidade a aparência de zona de guerra.

São quilômetros e quilômetros de fachadas pichadas por grafismos que se sobrepõem por toda parte, num outro iconoclasmo de imagens que se combatem e se borram — por toda parte, aliás, salvo num único lugar: nos cartazes *out-doors* que ostentam publicidade. Não há em São Paulo inteira um único cartaz publicitário pichado. Nenhum. É como se os pichadores respeitassem apenas aquilo que representa o único sonho que parecem poder ter, o sonho do consumo. —como se os pichadores respeitassem, numa cidade visualmente tão poluída quanto poluída está atmosfericamente, o concorrente poderoso que eles reconhecem e admiram porque consegue pichar legalmente a cidade inteira. Não há pichação sobre a publicidade pública: aí está algo em que deveríamos refletir. (Como falei de Havana, lembro-me partindo dela e chegando à Cidade do México para perceber, saindo do aeroporto, como a Cidade do México se prostituía —essa palavra me veio à mente de imediato—

em seus cartazes agressivos e como Havana, a posteriori, se revelava límpida à minha memória.)

O comportamento dos pichadores é, sob um aspecto, o mais primitivo possível, animal mesmo: trata-se de marcar território assim como os cães marcam com sua urina o espaço por onde se deslocam. São gangues de pichadores que se confrontam através do símbolo do grafismo imposto aos competidores e que se destacam pela audácia da pichação, mais valiosa se feita em lugares altos, perigosos ou bem policiados. É, além da marcação de um território que eles não têm e nunca terão, uma agressão claríssima contra a cidade que abominam porque ela não se abre para eles. Mas não resta dúvida de que outra coisa está aí também presente: o desejo de expressar-se, o desejo de falar para os outros, de falar para a cidade, de assumir uma voz, de ouvir a própria voz. Num universo de hipercomunicação visível nas fachadas eletrônicos brilhantes, nos *out-doors* publicitários, nas faixas comerciais esticadas clandestinamente por toda parte, na TV onipresente em casas, salas de espera de aeroportos, ônibus, na Internet penetrante, *não há chance alguma para a expressão*.

Pergunto-me, de passagem, se não seria nossa responsabilidade, como acadêmicos, denunciar a impostura da palavra comunicação, presente em nomes de disciplinas, programas de graduação e pós-graduação e de escolas inteiras, como a Escola de Comunicações e Artes de minha universidade. A palavra comunicação —e a expressão que dela se desenvolveu a partir do momento ditatorial: comunicação social— têm hoje de fato um lugar garantido na novilíngua de final de século porque aponta exatamente para o oposto do que diz significar. Todas as mensagens dirigidas ao habitante da sociedade brasileira contemporânea, venham do governo, da publicidade, da televisão, são essencialmente a-dialéticas, melhor: anti-dialógicas, quer dizer, não estabelecem a conversa —e a ausência dessa dialogia está na raiz da personalidade ansiosa e violenta que marca este momento brasileiro. Cultura é uma longa conversa. Essa é a melhor definição para cultura que posso encontrar. Onde não há conversa, não há cultura. E não há comunicação. Há apenas o discurso da violência. Em nossa atividade de acadêmicos, aprendemos a reconhecer o valor dos nomes, porque os nomes, moles como são, recobrem, criam e recriam realidades duras, bem duras. Por que então continuar aceitando certos nomes que não recobrem mais o que dizem expressar?

Voltando à questão do que cabe fazer, não vejo outro modo de combater a educação para a violência sustentada por esse capital cultural acumulado a não ser através de políticas culturais —para a indústria cultural como para a educação— que precisam ser exigidas e defendidas por nós a todo custo, diante da demissão dos governos, como único modo de abrir portas para uma imaginação que rompa o círculo vicioso da produção e acumulação do capital cultural da violência. Enquanto isso não acontecer, e como a economia não dissolve o núcleo cultural da violência que se firmou, o espaço urbano brasileiro continuará a ser o cenário de uma das violências mais abjetas, freqüentemente descrita como absurda e irracional, que afeta sobretudo os mais jovens. Essa violência não é absurda e irracional: ela é lógica e bem estruturada. Se pudermos mapear sua cadeia genética, por assim dizer, como tento fazer, podemos quebrá-la e reconstruir diversamente o capital cultural. E poder voltar a imaginar...

Talvez exista, é verdade, uma tendência para a constatação de que a cultura, e portanto a imaginação, se empobrece sempre cada vez mais ao longo dos tempos, acompanhada por uma tendência paralela —que alguém chamaria de *classista*— para atribuir essa degeneração ao aparecimento de meios popularizadores da cultura, como a televisão. Essa tendência, se tendência for, é antiga. Em 1802, numa biografia de Bach escrita por um certo Johann Forkel, podia-se ler que " o espírito deste tempo, voltado mais para as insignificâncias que possibilitam um prazer passageiro do que para aquilo que é nobre...já levou, em alguns lugares, ao banimento do grego e do latim em nossas escolas e não há dúvida de que gostaria muito de se livrar também de nossa música clássica." Isso, no começo do século 19. E a chamada Escola de Frankfurt, no século passado, quer dizer século 20, encarregou-se de fazer uma carga séria contra os meios de comunicação de massa. No entanto, por mais que seja possível dizer que essas censuras e lamentações constituem já um certo *hábito cultural*, é por outro lado imperioso constatar que nunca, como agora, aconteceu um tal bombardeamento da imaginação a que Pessoa se refere.

Para terminar, não vejo como deixar de assumir, nesta questão, uma posição de denúncia radical ao que existe, e de defesa intransigente de uma política cultural de sinal contrário a ser posta em prática por instituições fora e acima dos interesses do mercado, o que certamente envolve a administração pública que hoje no entanto em muitos de nossos países bate apressadamente em retirada, em cúmplice movimento. O momento não é mais para os compromissos. Numa passagem de seu *Diário*, de 27 de janeiro de 1922, Franz Kafka descrevia a literatura como *um salto para longe do batalhão dos carniceiros*. Talvez essa seja a mais simples, a mais humanista das descrições da função da literatura e, por extensão, da criação cultural. Nosso papel, como escritores, pesquisadores, professores, é, numa época talvez ainda mais carente disso do que aquela em que Kafka escrevia, criar as condições para a existência e fortalecimento de uma cultura pública que dê lugar a uma imaginação capaz de nos levar, a cada um de nós como criadores e a todos como pessoas, para longe das fileiras dos carniceiros. Tivemos, há poucos meses, em Seattle, uma forte vitória simbólica sobre o neoliberalismo e sobre o endeusamento da economia e da "saúde econômica" das moedas (não se fala mais "saúde econômica dos países") em detrimento dos valores humanos e da saúde das pessoas. Não conseguiremos nós nos mobilizarmos para conseguir uma Seattle da imaginação?

Nota

[1] A partir de uma observação de Samuel P. Huntington em *The Clash of Civilizations and the Remaking of the World Order*, Simon & Schuster, 1997.

¿Guerreros o ciudadanos?
Violencia(s). Una cartografía de las interacciones urbanas

Rossana Reguillo-Cruz
ITESO, Guadalajara-México

> La violencia nos obliga a teatralizar y generalizar la experiencia desagradable o trágica, nos encierra nuevamente en nuestras casas, se vuelve el estado de sitio de los ricos rodeados de guaruras (esos ángeles de la guarda de las previsiones sombrías), modifica la intuición hasta volverla depósito de miedos ancestrales, se aterra ante la propia sombra porque no se sabe si el inconsciente va armado y por último, nos convence de que la ciudad, el campo de las sensaciones de la libertad, es progresivamente de los Otros, y es cada vez más el reino del Otro y de lo Otro...
>
> Carlos Monsiváis (1999)

> La fuerza de Perseo está siempre en un rechazo de la visión directa, pero no en un rechazo de la realidad del mundo de los monstruos en el que le ha tocado vivir, una realidad que lleva consigo, que asume como carga personal.
>
> Italo Calvino (1998)

TRES IMÁGENES TRES. PARA PENSAR AL MÉXICO MODERNO

Pensar las violencias exige colocarlas en sus arraigos empíricos; no dejarse seducir por ellas, demanda el ejercicio contrario, rechazar su aparente transparencia y levantar el vuelo para contrarrestar su pesadez.

Imagen uno: *Lo sólido no se desvanece*

De dos en dos, descendieron de los vehículos oficiales tan relucientes como los nuevos uniformes que la nueva policía federal "preventiva" estrenó para la opinión pública la mañana del domingo 6 de febrero del año 2000. Silenciosos, "desarmados", anónimos, desfilaron ante las cámaras de televisión que esperaban la historia por

Imagen dos: ... *Todos a una*

venir. Dos mil quinientos policías avanzaron sobre la Universidad Nacional Autónoma de México. El objetivo, detener a los "paristas", es decir, a los estudiantes en huelga, recuperar las instalaciones de la Universidad y poner fin a una huelga que duraba ya diez meses. "Quirúrgica, impecable, muestra de la capacidad y autodominio policíaco", como caracterizaría ese mismo día el Presidente de México, Ernesto Zedillo, a la operación, la detención de cientos de estudiantes y el civilizado comportamiento de la policía, armada apenas con "toletes", se convirtió en el espectáculo mediático que señaló, entre otras cosas, el triunfo de la solución violenta y del imaginario expandido del autoritarismo, como única alternativa. El apoyo mayoritario a la medida, el alivio entusiasta con que muchas mujeres y hombres, ciudadanos del México moderno, celebraron la intervención de las fuerzas del orden, como prueba irrefutable del regreso del "Estado de derecho" y, el crecimiento de la soberbia y de la impunidad con que las dos grandes cadenas televisivas mexicanas hacen su cotidiano llamado a la guerra, llevan a pensar que México se desliza, peligrosamente, hacia un escenario en el que el endurecimiento de la violencia legítima se percibe como la salida inevitable al caos, el desorden, las violencias. La demanda de "mano dura" gana adeptos, deja de ser susurro vergonzante para convertirse en grito colectivo. Algo anda mal.

Una semana después de la recuperación "quirúrgica" de las instalaciones de la UNAM, con varios cientos de jóvenes presos, otros tantos, los menores de edad, recluidos en centros de internamiento especial, por su "alta peligrosidad" y una discusión compleja entre los mexicanos, otra operación de intervención policíaca se convierte en noticia de primera plana. Los estudiantes normalistas de la escuela rural para maestros El Mexe, en el estado de Hidalgo, también en huelga, reciben la "visita" de la policía para desalojarlos de la escuela. Sólo que en esta ocasión, la policía se encuentra con padres de familia, pobladores, simpatizantes de los huelguistas, que a la manera de Fuenteovejuna, desarman a la policía, los desvisten y los amarran en el centro de la plaza principal. El espectáculo de los policías sometidos, pese a la indignación de las televisoras, despierta sonrisas, chistes y un cierto aire de fiesta por el triunfo de la justicia popular, esas pequeñas revanchas frente a la violencia legítima. Se trata del mismo México de la imagen anterior y no es ninguna contradicción, sino apenas el esbozo del caos que nos habita y del modo itinerante en que nos colocamos ante las violencias y de la percepción diferenciada de las fuentes del mal.

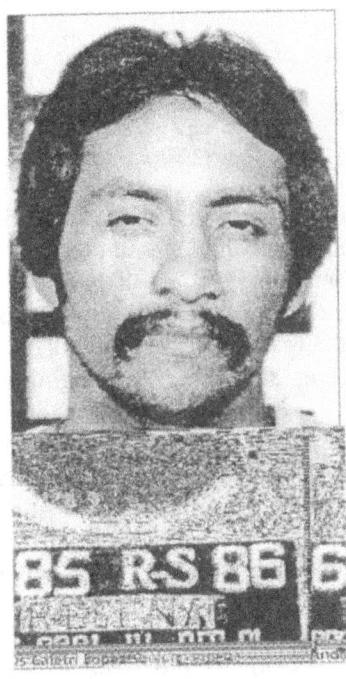

Imagen Tres: *El Superman bizarro*

"Nomás de verlo por la tele, daba miedo, ora imagínate topártelo en la calle", fue el comentario de una estudiante a la noticia de la detención de uno de los secuestradores más notables y temidos del país, Andrés Caletri. Y efectivamente daba miedo, al dramatizar frente a las cámaras su pertenencia a una estirpe maldita, exasperado por los "flashes" y los micrófonos, dirigía una extraviada mirada a los fotógrafos para decirles con aire retador y pintoresco: "Nos vemos en el infierno, culeros".

Caletri escenificaba, en beneficio del *show business*, al asesino serial de los filmes de culto del cine hollywoodense y venía a ratificar las sospechas en torno a la sofisticación y profesionalismo con la que hoy opera el crimen organizado. Este "Superman bizarro" como lo describió un agente de la policía, haciendo alarde de las fuentes que nutren su imaginario, entraba, por la puerta grande, al universo de los demonios que no pueden ya reclamar para sí un origen nacional. Patrimonio global, los antihéroes se disputan el privilegio de la efímera pero contundente fama que alimenta los terrores y el miedo al miedo que configuran el clima de la época. Caletri es la encarnación del mal contra el que no hay nada o muy poco que hacer y del rostro cambiable del temor y de la experiencia de la indefensión.

De las inagotables posibilidades para construir el paisaje de las violencias que laten en la sociedad, mexicana en este caso, las tres aquí seleccionadas permiten enfatizar las tres cuestiones que quiero abordar a lo largo de esta exposición:

a) La imposibilidad intelectual y política de separar el análisis de las violencias contemporáneas de su uso político y su articulación con el poder.

b) La urgente necesidad de develar los procesos sociales mediante los cuales el miedo en las sociedades urbanas se está construyendo y su vinculación con las formas de socialidad y sus anclajes culturales profundos.

c) La construcción cambiante de un otro, pensado como operador de las violencias e imaginado como responsable del "deterioro", del "caos" y del "desastre", imaginario expandido en las sociedades urbanas en un contexto crecientemente globalizado.

Hay entonces, a la manera de un juego de naipes, una carta política, una carta social y una carta cultural. Juguemos, pues.

Primer movimiento

El exilio en la propia ciudad es una experiencia narrada y vivida de diferentes modos por hombres y mujeres que perciben el entorno urbano como un territorio poblado por demonios que amenazan diferentes órdenes de la vida social, desde la vulnerabilidad física hasta los temores morales, pasando por la desconfianza generalizada ante las instituciones. La ciudad asume el rostro de la inevitabilidad de la violencia. Ciudad y violencia se han convertido en sinónimos, en imaginario indisociable, en palabras intercambiables.

La violencia se experimenta como dato fatal e ineludible, como tributo necesario y cotidiano a la aventura urbana, adrenalina que suda por los cuerpos como evidencia de una condición ciudadana que asume "irremediablemente" su contribución al ritual que une y fragmenta, el miedo.

Un lamento generalizado que deviene cofradía de miedos; unidos en el temor a las violencias, se aporta desde la experiencia propia, la del vecino, la del relato televisivo, la de la nota policíaca, para dar forma a esa escultura viva en la que cada quien cincela sus temores. El miedo a la violencia, al sentimiento de indefensión, acuerpan, generan una comunidad de la que quedan excluidos los que no tienen un relato que aportar, una aventura terrible por narrar, un miedo confesable y por lo tanto, honroso. "Tenemos miedo", es el santo y seña de los "cofrades".

El miedo a la violencia, el miedo a sus operadores, se alimenta de la construcción intersubjetiva de sus formas de presencia en el espacio urbano, funda un sentimiento de solidaridad de grupo donde "la víctima sustituye al ciudadano" (Mongin, 1993). Cuando la victimización es el atributo que define las formas de auto y heterorreconocimiento en la ciudad, se genera efectivamente un sentido de "cuerpo" cuyos lazos precarios e inestables configuran una comunidad emocional que dirige su energía contra lo que percibe como el enemigo externo o el transgresor interno. Se trata de una comunidad "contra", su sentido, fundado en la percepción de la amenaza, necesita rituales que lo activen. Ahí, los medios de comunicación con sus Apocalipsis cotidianos y su efectivo trabajo sobre los símbolos, los significados, la emoción; ahí, las estrategias del Estado para llamar a la ciudadanía (genérica) al combate colectivo contra una delincuencia (genérica) y sobre todo, ahí, la construcción del enemigo.

Anclados en esta idea de cuerpo colectivo, aparecen en el espacio público un conjunto de prácticas y formas de respuestas que encuentran su justificación en las dicotomías orden/ desorden, amenaza/protección. A la manera de analizadores culturales, los programas de prevención del delito en las ciudades, hablan de las transformaciones que se han operado en el modo de percibir y entender las violencias urbanas.

Bajo el supuesto de una vaga corresponsabilidad entre el Estado y la ciudadanía, se ampara el crecimiento de grupos de autodefensa civiles. Los llamados "vecinos vigilantes" o "vecinos alertas", que operan en barrios y urbanizaciones de manera legal, en diferentes ciudades mexicanas, construyen redes de interacción vecinal cuyo tejido carece de memoria y del soporte de instituciones previas. En la metrópolis compleja, "vecino" no es la persona con la que se comparte una historia de solidaridades previas, sino la persona con la que se comparte la zozobra, con la que se comparte un código que se agota en señales de alerta y en rutinas preestablecidas. Se trata de un ente anónimo que sólo adquiere corporalidad en la defensa del territorio común, pero del que se depende en la oscuridad. La plataforma de estas redes está fundada en el miedo y en el peligroso supuesto de la capacidad para descifrar, en común, las señales de amenaza. Frente a la cohesión social que hacen posible, resaltada por sus operadores y simpatizantes, hay que señalar que estas estrategias de sobrevivencia urbana frente a la percepción de la intensificación de la violencia, comportan fuertes dosis de intolerancia, represión discrecional y división social.[1]

Estos modos de respuesta se inscriben en un imaginario cada vez más compartido, en torno a la incapacidad del Estado para hacer frente a las violencias. Al verse desbordado el aparato de seguridad estatal, colapsan las formas convencionales para enfrentar la violencia y se instaura un clima político social, en el que pese a los discursos en contra, se abre paso a una lucha de todos contra todos, en la que unos "todos" tienen mayores posibilidades de impulsar su proyecto. Lo unido por el miedo se fragmenta por el miedo. El "derecho a la sospecha" como nombraba Simmel (253) a la reserva con que los urbanitas se relacionan con sus pares, despliega hoy, no el valor de una libertad y cosmopolitismo propios de la urbe, sino un rostro de rechazo intolerante, de resistencias y de luchas frente a lo diferente.

La Ciudad, el lugar del accidente y de lo ambiguo

La metrópolis contemporánea se aleja cada vez más del sueño de Le Corbusier, cuya utopía arquitectónica negaba la confusión y el caos del desorden o de lo espontáneo. Desafiando la razón arquitectónica, la estética del caos y la lógica del desorden se instauran como lenguajes de lo urbano, lenguajes mestizos que crean y recrean cotidianamente sus propios códigos narrativos en diversos territorios: en la explosión del símbolo religioso que bautiza irreverentemente el espacio de lo público y lo laico, en las señales de intromisión que dibuja, pese al esfuerzo de los planificadores, una pobreza que retorna permanentemente o, en la escenografía cambiante de las franquicias globales que quieren borrar, sin lograrlo, el paisaje local.

La ciudad se narra a sí misma de forma en que la superposición de planos dificulta establecer demarcaciones y fronteras estables. En ese movimiento, las violencias se desespacializan, emergen, ubicuas, mezclando las ecologías de la ciudad. Lo inseguro y lo seguro, lo bueno y lo malo, se convierten en coordenadas itinerantes que se trazan desde parámetros múltiples y complejos. Sin embargo, a la percepción de una violencia desterritorializada, se responde con los esfuerzos por reterritorializarla, confinarla a unos márgenes aprehensibles.

Dotar a la violencia de un territorio significa una victoria, en tanto confiere la ilusión de que aislando el territorio se combate la violencia. Así, territorializar las violencias, por ejemplo a la manera de las ciencias forenses y dividir la ciudad en zonas de alto riesgo, hacer su "epidemiología" de acuerdo a temporalidades y horarios en el que las violencias despliegan su rostro de muerte y, ese afán positivo de asociarlas a ciertos agentes aceleradores como el alcohol, la droga y el sexo, lógica que es amplificada por los medios de comunicación que, suman a estos criterios, su retórica estigmatizadora y sus rutinas de reducción de la complejidad (Reguillo, *Imaginários globais*), contribuyen también a fijar a los agentes de la violencia. En tanto no hay territorio sin actores, esta forma de representación de las violencias permite imaginar que las murallas reales y simbólicas ayudan a frenar el avance de los que son pensados como responsables del deterioro.

En esta simplificación, se configuran tres campos de sentido asociados a la violencia en la ciudad: un territorio habitado por la pobreza;[2] un tiempo nocturno y de excepción y un entorno caracterizado por el relajamiento moral y por los vicios.

Desde esta lógica, los culpables de las violencias, los transgresores, empiezan a adquirir un rostro reconocible. Se trata fundamentalmente de las "criaturas de la noche", los seres nocturnos, metáfora de los márgenes y de la irreductibilidad al discurso moral de la sociedad: drogadictos, borrachos, prostitutas, jóvenes que escapan a la definición normalizada, homosexuales, travestidos, pensados como portadores de los antivalores de la sociedad y propagadores del mal.

Sin embargo, se trata de figuras contradictorias en tanto que representan simultáneamente, de una parte, amenaza y riesgo y, de otra, tentación y seducción. Es decir, su poder desestabilizador se percibe asociado a la atracción que ejercen sobre los buenos ciudadanos, que se ven atrapados en las redes de estos seres que acechan desde la oscuridad.

A la manera de los seres de Césare Lombroso que en el siglo XIX regaló al mundo de la ciencia un manual sobre el *hombre criminal* (1876), los seres nocturnos del año 2000, pertenecen a la categoría de "criminales en potencia", aquellos que se alejan de la norma y representan los atributos degradados de la especie. Si en el siglo diecinueve estos seres fueron sometidos por la argumentación "científica"; hoy, estos personajes que pueblan amplios territorios de las ciudades contemporáneas, son sometidos por un imaginario fuertemente anclado en los dispositivos técnico-simbólicos de los medios de comunicación, que se asemejan a Lombroso y al pensamiento por él representado, en el sentido de la necesidad de la estandarización de la norma. Para Lombroso, el genio, el criminal o el loco, eran un producto de la degeneración; afirmó por ejemplo que "el genio es una psicosis degenerativa del grupo epiléptico" y por supuesto propuso un conjunto de indicadores para revelar la presencia de genios y criminales entre la buena sociedad decimonónica.

Lo que interesa resaltar aquí, es la constante antropológica que la sociedad actual parece reproducir, en el sentido de fijar unos márgenes, unos límites donde hacer caber la normalidad. Todo aquello que sale de esta norma, amenaza la estabilidad y el orden y por consecuencia es portador de violencia.

Los homosexuales, grupo urbano en torno al que giran de manera obsesiva los miedos de la sociedad (¿mexicana?) y cuya preferencia sexual es elevada con frecuencia a la condición de "causal de delito" en los medios de comunicación, dan forma a un imaginario³ que los representa como "depravados", "egoístas", "inconformes" y "amorales", cuyas acciones fundamentales se construyen a través de tres verbos activos: corromper, engañar, transgredir. Al operar una ruptura con la norma, el homosexual se vuelve para numerosos sectores de la población en un operador de violencias múltiples. La lectura más "generosa" en relación a los homosexuales, los ubica como "anormales" y "equivocados"; aparece, de manera interesante, la atenuante de la "enfermedad". Pensados también como víctimas a su vez de la familia, de la sociedad o de la naturaleza, los homosexuales que son tales por placer son "malos y perversos", mientras que "si lo hacen por enfermedad" son tolerables.

Una ola de asesinatos contra homosexuales se ha desatado en México, sin que las autoridades y peor aún, la sociedad, encuentre en ello motivos de preocupación. "En realidad se lo merecía", es un discurso común que parece aludir a una revancha contra todos aquellos que atentan contra la norma. "La violaron porque era una mujer de la vida fácil" o "sí, la policía lo mató, pero era un delincuente", son frases, que más allá de su pasmosa formulación, señalan la incapacidad creciente para ponerle freno a una espiral de violencias que encuentran su justificación en el temor a un otro, alejado de la norma.

El persistente discurso sobre la norma y el temor a su transgresión, dificulta, aleja, complica la posibilidad de revisar el pacto social, que en el caso de México sigue anclado a un imaginario al que parece resultarle imposible, desde el abismo cultural que separa a los "nosotros" de los "otros", otorgarle un lugar no amenazante a la diferencia.

La representación de las violencias permanece vinculada a lo otro y su leyenda confinada, ilusoriamente, a territorios controlados, pensada como "condición natural" de ciertas categorías sociales. La demonización sobre ciertos grupos urbanos, fortalece el imaginario de limpieza social que trastoca no sólo el paisaje arquitectónico de las ciudades, sino sus formas profundas de socialidad.

El incremento de las urbanizaciones cerradas con vigilancia propia, la reinvención cotidiana de alternativas para enfrentar la inseguridad, el repliegue al mundo privado, los "amuletos" protectores como los teléfonos celulares, que no cumplen solamente una función comunicativa inserta en una lógica tecnologizada, sino principalmente y de acuerdo al discurso de los propios actores, son garantía de la propia seguridad, especialmente en el caso de las mujeres; el armamentismo creciente, no pueden aislarse en el análisis de los discursos que sobre las violencias urbanas construyen los medios de comunicación.

Como lo ha señalado Barry Glassner para el caso de los Estados Unidos, las cadenas infomativas se rigen bajo el dictado "if it bleeds, it leads". A partir de diferentes investigaciones Glassner encontró que entre 1990 y 1998, cuando la tasa de homicidios había descendido un 20 % en su país, el número de historias de asesinatos se incrementó en 600% en las cadenas noticiosas. El dato no es irrelevante.

Sabemos que los medios operan hoy como industrias cuyas rutinas y lógicas de producción se articulan a un esquema globalizado que busca estandarizar sus públicos a través de formatos, géneros y contenidos que puedan ser "reconocidos" en cualquier parte. El *reality show* por ejemplo, no es sólo ya un producto de exportación desde los centros productores, sino una plataforma expandida, un modo "de hacer" y "de contar" que busca (y encuentra) sus formas de anclaje local. La "tele-verdad" es un género global que se articula a las memorias y a las identidades locales. El género global encuentra lo que de universal poseen las historias localizadas: el drama, la miseria, la explotación, la muerte; y, principalmente sirve de caja de resonancia a los imaginarios del miedo.

En México, entre las principales causas de mortalidad, los homicidios ocupaban en 1990 el décimo lugar en la lista y en 1997, último dato disponible, pasó a ocupar el noveno lugar.[4] Sin embargo, en números absolutos, la muerte por homicidio descendió casi un 10 %; pero la nota violenta adquiere una centralidad, que la coloca en el plano simbólico como el principal factor de riesgo para los mexicanos. No se discute por ejemplo que anualmente mueren en el país, más de 14 mil indígenas de enfermedades curables. Ello no se asocia en el imaginario con ningún tipo de violencia.

Pese a la aparente contundencia de estos datos, en un intento por problematizar el argumento estadístico, que nunca es transparente, y en la búsqueda de una distancia crítica frente a un pensamiento de sentido común que parece construir una relación mecánica entre los medios de comunicación y la representación de la violencia, hay que utilizar los mismos datos, desde otras lógicas; por ejemplo, desagregar la información por género y por edad.

Tomando los datos oficiales para 1997, la muerte por homicidio, en el caso de los hombres, pasa a ocupar el sexto lugar en el mapa general, mientras que desciende al décimo octavo lugar en el caso de las mujeres. Para los jóvenes varones de 15 a 24 años de edad, la muerte por homicidio, ocupa el segundo lugar, sólo después de la muerte por "accidentes" y, en las mujeres en este mismo rango de edad, se coloca en la cuarta causa de muerte, antes del suicidio.

¿Significa esto que la violencia tiene género y edad?. Como lo han documentado numerosas y diversas investigaciones en América Latina,[5] las violencias se han asentado en territorios juveniles. Víctimas y victimarios, los jóvenes varones de los estratos populares de las ciudades del continente, se han convertido en los principales protagonistas de la novela negra del continente. Pero no hay en ello ningún misterio. En tanto el modelo cultural de las ciudades obedece a una pauta masculina que ha confinado a las mujeres al espacio privado, es "natural" que los habitantes del espacio público, sean entonces los protagonistas principales de una violencia que reinterpreta algunos elementos tribales en el contexto del deterioro urbano (Reguillo, *Poderes sedentarios*).

En este sentido, creo que el documento que mejor construye lo que quiero señalar, es la película neozelandesa, *Once were warriors*, de Lee Tamahori. La calle es el lugar de los hombres, ahí, las mujeres significan apenas una "interrupción" en el mundo masculino, hecho de códigos de fuerza, de poderío, de afirmación machista. La fuerza física es el valor de cambio. En este discurso cinematográfico, la joven mujer que muere por su propia mano, rebelde al imperativo cultural que la reduce a objeto, incapaz ya de enfrentar la violencia doméstica, completa el círculo. El afuera masculino, es decir, la ciudad, es el espacio que sólo puede habitarse en y desde la violencia; el adentro femenino, es el espacio que no logra contener la fuerza masculina y por ende, expulsar las violencias. La experiencia cotidiana de la violencia sólo puede enfrentarse mediante la huida hacia la muerte: para ellos, la inevitabilidad del conflicto con los rivales; para ellas, el ritual que devela la imposibilidad del escape. Y sí, las violencias tienen género y edad, tienen raza y religión, por ello resulta fundamental pensarlas en sus complejos arraigos empíricos.

Por ello, más allá de los datos puntuales, lo que este mapa intenta señalar es que la representación de las violencias no puede entenderse de forma unívoca y monocausal. Si por un lado, hay que coincidir con los análisis que develan el protagonismo creciente de los medios de comunicación en la expansión del imaginario de las violencias; de otro lado, hay que colocarse en los territorios diferenciales de la vida de las ciudades, ahí donde las formas violentas de resolución de conflicto, ocupan un lugar privilegiado en los modos de socialidad que, anclados en matrices culturales, inscriben sus propios campos de representación de las violencias, campos en los que las estructuras de simbolización de la diferencia, reducen a lo otro a una categoría "salvaje", portadora de atributos degradados y potencialmente violentos.

Una socialidad urbana fundada en la mitología de una alteridad amenazante no puede realizar la democracia, ni darle juego a la necesaria pluralidad que la sustenta. Las "criaturas de la noche" como metáforas de lo invisible necesario y de la ruptura de la norma, son desplazadas al lugar de una alteridad cuyo papel es el de fortalecer, por negatividad, el valor de la norma y el orden.

Los enemigos de la modernidad

La irrupción del movimiento zapatista en el México de 1994, operó una transformación profunda en la sociedad. Los indígenas chiapanecos colocaron en el debate nacional un conjunto de temas invisibilizados por la epopeya modernizadora de la nación. A salvo de la historia contemporánea de América Latina, los mexicanos tejieron una narrativa nacional en el que la continuidad y diferencia quedaron resueltas en la categoría del mestizaje, que sirvió para fundar un proyecto nacional sustentado en la unidad discursiva a la diversidad.

Pero en los umbrales del siglo veinte, los indígenas alzados acribillaron con sus rifles de madera el muy guadalupano mito de la mezcla sin conflictos. En la voz del subcomandante Marcos, desde el corazón de la selva Lacandona, llegó al centro de las ciudades mexicanas la evidencia de la terrible desigualdad que habitaba en el país. Como si alguien hubiera encendido alguna luz, las siluetas de una exclusión apenas intuida, cobraron cuerpo y adquirieron voz propia.

Se volvió evidente que muchas de las violencias que latían en la sociedad mexicana, incluso en las venas de su mestiza e híbrida megalópolis, estaban ancladas en el enmascaramiento de un proyecto civilizatorio y cultural que borró el componente indígena de la nación mexicana. A la máscara de la negación los indígenas opusieron la máscara de la visibilidad. Paradojas de la modernidad reflexiva, al ocultarse tras un pasamontañas, los indígenas, se volvieron, finalmente, visibles.

El argumento que quiero colocar aquí es que hay violencias en las ciudades cuyo signo no puede ser aprehendido más que a través de la deconstrucción de los procesos históricos.

Así, en mi análisis de los miedos urbanos de fin de siglo toma forma un campo de representaciones que vincula el temor a las violencias, con los que he denominado "las criaturas del pasado".

Indígenas, migrantes, indigentes, espejos de una realidad que la sociedad se niega a ver, "traen" a la ciudad, espacio del progreso y de la conquista del pasado, las imágenes borradas por una modernidad de aparador. Representan los residuos de un tiempo antiguo, al que se mira simultáneamente con nostalgia y con rechazo.

El empobrecimiento estructural del campo mexicano, debido principalmente al proyecto de desarrollo industrial y urbano privilegiado por los gobiernos posrevolucionarios, expulsó a partir de la década de los treinta a un amplio contingente de campesinos a las ciudades del país, el flujo de expulsión no se ha detenido desde entonces. Narrado por el cine mexicano y vitalizado por la floreciente y exitosa radio de los años cuarenta, este proceso fue imaginado como un segundo mestizaje en la nación. De los cruces entre el campo y la ciudad emergía la figura del "peladito", tan bien representada, aunque no de manera exclusiva, por Cantinflas. Este "nuevo" personaje, representaba la pureza, la inocencia y el apego a la tradición de los sectores campesinos del país, al tiempo que desarrollaba la malicia, el sentido de oportunidad y el desarraigo como atributos asociados al citadino. La fusión de hablas para decir el mundo, abría paso a un imaginario en el que la pobreza se dignificaba, es decir adquiría una valencia positiva en tanto se la pensaba como una etapa transitoria, que a través de los esfuerzos, siempre apegados a la tradición y a la honestidad, se superaría. Sin embargo, este híbrido nunca lograba completar su metamorfosis.

Atrapado por las contradicciones de un modelo que valoraba sólo en el plano discursivo los atributos asociados a una matriz campesino/indígena, pero que en la práctica exaltaba los valores de una sociedad en pleno proceso de modernización, este personaje quedaba siempre condenado a la soledad acompañada de la vecindad, del barrio pobre, del aislamiento en la gran ciudad, a la que renunciaba entre gustoso y melancólico para no "contaminar" su pureza. La ciudad quedaba "afuera" y estos personajes, en el exilio interior configuraba unas formas culturales desancladas de su entorno, que se convertirían poco a poco y, también de la mano de las industrias culturales, en prototipo del atraso y de la violencia.

Fortalecida una clase media relativamente ilustrada y sedentaria, afianzado el modelo desarrollista y en pleno ascenso la inserción del país en las dinámicas internacionales, se cerró la pinza para terminar de dibujar un imaginario que convirtió a estos actores en enemigos de la modernidad y en portadores potenciales del peligro del retorno.

En un país con 40 millones de personas en la pobreza, entre las cuales el discurso oficial reconoce que hay 26 millones en pobreza extrema, una población indígena de 11 millones que conservan sus lenguas y sus formas tradicionales, un flujo migratorio interno que por un lado alimenta al sector informal y, por el otro, se articula a formas coloniales de explotación, al producir grandes desplazamientos de jornaleros indígenas que nomádicamente se emplean en zonas de cultivo cercanos a grandes ciudades, la representación de las violencias asociadas a estas formas de vida ocupa un lugar privilegiado en el mapa de las interacciones urbanas.

En los campos de representación vinculados al pobre en la ciudad, en el análisis de los materiales que provienen de la dimensión etnográfica, la figura del pobre es calificada a partir de tres ejes principales: "inutilidad", "ignorancia" y "flojera". Hay una importante tendencia a pensarlo como un lastre y un estorbo para la sociedad. Al pobre se le reconocen cuatro modalidades de acción en la ciudad, la de "pedir", la de "chantajear", la de "delinquir" y la de "mentir"; es pensado entonces como un "natural" operador de las violencias urbanas. Resalta también una lectura estética, el pobre es feo y es sucio. Al pedírsele a los entrevistados algunas vías de acción para enfrentar el problema de la pobreza y de los pobres en la ciudad, se encontraron no pocas respuestas que enfatizaron la "solución" violenta: hay que encerrarlos o hay que exterminarlos. Los más "tolerantes" propusieron la opción de la capacitación.

No resulta entonces extraño que los gobiernos locales desplieguen lo que con gran pompa ellos denominan "estrategias", cuyo eje vertebrador está en la invisibilización de los pobres en la ciudad. Refiero aquí un ejemplo de ¿alcance local?

En el documento titulado "La Coordinación contra el crimen", elaborado por la Secretaría Técnica del Consejo Ciudadano de Seguridad Pública del estado de Jalisco, en mayo de 1998, aparece una peligrosa, raquítica (e incluso poética) concepción de la seguridad. En el punto 8 del citado documento, bajo el tema "Recuperación de calles y avenidas", se lee: "Los limpiadores de parabrisas, vendedores y mendicantes han hecho de la calle área de "trabajo" (sic) y con ello sólo se ha conseguido fomentar desorden del tránsito, la mala imagen de la ciudad y hasta los delitos que se cometen al amparo de una supuesta actividad legal, que no lo es". Se consigna también en este apartado que "del mismo modo puede abordarse el problema de los niños de la calle, en donde pareciera que es un problema dejado a la buena voluntad de quien sabe quien (sic) y se olvida que también es obligación legal de las autoridades evitar que estos fenómenos de explotación y degradación humana se sigan dando en el escenario de las otrora bellas y cuidadas calles, avenidas y calzadas de nuestra ciudad" (7-8).

Basado en este documento "técnico", el Ayuntamiento de Guadalajara tomó, por ejemplo, la decisión de retirar de las calles a los limpiabrisas (porque afean la ciudad y, como diría un empresario, "le ven las piernas a las mujeres"), mediante el uso de la fuerza policiaca, con la complicidad pasiva de la ciudadanía. En esta perspectiva se filtra la idea de que limpiabrisas, vendedores ambulantes, mendicantes y niños de la calle, en otras palabras los pobres de la ciudad, constituyen no un, sino "el" problema de seguridad pública.

En el seguimiento de la nota roja en diferentes medios de comunicación, a lo largo de todo este trayecto de investigación, encontré distintos dispositivos tanto estructurales como simbólicos (Thompson, 1998), a través de los cuales los medios construyen la nota policiaca. De ello he dado cuenta en otra parte (Reguillo, *Violencias expandidas*), pero quiero rescatar aquí dos elementos que me parecen centrales: la referencia constante a rasgos étnicos de los "presuntos delincuentes" y la asociación causal entre pobreza y violencia. Elementos que contribuyen a fijar en el imaginario un retrato hablado del enemigo interno. El "delito de portación de cara", se ha convertido en justificación de la violencia legítima que se ejerce sobre los más pobres y de los tamaños apocalípticos de una exclusión creciente.

El caso de los migrantes y de los indígenas no es diferente. Parafraseando al diputado Sivuca, cuyo lema de campaña para contender por una diputación en Río de Janeiro, tristemente famoso en todo Brasil, fue "bandido bom é bandido morto", en el caso de los indígenas mexicanos, pese a la trans-formación del discurso a partir de la irrupción zapatista, el "lema" elevado a rango de sentido común entre muchos mexicanos es el de "¿indígena bueno?, es el que está en el pasado".

La privatización del espacio público, los brutales dispositivos de exclusión operados tanto por las dimensiones estéticas como punitivas de la ciudad, adelgazan el tejido social y trastocan las coordenadas de lo público/privado.

"Ganarle terreno a la inseguridad", parece traducirse en la expulsión de las calles de todos aquellos actores y prácticas que devuelven la imagen de pasado que aleja la posibilidad de un futuro promisorio.

En el transcurso de los últimos cinco años, notables apariciones marianas han interrumpido, momentáneamente, el aséptico paisaje de la globalización, como molestas y esperanzadoras imágenes de un México que se niega a morir, las vírgenes han decidido hacerse visibles en puentes y estaciones de metro de las grandes ciudades. Convirtiendo a pasajeros, transeúntes y apresurados viajeros, en improvisados peregrinos; dando a luz a modernos "Juan Diegos" para atestiguar el milagro, las "Lupitas", aparecidas de la nada, trastocan el sentido de lo público y recuperan para los excluidos el sentido de un espacio que los borra. Contra los supuestos de tecnócratas y planificadores, a la violencia de la exclusión no siempre se responde con violencia, hay formas múltiples de ganarle al espacio urbano —al invertir su signo, por ejemplo— un trozo de "territorio liberado". En palabras de Martín-Barbero (21), hay en el proceso de desterritorialización, implicado un proceso de reterritorialización, de recuperación y de resignificación del territorio como espacio vital desde el punto de vista político y cultural.

Los demonios del poder

Si algo caracteriza el complejo, cambiante y crítico momento histórico que estamos viviendo, es quizás el de la crisis de las instituciones. La "sociedad riesgo", como la ha llamado Ulrich Beck, la "sociedad de la información", como la denomina Manuel Castells o la "modernidad reflexiva" como la llama Anthony Giddens, es definida principalmente por el abismo profundo que se abre entre las instituciones —pensadas y levantadas por una sistema en extinción— y la subjetividad de los actores sociales.

Pese a la diversidad de planteamientos para la comprensión de los procesos sociales contemporáneos, la tónica común es la de ubicar como una de las problemáticas centrales del cambio de siglo, a la incapacidad institucional para dar juego y respuesta a las transformaciones societales.

Por ejemplo, la crisis de los partidos políticos que no logran convocar en la medida en que no consiguen (aunque no parecen esforzarse demasiado) representar la diversidad de intereses de una sociedad que se fragmenta y se agrupa en torno a objetos disímiles, han generado un profundo desencantamiento en los ciudadanos frente a la política formal; todo ello deriva en una crisis de la intermediación social por las vías tradicionales, partidos, sindicatos, organizaciones, que pierden "clientela" a pasos agigantados.[6] No solamente se cuestiona su capacidad de "representar intereses", sino que además no se les vislumbra, en términos generales, como espacios legítimos para impulsar el reconocimiento de las identidades, intereses, grupos que configuran el mapa complejo de nuestras sociedades.

En relación al temor a las violencias y a la violencia misma, en el discurso de los actores sociales, ocupa un lugar privilegiado una desconfianza creciente a los operadores y "garantes" institucionalizados de la seguridad en las ciudades. Policías y políticos asumen en la narrativa social la forma de demonios que, al amparo de una supuesta legalidad, son percibidos como agentes importantes del deterioro y cómplices de una delincuencia que avanza, incontenible, no sólo sobre la institucionalidad, sino sobre ciudadanas y ciudadanos, que experimentan la vida cotidiana como un caos en el que las violencias no son diferenciables.

Personajes que han sido tentados por el perverso poder de una delincuencia cada vez más poderosa o un narcotráfico ubicuo e intocable, seducidos por el poder asociado al dinero o atrapados por el fantasma de una corrupción a la que resulta difícil ubicar, los agentes institucionales de la seguridad en la ciudad pierden credibilidad y se convierten en los enemigos visibles y localizables, que al amparo de la legalidad, ejercen, impunemente la violencia cotidiana y "legítima".

Desgarrado el lazo que supondría "atados" a los agentes institucionales con los ciudadanos, se genera un "vacío" y una inversión de sentido. La franja que debería ser ocupada por las instituciones de un Estado al que se mira con confianza, es decir el espacio de contención de difusas y múltiples violencias, es ocupada por actores a los que ya no resulta posible ubicar inequívocamente.

Jugando del lado de la institucionalidad uniformada, la policía, esa que transita por el barrio, que debiera anunciar la presencia del orden y el respiro de alivio que trae la vigilancia y el cuidado de un ente anónimo y sin embargo, perceptible, que nos envuelve, se ha convertido en motivo de preocupación y temores crecientes.

En las múltiples entrevistas que han ido dando forma a esta investigación, hay una enorme similitud en los modos de representar a la policía: se trata, coincide la gente, de una figura que se alimenta del conflicto. El policía, el delincuente y el narco, participan de la misma mitología y a menudo son la misma persona; como el misterio de la santísima trinidad, tres personas en una, el policía se ha convertido en encarnación de una violencia temible por "legítima".

Dueño y señor de las calles, el policía ejerce su dominio en un mundo al revés. En la calle, he escuchado decir a madres desesperadas ante un niño llorón, "cállate o te lleva el policía". Versión contemporánea del ancestral "coco" mexicano, el policía se convierte en el espanto para corregir conductas. En una muestra de cien notas periodísticas de prensa nacional, tomadas al azar en 1999, 48% involucraron a algún policía en hechos delictivos: secuestros, torturas, violaciones, narcotráfico, violencia doméstica, corrupción. El panorama resulta desolador, pero lo que interesa destacar aquí es el sentido de ese "otro construido" en su relación con los miedos y sus formas de respuesta en la sociedad urbana.

Cuando la gente ya no puede diferenciar entre las fuerzas del orden y los delincuentes, se rompe el ecosistema de la ciudad, se disloca la brújula que orienta la socialidad, las creencias se fracturan y la ciudad se transforma en escenario de sobrevivencia. Creo que Carlos Monsiváis lo expresa de manera inmejorable, "A la violencia urbana la estimula la sensación prevaleciente: es la injusticia la que define la aplicación de la ley. Según la conseja popular, los magistrados y los agentes del Ministerio Público son corruptos casi de por sí, los policías atracan o son venales, los poderosos lo compran todo, la tortura es la traducción cotidiana del Código Penal. El axioma de los que se arman es vibrante: si la justicia es injusta y corrupta, nos toca a nosotros enderezarla; si el gobierno es la más poderosa de las bandas en activo, y es fundamentalmente eso, tenemos derecho a resistir" (Monsiváis 37).

Los campos de representación asociados a la figura del político no difieren del lapidario análisis de Monsiváis. Cuatro son los ejes que organizan la lectura que se hace del político: la mentira, el abuso, la corrupción y la violencia.[7] Si la imagen del poder formal se ha deteriorado de tal manera, es posible suponer, por el conjunto de indicadores a la mano, que para enfrentar la incertidumbre, la vulnerabilidad y el desencanto, la gente está buscando (y encontrando) nuevas fuentes de certidumbre que van de lo mágico-religioso al "armamentismo" y la respuesta individual. Ante el deterioro de las instituciones y de manera particularmente relevante, ante la pérdida de credibilidad de buena parte de los actores institucionales,[8] el conflicto se diversifica y cada grupo social, desde sus pertenencias culturales y sus anclajes objetivos, va al encuentro del otro, provisto de sus propios temores. Las violencias no están "fuera" de lo social, se construyen y se configuran en el contacto entre grupos diversos.

A manera de conclusión: reflejos y levedad

He tratado de mostrar, a través de dos ámbitos (el mundo de la moral y el mundo del "salvaje") en los que las violencias urbanas despliegan un rostro difuso y atemorizante, su papel fundante para la socialidad, su estrecha relación en el modo en como se experimenta la ciudad amenazada por una alteridad, a la que hay que someter a la domesticación de relatos controlables y, sobre todo, su indisociable vinculación con un tercer ámbito, el mundo del poder.

No es casual el éxito creciente del hoy llamado chamanismo urbano con todo y su reinvención "a la carta" del mito del salvaje; el boom latinoamericano de la literatura de autoayuda (de *Juventud en éxtasis* a *El caballero de la armadura oxidada*) y sus manuales para bien vivir; las audiencias crecientes de la neoestética de la violencia "inventada" por el *reality show*. En esta perspectiva, tampoco son extraños los brotes cada vez más frecuentes de "fuenteovejunas", que prescinden del brazo del comendador y menos resulta sorprendente, la disputa simbólica entre las ciudades de América Latina por conquistar la fama del peor horror.

Transformados en guerreros, los ciudadanos del tercer milenio se aprestan a realizar la profecía autocumplida, en unas ciudades, en un mundo poblado de gorgonas, al que le sobran héroes y víctimas y le faltan ciudadanos.

El siglo XX ha sido el de la gravedad, el del peso de las estructuras, el período de las instituciones y de los alardes monumentales. Las ciudades levantadas por la modernidad, se exhiben como testimonio de lo alcanzado para señalar con su irrefutable peso, el paradójico vacío que las habita. Frente a los satélites y la sofisticada tecnología para dominar la naturaleza, el agua destructora, el clima enloquecido, los rugidos de la tierra, nos devuelven la imagen de la vulnerabilidad frente a una avalancha de lodo y de pobreza; a las grandes corporaciones y a los "logros" de la macroeconomía se oponen el empobrecimiento creciente y el temor a sobrar, a no caber, a no estar dentro de los circuitos aceitados por el mercado; al tiempo que se fortalecen las grandes alianzas globalizadoras, los membretes que se acumulan para dar paso a la aldea global (NAFTA, MERCOSUR, Unión Europea), se incrementa la fragmentación, las fronteras que separan, de otro modo, a las sociedades; el vértigo de la comunicación y sus ya no tan nuevas tecnologías, dan paso a un nuevo tipo de excluidos, aquellos que no tienen acceso a la información del mundo. Y frente a la política y a los precarios procesos de transición democrática, crece el número de incrédulos, un ejército de desesperanzados por el difuso malestar de fin de siglo: el vaciamiento de las instituciones, de las ciudades, de sus estructuras.

La etapa que convencionalmente, se ha denominado siglo XXI, demanda abrirle espacio a la levedad, a lo sutil, a lo ligero, no como sinónimos de frivolidad, sino como atributos del movimiento y del pensamiento creativo. En sus *Seis propuestas para el próximo milenio*, el escritor Italo Calvino alude a la imagen de Perseo, aquel héroe mítico de pies alados, el único capaz de vencer a Medusa, en tanto logra enfrentar a la Gorgona sin mirarla de frente, sino a través de su imagen reflejada en el escudo de bronce, es decir, en un espejo. No mirar al monstruo, a la violencia, sino a través de su reflejo no equivale, a decir de Calvino, a eludir la realidad del mundo, sino buscar el apoyo de la levedad, de las imágenes, para sortear el riesgo de la petrificación.

Y esta imagen, la de la petrificación, es la que, quizás, interprete con mayor potencia el momento presente. Fascinada o atemorizada por las violencias, la ciudad tiene serias dificultades para observar los reflejos producidos por esa violencia sincopada y caótica, para mirar, en el espejo, en la imagen proyectada de las creaciones políticas y culturales, el reflejo de nuestros propios miedos. A veces, lamentablemente, cuando se logra mirar en el espejo, se le destruye, pensando que al acabar con el reflejo, el monstruo es destruido.

Dicen los marakames (hombres sabios) del pueblo wixárica o huichol, que sólo el sueño de lo que ha sido y lo que será, es una guía cierta para traer el futuro. Los más antiguos, los más principales de nosotros, aprendieron a mirar en los reflejos los ecos del presente, para quitarle su carga caótica y fatalista.

Notas

[1] Otro analizador potente de las formas del miedo en la ciudad, en sus vínculos con el tejido social y con el clima creciente de autoritarismo, es el del aumento de los grupos policiacos privados. En el lapso de dos años, en Guadalajara, por ejemplo, ciudad en la que la presencia

del narcotráfico a partir de la década de los ochenta ha significado un fortalecimiento (y modernización) de la delincuencia organizada y una cada vez más cuestionable capacidad de respuesta del gobierno y de sus fuerzas públicas, las agencias privadas de seguridad aumentaron en casi dos mil personas su número de efectivos altamente entrenados; a la misma velocidad, crecen los contratos privados para potenciales víctimas de secuestro. Aunado a la existencia de estos grupos y de manera complementaria, florece la industria privada de seguridad, a través de la oferta de "paquetes" completos que incluyen no solamente al "vigilante", sino además sofisticados equipos y dispositivos tecnológicos para la autoprotección. La desigualdad también se expresa en el territorio de las violencias, hoy sólo quien puede pagar tiene derecho a una (precaria) tranquilidad.

[2] En los informes y reportes, las zonas de alto riesgo siempre están en las periferias o en el centro de la ciudad, en el análisis de los materiales provenientes de la prensa escrita y de los noticieros televisivos, resulta interesante que cuando hechos delictivos tienen su anclaje territorial en zonas de estrato alto, desaparece el énfasis en el territorio y se desplaza hacia otros elementos.

[3] Este análisis está sustentado en una encuesta levantada en 1999, como parte del proyecto de investigación "Mitologías urbanas. La construcción social del miedo". Se aplicó a 500 personas bajo tres variables de control: nivel socioeconómico, edad y género. La encuesta indaga la posición sobre la percepción de 16 figuras (obtenidas durante la fase de entrevistas) e introduce una dimensión valorativa que permite contrastar los resultados cuantitativos. Para una primera versión de los materiales de la encuesta, ver R. Reguillo-Cruz, "Los laberintos del miedo" (2000).

[4] Datos del Instituto Nacional de Geografía y Estadística, México, 2000.

[5] Véase José Manuel Valenzuela, Micael Herschmann, Alba Zaluar, Reguillo-Cruz y en el plano de la crónica Alonso Salazar y José Roberto Duque y Boris Muñoz.

[6] Ver por ejemplo para el caso europeo el interesante libro compilado por Ulrich Beck, *Hijos de la libertad*. México: FCE, 1997. En algunos de los capítulos que lo componen, se hace una referencia constante al distanciamiento de las nuevas generaciones frente a las formas de la política formal.

[7] En la encuesta, la figura del político es evaluada negativamente en un 54%. Los comentarios sobran.

[8] Por ejemplo, no ha dejado de sorprenderme que "los maestros", como figura articuladora y de respeto, no haya aparecido en el proceso de conversación con los entrevistados y que la única figura explícitamente femenina, sea la de la prostituta.

Bibliografía

Beck, Ulrich. *La sociedad del riesgo. Hacia una nueva modernidad* [1986]. Barcelona: Paidós Básica, 1998.

_____ (Comp.). *Los hijos de la libertad*. Fondo de Cultura Económica, Buenos Aires, 1997.

Boia, Lucian. *Entre el ángel y la bestia*. Barcelona: Editorial Andrés Bello, 1997.

Calvino, Italo. *Seis propuestas para el próximo milenio*. Madrid: Siruela, 1998.

Castells, Manuel. *La era de la información. Economía, sociedad y cultura*. 3 vols. México: Siglo XXI, 1999.

Giddens, Anthony. *Consecuencias de la modernidad*. Madrid: Alianza, 1993.

Glassner, Barry. *The Culture of Fear*. Nueva York: Basic Books, 1999.

Herschmann, Micael. *Abalando os anos 90. Globalização, violência e estilo cultural*. Río de Janeiro: Rocco, 1997.

Lombroso, Césare. *Los criminales*. Barcelona: Centro Editorial Prensa, s/f.
Martín-Barbero, Jesús. *Mediaciones urbanas y nuevos escenarios de comunicación*. Caracas: FUNDARTE/Ateneo, 1994.
Mongin, Olivier. *El miedo al vacío. Ensayo sobre las pasiones democráticas*. Buenos Aires: Fondo de Cultura Económica, 1993.
Monsiváis, Carlos. "De no ser por el pavor que tengo, jamás tomaría precauciones. Notas sobre la violencia urbana". *Letras Libres* 5, Año I (México, 1999): 34-39.
Duque, José Roberto y Boris Muñoz. *La ley de la calle. Testimonios de jóvenes protagonistas de la violencia en Caracas*. Caracas: Fundarte, 1996.
Reguillo-Cruz, Rossana. "Los laberintos del miedo. Un recorrido para fin de siglo". *Revista de Estudios Sociales* 5 (Facultad de Ciencias Sociales, Universidad de los Andes/Fundación Social, Bogotá 2000): 63-72.
_____ "Violencias expandidas. Jóvenes y discurso social". *JOVEN-es. Revista de Estudios sobre la Juventud* 7 (CIEJ, Instituto Mexicano de la Juventud 2000).
_____ "Imaginários globais, medos locais: a construção social do medo na cidade". *Lugar Comum. Estudios de mídia, cultura e democracia* 8 (NEPCOM, UFRJ, Río de Janerio 1999): 129-55.
_____ "Poderes sedentarios, narrativas itinerantes. Notas sobre políticas de identidad". *Nómadas* 10 (DIUC/Universidad Central, Bogotá 1999).
Salazar, Alonso. *No nacimos pa'semilla*. Bogotá: CINEP, 1990.
Secretaría Técnica del Consejo Ciudadano de Seguridad Pública del Estado de Jalisco. "La Coordinación contra el Crimen" (mayo 1998).
Simmel, George. *El individuo y la libertad. Ensayos de crítica de la cultura*. Barcelona: Ediciones Península, 1986.
Thompson, John B. *Los media y la modernidad. Una teoría de los medios de comunicación*. Barcelona: Paidós Comunicación, 1998.
Valenzuela, José Manuel. *Vida de barro duro. Cultura popular y graffiti*. Guadalajara: El Colegio de la Frontera Norte/Universidad de Guadalajara, 1997.
Zaluar, Alba. *Cidadaos nao vão ao paraíso. Juventude e política social*. São Paulo: Editora Unicamp, 1994.

Droga y violencia:
fantasmas de la nueva metrópoli
latinoamericana

Martín Hopenhayn
CEPAL, Naciones Unidas

Dos fantasmas recorren la métropoli latinoamericana: la droga y la violencia. Razones no faltan, dado que América Latina es la región con mayor ritmo de expansión urbana en el mundo, y con dinámicas que fácilmente se asocian al incremento tanto del abuso de drogas como del uso de la violencia: la peor distribución del ingreso del planeta que no parece remontarse ni siquiera con los años de reactivación económica durante la década de los '90; una población joven que en su mayoría se siente excluida de la política y el empleo, y para quien los canales de movilidad social son hoy más inciertos que nunca; la brecha creciente entre mayor consumo de imágenes y menor consumo de bienes palpables, vale decir, cada vez más manos vacías con ojos colmados de productos publicitados; y un creciente "desarraigo existencial", compuesto por cambios de valores y territorios, y por la precariedad del empleo, todo lo cual lleva a vivir con menos piso y menos futuro.

Uno podría estar tentado de ver en los elementos recién consignados la combinación letal para pronosticar una epidemia de la droga y de la violencia. La primera, porque la droga puede parecer un sucedáneo a la mano para olvidarse de la exclusión, vivir la ilusión en que lo simbólico se confunde con lo material, compensar la falta de movilidad social o real con mucha movilidad dentro de la propia cabeza, convertir el desarraigo existencial en ligereza para viajar vía porro o bazuco. La segunda, porque la violencia se nutre de la marginalidad urbana, de brechas viscosas entre estratos sociales, de frustración por no acceder a bienes y servicios que se promocionan en todas las pantallas y escaparates, y de una corrupción política y económica que difunde en el tejido social la idea que de que "todos roban" y por tanto "el que no llora no mama y el que no afana es un gil".

La gran ciudad se va colmando de oferta de drogas y los índices de violencia cotidiana parecen aumentar. Hay ciudades donde la violencia es de larga data, como Bogotá, Medellín, Caracas o Río. Ellas vieron aumentar más la violencia en los '80, coincidiendo con la crisis económica y su consiguiente costo social, con la acumulación de problemas urbanos no resueltos o con otras variables difíciles de ponderar. En el Cono Sur apareció la violencia e inseguridad urbana como una novedad sin precedentes, sobre todo en Buenos Aires en los '90, y en menor medida en Santiago. En ciudades como Caracas o Ciudad de México, la violencia pareció multiplicarse tras la *débâcle* económica y los grandes golpes de Estado económicos: el Caracazo en el '89, el Tequilazo algunos años más tarde. Y cuando la violencia se multiplica, viene para quedarse.

Por otra parte, ante la ausencia del fantasma del comunismo o de la revolución, los miedos de la gente encarnan en los nuevos elementos que minan la sensación de seguridad y control: la droga remite al desborde y la descontención, y la violencia a la agresión y al descontrol. No es casual que en las encuestas de percepción el problema de la droga sea percibido muy por encima de la magnitud real del problema de consumo de drogas. Y no es casual que los jóvenes de sectores populares estén tan estigmatizados por los medios de comunicación, la policía y la opinión pública: ellos, los que padecen mayor desajuste entre capital educativo y oportunidades de empleo, los nómades en la metrópoli, los más frustrados en sus aspiraciones de consumo. ¿Cuánto, entonces, de fantasma y cuánto de epidemia hay en el consumo de drogas y el ejercicio de la violencia en la metrópoli latinoamericana? ¿Podemos descomponer ese fantasma en su genealogía, sus representaciones y sus mecanismos?

1. Las drogas

¿Por qué la droga figura hoy entre los problemas de mayor preocupación ciudadana en muchos países de América Latina? ¿Qué hace, por ejemplo, que la gente manifieste mayor preocupación, ansiedad y temor por el consumo de drogas de los jóvenes que por sistemas colapsados de seguridad social o de atención en los hospitales públicos, falta de infraestructura en las viviendas y en los vecindarios, segmentación en la calidad de la educación o problemas asociados a enfermedades catastróficas?

Una encuesta realizada hace casi cinco años en ocho países de la región mostró que en tres de ellos (Brasil, Chile y Perú) el problema de la droga era considerado por la gente más prioritario que la delincuencia, la corrupción o la violencia política ("Latinobarómetro 1995"). Por otra parte, la misma encuesta revela, para los casos de ocho países de América Latina, que en todos ellos —salvo Perú— más del 75% de la población considera que la drogadicción ha aumentado mucho en los últimos años. Venezuela y Chile son los países con más altos porcentajes (91 y 89% respectivamente), seguidos por Uruguay (85%), Paraguay (84%) y Argentina (82%) ("Latinobarómetro 1995" 27-28). Resulta sugerente esta percepción tan generalizada respecto de un eventual aumento brusco de la "drogadicción". ¿Responde esta percepción a un proceso efectivo? ¿Es tal el aumento de la drogadicción como para explicar este juicio categórico de la ciudadanía?

Como veremos en los Cuadros 1, 2 y 3, el consumo de drogas ilícitas en América Latina es muy inferior al del alcohol y el tabaco, aunque estos últimos no son tema de debate generalizado, ni de recursos para las arcas del Estado ni de capitalización política.

CUADRO 1*
América Latina (8 países)
Población mayor de 12 años que consume bebidas alcohólicas alrededor de 1996
(porcentajes)

País	Año	Alguna vez	Último año	Último mes
Bolivia	1992	68,7	58,9	42,1
Chile	1996	83,7	70,3	46,7
Colombia	1996	...	59,8	35,2
Costa Rica	1995	62,3	40,3	24,8
México	1993	74,6	51,6	42,9
Paraguay	1991	36,5	31,6	25,8
Perú	1997	84,6	74,2	40,7
Venezuela	1996	80,5	66,0	28,8

Fuente: O.P.S. "Las condiciones de salud en las Américas, Vol. I y II, 1998.
* Niveles de consumo en países determinados según diversas encuestas.

CUADRO 2*
América Latina (8 países)
Población mayor de 12 años que consume tabaco, alrededor de 1996
(porcentajes)

País	Año	Alguna vez	Último año	Último mes
Bolivia	1992	46,8	34,1	24,9
Chile	1996	70,2	47,5	40,4
Colombia	1996	38,8	25,9	22,2
Costa Rica	1995	35,2	18,3	17,5
México	1993	45,4	...	25,1
Paraguay	1991	...	...	24,3
Perú	1997	62,1	42,0	31,7
Venezuela	1996	31,8	25,7	24,4

Fuente: O.P.S., 1998.
* Informes provenientes de los países.

CUADRO 3
América Latina (8 países)
Prevalencia del consumo de sustancias ilícitas en la población mayor de 12 años, alrededor de 1996
(porcentaje)

País	Año	Alguna vez		Último año		Último mes	
		Marihuana	Cocaína	Marihuana	Cocaína	Marihuana	Cocaína
Bolivia	1994	2,5	1,2	0,6	0,2 (0,3)	0,2	0,1 (0,2)
Chile	1996	16,7	2,6	4,0	0,8 (0,6)	1,2 (0,2)	0,3
Colombia	1996	5,4	1,6 (1,5)	1,1	0,4 (0,3)		
Costa Rica	1995	3,9	0,9	0,5	0,2	0,3	0,1
México	1993	3,3	0,5	0,5	0,2	0,2	0,1
Paraguay	1991	1,4	0,1	1,4	...	...	...
Perú	1997	6,4	1,9 (3,1)	1,0	0,2 (0,7)	0,6	0,1 (0,5)
Venezuela	1996	3,2	1,5 (0,7)	1,7	0,7 (0,4)	1,0	0,5 (0,3)

Fuente: O.P.S., 1998.
Las cifras entre paréntesis indican el consumo de "crack" o pasta de coca (base libre de cocaína)

Como puede observarse, el consumo potencialmente problemático de drogas ilícitas en ningún país considerado alcanza al 1% de la población, en contraste con el 25 a 46% para el caso de bebidas alcohólicas. La proporción de personas que consumen drogas ilícitas dentro del último mes en relación al total de personas que consumieron alguna vez en la vida, también es bajísima, contrariamente al prejuicio difundido de que la droga "basta probarla para engancharse". Por el contrario, la tasa de persistencia es muchísimo mayor en el alcohol y el tabaco. ¿Sólo se explica esto porque su acceso es más fácil, son drogas legales y socialmente tolerables? Difícil saberlo, pero por cierto la diferencia en intensidad de uso es sorprendente. Llama la atención, pues, que para la población general el consumo de drogas constituya una amenaza mucho mayor que la del alcohol y el tabaco.

Cabe preguntarse aquí por qué esta aprensión de la gente frente al consumo de drogas en las ciudades latinoamericanas. En Chile, por ejemplo, el problema de las drogas está entre los que más preocupan a la gente. Diez de cada cien personas entrevistadas en la encuesta "Latinobarómetro de 1995" colocaron el problema de la droga en el país como el más importante, por encima de otros más estructurales y masivos como la educación, la vivienda y las oportunidades para los jóvenes, y casi al mismo nivel de la salud y muy por encima de los problemas políticos (18).[1] ¿Y qué nos dicen las encuestas respecto del consumo de drogas en el país?.

CUADRO 4
Consumo de drogas en Chile
Población que ha hecho uso de vida, eventual, actual, frecuente y abandono
Año 1998

USOS	Prevalencia vida: uso de vida	Prevalencia Año uso eventual	Prevalencia mes: uso actual	Prevalencia Tres por mes: uso frecuente	Ex Consumo: abandono
Sustancias Ilícitas					
Marihuana	1'163.960	328.296	135.344	40.103	832.887
Base cocaína	157.555	56.220	25.681	5.349	101.335
HCL cocaína	279.017	91.618	28.457	4.493	186.011
Controladas					
Tranquilizantes	2'116.922	868.979	478.216	82.397	1'179.924**
Anfetaminas	377.576	76.348	29.151	6.941	300.533*
No controlada					
Alcohol	5'805.224	4'916.811	3'613.343	2'655.084	930.057**
Tabaco	4'868.920	3'268.388	2'840.146	1'811.161	1'679.656**

*para 1996 **estimaciones

Fuente: CONACE. Tercer estudio nacional de consumo de drogas en Chile 1998. Santiago, abril 1999. Ministerio de Educación y otros: Primer Informe de Consumo de Alcohol, Tabaco y Drogas en Escolares del País en 1995, Santiago, enero 1996.

El cuadro 4 revela que el uso frecuente de drogas "duras" como la pasta base y el clorhidrato de cocaína, alcanza a una población que no llega a los 10.000 habitantes, menos del 0.07% de la población total. De estos, no sabemos qué porcentaje es consumidor problemático o compulsivo, con riesgos y daños para su salud, su productividad y su entorno afectivo. En el caso de la marihuana, menos del 0.3% de la población reconoce un uso frecuente, y dadas las características del consumo de marihuana (principalmente festiva y recreacional), lo más probable es que un porcentaje muy bajo de esos 40.103 tengan problemas o costos personales derivados del uso de la droga.

Se contra argumenta que, más importante que la prevalencia-vida o prevalencia-mes del consumo de drogas, es su evolución en el tiempo y su aumento sostenido. Pero allí también, si se compara para el caso chileno, la encuesta longitudinal hecha con muestra y metodología parecida por parte del CONACE, encontramos que para 1994, 1996 y 1998 los datos no varían sensiblemente. Aumenta la prevalencia de vida, lo que es sólo un dato demográfico (un rango etario cada vez más amplio ha probado alguna droga alguna vez en su vida). Pero la evolución desmiente cualquier tesis de "epidemia" o "escalada" en el consumo de drogas.

Se puede, todavía, objetar que existe un sesgo inevitable en las encuestas dado el estigma y la penalización de las drogas: la gente tiene resistencia a reconocer que consume drogas ilícitas. Sin embargo estas encuestas son bastante anónimas en su procedimiento, y aun incorporando un margen de sesgo, el total de consumidores frecuentes aumentaría en un margen que no llega a constituir un grupo poblacional de mayor incidencia.

Al contrastar las encuestas de opinión sobre problemas percibidos por la sociedad, con el uso frecuente y potencial de drogas en la población, puede verse un *claro desajuste entre la percepción de un problema y la magnitud del mismo*. Este es el punto en el que cabe introducir una primera noción de *fantasma*.[2] Entenderemos por tal una brecha entre percepción social y magnitud social de un problema.

Sin embargo, enfrentamos un problema interpretativo: ¿cómo determinar la magnitud social de un problema a fin de ponderar el fantasma, vale decir, la magnitud de la brecha aludida? Una cosa es el problema de la droga medido por encuestas de consumo y ponderando la población eventualmente problemática en relación a la población total; o contrastando la población de uso frecuente vérsus la prevalencia de vida. ¿Pero acaso estos ejercicios dan cuenta del problema en su "magnitud real"?

Aquí cabe incorporar una corrección en el planteo. *La droga es un fantasma en la medida que su incidencia estadística no guarda proporción con su resonancia simbólica*. Hay algo de signo, de señal y de síntoma en la droga, o más bien en la proyección significante que la sociedad hace sobre la sustancia-droga, que hace que su impacto desborde ampliamente su efecto o su daño "medible". Importa, entonces, *deconstruir el fantasma*, vale decir, desmontar el prejuicio común respecto del daño efectivo de la droga en la sociedad (daño estadísticamente acordado por la tasa de prevalencia de consumo/mes) y reconstruir, desde allí, las *zonas de transferencia* que explican el fantasma. Definiré aquí tales zonas de transferencia como los desplazamientos imaginarios desde un ámbito de problemas a otro ámbito, en el entendido que la sobrecarga simbólica de la droga viene dada por la proyección desde otros problemas sociales, más o menos difusos, hacia esta sustancia que "concentra" temores y aprensiones que tienen otro origen.

Dicho de otro modo, lo propio del fantasma, en este caso, es su condición de "punta de iceberg" y de "caballo de Troya". Lo primero, porque la aprensión frente al consumo de drogas revela temores y vulnerabilidades respecto de dinámicas societales que trascienden largamente la droga misma, pero que a la vez se condensan imaginariamente en el uso de drogas. Lo segundo —el caballo de Troya— porque la lucha contra el consumo de drogas enmascara un cúmulo de agresiones, más o menos indefinidas en sus motivaciones y objetos reales, y que se escudan tras la cruzada por "una sociedad libre de drogas". Vamos, pues, a la "punta de iceberg" y al "caballo de Troya".

RESPECTO A LA PUNTA DE ICEBERG

a. Existe hoy una clara tendencia de las personas a remitir cada vez más sus fuentes de autorregulación a elementos exógenos. Se trata de la *ratio* misma de la sociedad de consumo y también del espíritu propio de la vida en la gran ciudad: colocar fuera del sujeto la mayor cantidad posible de fuentes requeridas para su bienestar, su satisfacción y su felicidad. Es nuestro "modo alopático", cosmopolita y adquisitivo de ser en el mundo, combinados para reforzarse. Además, en las grandes ciudades el estrés laboral, la sensación de vulnerabilidad frente a los demás, las expectativas de consumo, la ansiedad y falta de espacios de tregua, llevan cada vez más a depender de fármacos u otros satisfactores para re-inducirnos en aquello que ya no podemos generar con nuestras propias facultades: el entusiasmo festivo, la introspección, la euforia, la distensión, la inspiración, la expresividad, la capacidad comunicativa, y otros. Este síndrome de *des-habilitación anímica* encuentra su mejor metáfora en la droga. Desplazamos el vacío interior en un elemento que lo metaforiza, y expurgamos ese vacío depositando toda la carga en ese elemento: la droga. Es en ella donde se da con mayor elocuencia la dependencia exógena para nuestro ánimo. En ella reconocemos la pérdida de nuestra autonomía espiritual, de nuestra capacidad espontánea para relajarnos, entusiasmarnos u olvidarnos.

b. Algo parecido ocurre con el culto a la obtención inmediata de placer en las sociedades de consumo y muy especialmente en la vida metropolitana. No quiero con esto impugnar el placer. Me refiero más bien a un tipo específico de valoración del placer, que tiende a imponerse en la sensibilidad publicitaria, en los mensajes de los medios de comunicación, en los escaparates de los *malls*, en las conversaciones entre profesionales exitosos, en el mundo del espectáculo y también en los jóvenes privados de inserción productiva. Esta valoración específica del placer nos propone la imagen seductora de una vida poblada por una secuencia de sensaciones placenteras, una vida donde el placer debe ir en aumento, donde el presente debe intensificar su vibración cada vez más, donde la sensoriedad debe acceder a una excitabilidad progresiva. Una vida en que la misma hiperkinesia que opera en el mundo del trabajo y del dinero debe darse en la esfera del ocio, el descanso y la recreación. Pero al mismo tiempo nos impone la ansiedad que anticipa la frustración, la sensación de vacío ante las pausas en que baja la adrenalina o la excitación, la confusión respecto del sentido de la vida en medio de este pastiche de colores vistosos y efectos especiales. Aquí también las drogas son una metáfora de la excitabilidad progresiva, la ansiedad anticipatoria, la depresión post-efectos, en fin, la tensión por mantener la tensión. ¿Qué mejor metáfora para el principio de obsolescencia acelerada de la sociedad de consumo, que el aumento en el umbral de tolerancia de las drogas psicoactivas (vale decir, a mayor frecuencia en el uso, necesidad de mayores dosis para obtener el mismo nivel de placer)?

c. Encontramos hoy grandes contingentes de jóvenes que viven situaciones de fuerte desmotivación, padecen los altos niveles de desempleo, ya no se sienten movilizados por utopías políticas o adscripciones sociales, se perciben como ciudadanos de tercera o cuarta categoría, y sólo les queda la opción de gratificaciones de carácter cada vez más efímeras y menos ligadas a un proyecto de vida. No hay grandes causas ideológicas para redimir el tedio de la cotidaneidad en un futuro masivamente liberador; son cada vez más difíciles los accesos a empleos que permiten altas tasas de retorno a la educación previamente adquirida en la educación pública; es cada vez mayor la precariedad o provisoriedad de los lazos sociales y las identificaciones simbólicas. En este tiempo y este tempo, las drogas metaforizan lo que está en el aire: gratificación espasmódica, pérdida de proyección, falta de inserción social y política, debilitamiento valórico. Condensan en el imaginario colectivo este signo de los tiempos en la urbe latinoamericana donde campea la incertidumbre respecto del futuro y el recurso a plenitudes intensivas pero a la vez efímeras, con nuevas generaciones de jóvenes que circulan por la gran ciudad, huérfanos de relato y carentes de empleo. ¿Qué mejor metáfora que la droga para condensar estas fracturas y recomposiciones anímicas?

d. El consumo de drogas también se asocia a *la merma o pérdida de rituales de comunión y de pasaje en una sociedad secularizada*. Pensemos en los efectos de las drogas: la comunión con los pares (complicidad en el consumo), y las metamorfosis subjetivas que sugieren formas fugaces de pasaje existencial. La cohesión interna del grupo, al mismo tiempo que la diferenciación hacia afuera, metaforiza la falta de mecanismos institucionalizados de pertenencia y de comunidad. La secularización de las relaciones humanas, unida a un patrón de modernización con altos grados de exclusión y fragmentación social, borra las huellas de la comunidad, desdibuja las instancias de comunión, infantiliza a los jóvenes que no logran hacerse oír ni abrirse un espacio, posterga cada vez más el ingreso a la vida adulta. Fenómenos propios de la modernización intensiva como son el descentramiento del espacio, la pérdida de identidad citadina, la orfandad respecto del barrio y la falta de los canales clásicos de reconocimiento social, no necesariamente llevan al consumo de drogas: pero en dicho consumo la población general proyecta, como un fantasma difuso, esta desestructuración. La droga aparece como metáfora de la disolución de vínculos comunitarios. El problema se desplaza hacia su solución "espuria" o "sucedánea": allí, en el consumo de drogas, hay la ilusión de la comunión, del pasaje, del reconocimiento y de la inclusión. Como ilusión, acuña en su reverso todas las carencias que la metáfora compensa.

Respecto del caballo de Troya

El caballo de Troya ocurre a escala global y a escala nacional en el campo de la política. En el terreno internacional, la droga ha pasado a ser el ámbito problemático desde el cual Estados Unidos incrementa su vigilancia satelital hacia el resto del mundo, condiciona el intercambio comercial y la cooperación técnica, exporta inteligencia militar y tropas de carne y hueso, sanciona a gobiernos de otros países en foros internacionales y en los medios de comunicación, y difunde una mentalidad moralizante donde puede. Ya no está el comunismo como caballo de Troya. Y lo mismo ocurre en la mayoría de los países de América Latina, donde la política se va trasladando al campo dialogado de la democracia (en unos países más que en otros), y por tanto los gobiernos ya no acostumbran a dictaminar discrecionalmente estados de excepción, o excepcionalidades al Estado de Derecho invocando el fantasma de la guerrilla o del enemigo político.[3] Sintomáticamente, es en la legislación sobre control del tráfico y consumo de drogas donde estas excepcionalidades vuelven a introducirse por la ventana.

¿Por qué esta obsesión con las drogas, esta adicción a combatirla con tantos recursos mal invertidos, tantos contra-efectos sociales, conflictos y restricciones? ¿Por qué la droga es aquí un fantasma, vale decir, despierta políticas y actitudes desproporcionadas? Al respecto deseo plantear la siguiente conjetura. Si como punta de iceberg la droga metaforiza las fracturas que la modernidad/modernización provoca, como caballo de Troya metaforiza lo que pueda constituir una amenaza a la modernidad, no ya como consecuencia de ella, sino como el sabotaje cultural a la modernidad: la sombra que la acecha, la pulsión que se interpone en su camino.

Hoy la droga es la bestia negra que para muchos detona lo que el sujeto racionalizado y disciplinado del Occidente moderno no puede tolerar, y que le es disfuncional a su proyecto de productividad progresiva: desborde anímico, excesiva expansividad imaginante, desorden de la razón, resblandecimiento de las categorías analíticas, merma de la voluntad productiva. La droga encarna el aguafiestas del modelo ideal del sujeto productivo, analítico, de rutinas que no son quebradas ni por las dudas existenciales, ni por el desfallecimiento anímico ni la debilidad de las convicciones. Rompe las bases filosóficas de la modernidad por los efectos que provoca: difuminación de las ideas claras y distintas del sujeto cartesiano mediante la irrupción de asociaciones "interseriales" en la conciencia, y de formas de desplazamiento y condensación de ideas en la vigilia; distorsión de las categorías del conocimiento y los juicios sintéticos del sujeto kantiano, sobre todo por los cambios en la percepción de la temporalidad y la apertura a otras formas de espacialidad bajo el efecto de psicotrópicos; sabotaje al sujeto maximizador mediante la dilapidación de energías productivas en el sujeto económico moderno; y deconstrucción del sujeto de control y cálculo, mediante experiencias de embriaguez que mueven a la fusión sujeto-objeto, y a la pérdida de individualidad separada del mundo. Por donde se mire la droga mina las bases de la subjetividad moderna. No es casualidad que la prohibición se instituya en el mundo en los tiempos que se instituye el taylorismo en las fábricas de Detroit, cuando más se define la subjetividad por una relación tiempo-movimiento que debe maximizarse.

La droga queda así estigmatizada como el aguafiestas del progreso y de la modernidad. La estigmatización genera en la prensa, en la política internacional e interna, y finalmente en la conciencia social una desproporción entre la magnitud real del problema y la magnitud que aparece en el discurso de masas y de la política. Esto afecta la capacidad de los sujetos para discriminar a ciencia cierta o manejar mayor criterio en sus juicios respecto del problema. Pero afecta también el cimiento democrático de nuestras sociedades, sobre todo cuando se acepta, en esta materia, la hegemonía de los Estados Unidos.

Aquí radica el mayor problema, a saber, el uso del caballo de Troya del combate a las drogas para reproducir un estilo autoritario de gobierno o de control social. La regresión de la condición de ciudadanía democrática, provocada por estados de excepción, legislaciones internacionales que ponen entre paréntesis la soberanía nacional, y legislaciones nacionales que corroen la libertad personal, muestran la relación contradictoria entre política de drogas y ciudadanía democrática. Los medios de comunicación poco favorecen a revertir esta tendencia: la forma en que los emisores de mensajes, muchas veces haciendo uso del tema droga como parte de la competencia política o del catastrofismo que vende, imprimen tonos apocalípticos al tema, refuerzan la tendencia a inmolar derechos ciudadanos en el altar incuestionable de la "guerra a las drogas". La capitalización política del tema, sea en la política interna o en la lucha por la hegemonía política a escala hemisférica o global, ha provocado tal ruido comunicacional para retrotraer el tema a su esfera específica de prevención del consumo indebido y del control de la oferta, que enfrentamos hoy un "superávit simbólico" que oscurece el intercambio transparente de información veraz.

Vemos de donde se nutre el estigma y el fantasma de la droga. Por un lado, los psicoactivos son representados imaginariamente como amenaza a las bases mismas del sujeto moderno. Y por otro lado, desde la analogía entre droga e ideología enemiga: las drogas, como el comunismo, vienen de afuera hacia adentro y por tanto son un problema de seguridad nacional; corroen el alma y el espíritu del pueblo y por lo tanto su lucha debe hacerse incluso sacrificando márgenes de libertad y autonomía personal.

Finalmente, el caballo de Troya se disemina en el tejido social y el discurso de la droga se utiliza como desplazamiento de la agresión entre distintos grupos. Esto se da con especial fuerza en los conflictos etarios, y sobre todo la descalificación de los jóvenes por parte de las poblaciones adultas. Con sorprendente facilidad se tilda a la población joven de drogadicta y, desde allí, la proximidad discursiva engloba a la juventud bajo la marca vaga y genérica de lo disruptivo y no confiable.

Estos juicios y apreciaciones respecto a la incidencia de la droga en los jóvenes resultan desproporcionados al examinar los datos disponibles. En Chile, por ejemplo, aunque 176.000 adolescentes de la educación media han usado drogas alguna vez en su vida, solamente 1.600 consumen cocaína o pasta básica y unos 10.000 fuman marihuana de manera frecuente. Entre los jóvenes que estudian en las universidades o están iniciando su vida laboral en diversas actividades hay unos 530.000 que han utilizado drogas alguna vez en su vida, pero 324.000 no lo han vuelto a hacer (el 61%), mientras actualmente unos 3.300 están consumiendo base y clorhidrato de cocaína y 17.000 marihuana (ver cuadro 5).

CUADRO 5
Consumo de drogas en Chile
Uso frecuente (usó tres o más veces por mes)
Por edades Año 1998 - Personas

Grupos etáreos	12-18	19-25	26-34	35-44	45-64
Población	1.241.842	1.171.790	1.394.931	1.438.862	1.693.302
Modos de uso	uso frecuente	uso frecuente	uso frecuente	uso frecuente	uso frecuente
Sustancias Ilícitas					
Marihuana	10.303	16.943	8.928	3.326	502
Base	1.035	1.757	1.569	659	247
HCL cocaína	569	1.591	1.586	568	160
Controladas					
Tranquilizantes	4.428	7.593	14.439	19.171	36.985
No controladas					
Alcohol	284.063	519.891	586.912	597.178	666.912
Tabaco	205.346	392.232	420.133	441.002	352.561

Fuente: Ministerio de Educación y otros: Primer Informe de Consumo de Alcohol, Tabaco y Drogas en Escolares del País en 1995. Santiago, enero 1996. CONACE. Tercer estudio nacional de consumo de drogas en Chile 1998. Santiago, abril 1999.

¿Por qué, entonces, el papel central de la droga en la descalificación de los jóvenes?

Aquí la droga opera como fantasma en doble sentido: como punta de iceberg y caballo de Troya. Los jóvenes son objeto de estas generalizaciones porque en ellos se concentra la mayor incertidumbre respecto del futuro, las mutaciones más fuertes respecto de valores y normas, y la mayor exposición a los cambios en estilos de vida. La asociación subliminal con la droga resulta fácil tras estas consideraciones: la droga sería la punta del iceberg para expresar condiciones generales de tipo etario. Pero además los jóvenes son la gran amenaza para los adultos: amenaza a sus visiones de mundo, a su estabilidad laboral porque compiten con mayor formación educativa, y a la autoridad basada en la edad. La punta del iceberg se convierte en caballo de Troya: se utiliza la cruzada contra las drogas para desposeer de autoridad e interlocución a un grupo etario con quien los conflictos tienen su fuente real en otros campos.

2. LA VIOLENCIA

El problema de la violencia es muy distinto al del consumo de drogas, aunque en algunos países de la región tiene estrecha relación con el narcotráfico. En estos últimos puede observarse, entre mediados de los '80 y de los '90, una importante relación entre el aumento de la mortalidad por efecto de la violencia delictiva, y la expansión del narcotráfico. Tales son los casos de Colombia, Brasil, México y Perú (ver Cuadro 6).

CUADRO 6
Área Andina, Cono Sur, Brasil y México:
Tasas de homicidio por cada 100 mil habitantes, 1984 y 1994

Regiones	1984 Total	Hombres	Mujeres	1994 Total	Hombres	Mujeres
Área Andina		25.2	46.6	4.0	51.9	96.6	7.7
Cono Sur		5.4	9.3	1.8	6.2	10.5	1.9
Brasil	23.2	42.4	4.0	30.1	54.8	5.2
México		18.2	33.3	3.1	19.5	34.8	3.8

Fuente: OPS, 1998.

Esta relación entre violencia y narcotráfico es clara. Pero lo que importa preguntarse aquí es por las correlaciones generales entre el incremento o la persistencia de la violencia urbana en muchas metrópolis de la región, y distintas variables sociodemográficas y socioeconómicas que contribuyan a aclarar la caja negra de la violencia. En segundo lugar, me interesa examinar si hay correlación entre el muy fuerte incremento de sensación de inseguridad en la población urbana de América Latina, y un aumento proporcional en hechos delictivos y de violencia. En tercer lugar, y considerando los anteriores, quisiera considerar el fantasma de la violencia.

2.1 VARIABLES SOCIODEMOGRÁFICAS Y SOCIOECONÓMICAS EN RELACIÓN A LA VIOLENCIA.

Una revisión de algunos datos sociodemográficos y socioeconómicos actualizados para América Latina, permite afirmar que:[4]

• No hay correlación necesaria entre porcentaje de población urbana sobre población total y violencia. Ejemplo: Argentina tiene un 90% de población urbana y Chile 86% *versus* 74% en Colombia u 80% en Brasil, y sus tasas de homicidios son muy inferiores.

• No hay correlación necesaria entre el aumento en porcentaje de la población urbana y el aumento de la criminalidad. Bolivia incrementó su población urbana de 36 a 60% del total nacional entre 1970 y 1995 y Paraguay del 37 al 52%, mientras Colombia lo hizo del 58 al 72% en el mismo período, y Venezuela del 72 al 86%; y la violencia urbana en Bolivia y Paraguay ha permanecido relativamente estable mientras en Colombia y Venezuela ha aumentado sostenidamente durante ese lapso de tiempo.

• Sí pueden existir correlaciones entre aumento de la violencia y del desempleo. Así, por ejemplo, Buenos Aires ha padecido un incremento significativo de la violencia en los '90, mientras la tasa de desempleo en el país aumentó de 7.4 en 1990 a 17.5 en 1995 y 17.2 en 1996. En Colombia, la tasa de desempleo se ha mantenido casi todo el período 1970-1997 en los dos dígitos, y coincide con el aumento de la violencia urbana. En Venezuela ocurre lo mismo. Pero también hay casos donde las fluctuaciones en el desempleo no generan mayor violencia, como son los casos de Uruguay y Bolivia. Por otra parte, y esto es quizás más importante, cuando el desempleo aumenta

sostenidamente y luego desciende, este descenso no va acompañado de una baja en la violencia urbana.
• En cuanto a los cambios en la distribución del ingreso, es muy probable pero no inexorable la relación entre un deterioro distributivo y un aumento en la violencia. Por un lado vemos que Argentina, Brasil y Venezuela, países donde sí se ha incrementado la violencia urbana, ha empeorado la distribución del ingreso. Mientras en Argentina el primer decil (más pobre) bajó su participación en los ingresos del 2.8 al 2.1% entre 1980 y 1997, el más rico subió de 30.9 a 35.8% en el mismo lapso. En ese período de tiempo, los cuatro primeros quintiles bajaron su participación, y sólo el quinto quintil subió fuertemente. Vale decir, hubo una clara concentración de los ingresos. En Brasil, el país de peor distribución del ingreso en la región, el primer decil bajó de 1.3 a 1.1% su participación en los ingresos entre 1979 y 1996, mientras el decil más rico subió de 39.1 a 44.3% en el mismo lapso, y fue el único decil que subió su participación en los ingresos. Coincide esto en un período de aumento en la violencia urbana. En Venezuela, otro país de fuerte incremento en las tasas de homicidios durante las últimas dos décadas, el decil más pobre bajó su participación en los ingresos de 2.5% a 1.8% entre 1981 y 1997, y el más rico subió "escandalosamente" del 21.8 a 32.8% en el mismo lapso, y sólo el quintil más rico subió su participación en los ingresos mientras el resto bajó fuertemente. Pero en Colombia, por ejemplo, el primer decil aumentó su participación de 0.9 a 1.4 entre 1980 y 1997, mientras el decil más alto bajó de 41.3 a 39.5% en el mismo lapso. Chile, con una mala distribución del ingreso, no alteró dicha estructura, y es un país con un nivel relativo de baja violencia urbana, aunque con incrementos entre mediados de los ochenta y de los noventa. Uruguay, tal vez el país menos violento de la región, mejoró sensiblemente su estructura distributiva: el decil más pobre subió de 2.7 a 3.7 entre 1981 y 1997, y el más rico bajó de 31.2 a 25.8% en el mismo lapso. Panamá, que padeció también un incremento en la violencia urbana, vio concentrada la participación del decil superior de un 29.1 a un 37.3% entre 1979 y 1997. Bolivia, otro país con muy baja tasa de violencia relativa en la región, vio mejorar su distribución de ingresos: el decil más pobre subió de 0.7 a 1.6% entre 1989 y 1997, y en el mismo período el decil más rico bajó su participación de 38.2 a 37.0%.
• Respecto del porcentaje de hogares pobres y su evolución, no incide en el grado de violencia, pero sí puede incidir el aumento de éste a lo largo del tiempo. Así, por ejemplo, en Buenos Aires dicho porcentaje aumentó de 5 a 13% entre 1980 y 1997, período en que hubo claramente un incremento en la violencia metropolitana. En Santiago de Chile, en cambio, el porcentaje disminuyó de 33 a 12 entre 1987 y 1996, mientras que la violencia no decreció y posiblemente se incrementó. En Caracas se incrementó de 12 a 21% entre 1981 y 1994, período en que también aumentó de manera importante la violencia delictiva.
Los datos que he traído aquí a modo de ejemplo son sugerentes aunque no concluyentes, y permiten inducir que hay mayor relación entre variables socioeconómicas y violencia que entre ésta y las variables sociodemográficas: mientras la concentración urbana no parece incidir en el nivel de violencia, variables como el deterioro en la distribución del ingreso, el aumento del desempleo y de la pobreza urbana, sí pueden influir —no tanto la estructura, como la dinámica en estas tres variables.

Con todo, un dato importante es la combinación que se da en América Latina entre una alta tasa de aumento de la población de las metrópolis, y a la vez una pirámide de edades con muy alta concentración de jóvenes. Esto es relevante porque la violencia delincuencial en la región se concenta (tanto en víctimas como victimarios) en la población joven, masculina de las grandes ciudades. No debe olvidarse que "la ciudad latinoamericana es joven y de gran crecimiento, por lo cual enfrenta mutaciones constantes en la cultura, el sistema político administrativo y la organización socioterritorial", lo que lleva a [que existan] ciudades "altamente fragmentadas por los abismos económicos, distancias culturales y desigualdades sociales" (Carrión).

Pero más relevante para entender el problema de la violencia y la inseguridad ciudadana, me parece *la brecha entre expectativas y opciones de consumo de la población*. Esta brecha de expectativas viene dada en gran medida por el abismo que se produce entre consumo simbólico y consumo material.

El discurso del desarrollo y la modernización en América Latina, hasta la década de los '70, asociaba estrechamente la integración simbólica y la material. El acceso a vivienda, empleo moderno con ingresos crecientes, servicios de salud e infrastrucura urbana, se asociaba a mayor movilización social, participación política, desarrollo cultural y educación formal. La sociedad de masas moderna venía anunciada con la sincronía entre ampliación del consumo a toda la población, y sociabilización de todos en la lectoescritura, la información actualizada y el uso "opinante" de espacios públicos.

Este vínculo no es claro hoy día. Porque mientras el acceso a recursos materiales encuentra obstáculos en una distribución del ingreso que no mejora, y se agrava en períodos de recesión o ajuste con incremento del desempleo en los grupos de menores ingresos, por otra parte se expande a un ritmo más sostenido e intensivo el acceso a bienes simbólicos como la educación formal, la televisión y la información actualizada.

Hoy hay más pobres que a comienzos de los '80 en la región; la distribución del ingreso no ha mejorado, y en algunos países se ha deteriorado claramente; la informalidad laboral, hecha a base de ingresos bajos y baja capitalización, crece y se constituye en el sector que más absorbe a las masas de trabajadores que van quedando al margen de la modernización productiva, o a la mayoría de jóvenes de baja capacitación que ingresan al mercado del trabajo; y el premio a la educación alta condena cada vez más a grandes sectores con educación básica o secundaria a empleos de baja calidad, aumentando las brechas de ingreso y prestigio.

Esta brecha entre consumo simbólico y consumo material es relevante. En la medida que la segmentación social coexiste con la apertura comunicacional, se alteran expectativas y patrones de comportamiento. Una parte importante de la población incorpora, como parte de su escenario cotidiano, la disociación entre mayores opciones de consumo simbólico y un acceso más restringido al progreso material. En este sentido, es más difícil la reconciliación entre integración material (vía redistribución de los beneficios del crecimiento), e integración simbólica (por vía de la política, la educación y los medios de comunicación de masas). En el caso de los excluidos, la caricatura del día coloca las manos vacías junto a ojos colmados con imágenes del mundo.

Veamos algunos datos duros. De acuerdo a las estadísticas de la CEPAL, entre 1980 y 1990 el consumo privado por habitante en América Latina bajó en un 1.7%.

En el mismo período de tiempo, para la región de América Latina y el Caribe, según cifras de la UNESCO, el número de televisores por cada mil habitantes aumentó de 98 a 162. Además, en ese período se reflejaron logros educativos acumulados en décadas precedentes, lo que implicó un aumento sustancial del nivel educativo medio de la población joven. Vale decir: mientras el acceso a conocimientos, imágenes y símbolos aumentó fuertemente, el consumo de bienes "reales" se redujo durante el mismo lapso. Países como México, Venezuela, Colombia y Brasil, de alto nivel de criminalidad en sus grandes ciudades, tuvieron durante dicho lapso un aumento muy fuerte en industria mediática[5] y en cobertura y logros escolares, y una evolución muy distinta en reducción de la pobreza urbana o mejoramiento en la calidad de vida de los habitantes de la metrópolis. Y sintomáticamente, la década de los '80 y los comienzos de los '90 marcan un salto significativo en los niveles de violencia de las ciudades latinoamericanas, y un aumento muy fuerte en la percepción de inseguridad por parte de la ciudadanía (precisamente, con países como México, Venezuela, Colombia y Brasil a la cabeza).

Si consideramos el período que va de 1970 a 1997, tenemos que el número de televisores por cada mil habitantes en la región aumentó de 57 a 205, las horas de programación televisiva aumentaron geométricamente de lustro en lustro (y el promedio de horas de consumo televisivo de la población), el nivel educativo medio de la población joven de la región aumentó al menos en cuatro años de educación formal, pero en el índice de pobreza la región está hoy al mismo nivel que a comienzos de los '80, y los ingresos reales de la población urbana han aumentado modestamente en algunos países y han disminuido en otros (como es el caso de Venezuela). Así, el acceso al conocimiento, la información, la publicidad, tuvo un ritmo totalmente asimétrico en relación al acceso a mayores ingresos, mayor bienestar y mayor consumo ¿Alguna posible relación entre esta proliferación del crimen y la mayor brecha entre consumo simbólico y consumo material?

2.2 CUÁNTA VIOLENCIA TENEMOS[6]

El indicador más general de la violencia, que expresa tasas de homicidio por cien mil habitantes, muestra que entre los años '80 y hasta mediados de los '90 hubo un aumento de la violencia en la región. Comparaciones internacionales —realizadas a inicios de los '90— ubican a la región de América Latina y el Caribe como una de las más violentas del mundo, con tasas promedio cercanas a 20 homicidios por cien mil habitantes (Guerrero). Más recientemente en 1995, un estudio de caso para seis países de la región (Brasil, Colombia, El Salvador, México, Perú y Venezuela) calcula una tasa de 30 por cien mil habitantes.[7] Las tasas de homicidios en el período comprendido entre 1984 y 1995 han aumentado en la mayoría de los países de la región (ver Cuadro 7). En algunos países, como puede verse, el aumento ha sido muy intensivo: Colombia triplicó y Venezuela duplicó su tasa en dicho lapso. El caso de El Salvador es atípico por el contexto de guerra interna y sus consecuencias sobre la violencia.

CUADRO 7
América Latina (14 países)
1980, 1990 y 1995
Tasas de Homicidio por cada 100 mil habitantes

Países	Fines del 70 Principios del 80	Fines del 80 Principios del 90	Última cifra disponible Alrededor de 1995
El Salvador	...	138.2	117.0
Colombia	20.5	89.5	65.0
Honduras	...	...	40.0
Brasil	11.5	19.7	30.1
México	18.2	17.8	19.5
Venezuela	11.7	15.2	22.0
Perú	2.4	11.5	10.3
Panamá	2.1	10.9	...
Ecuador	6.4	10.3	...
Argentina	3.9	4.8	...
Costa Rica	5.7	4.1	...
Uruguay	2.6	4.4	...
Paraguay	5.1	4.0	...
Chile	2.6	3.0	1.8

Fuentes: Ayres (1998), OPS (1998), Perú Instituto INEI (1998), Paz Ciudadana (1998), BID (1998).

2.3 El fantasma de la violencia

La violencia e inseguridad ciudadana son hoy día uno de los problemas que más preocupa y alarma a las sociedades latinoamericanas. En algunos países de la región la gente privilegia el tema de la seguridad frente a otros como la educación y la salud. En Chile y Argentina, países donde hasta hace pocos años el problema de la inseguridad en las ciudades ni siguiera figuraba en las encuestas, hoy constituye un núcleo fundamental de preocupación ciudadana, al punto que ha sido incorporado con mucha fuerza en la competencia política entre partidos y candidatos.[8]

De acuerdo a los datos observados, el aumento en la preocupación por la violencia va de la mano con un aumento real de ella en nuestras grandes ciudades. No siempre esta correlación es consistente, pero sin duda guarda mayor proporción que en el caso ya visto del consumo de drogas. Si no encontramos aquí la brecha entre percepción y magnitud del problema ¿en qué sentido, entonces, la violencia es un fantasma que recorre la metrópolis en América Latina? Intentaré algunas conjeturas al respecto, a partir de la idea de que el fantasma es aquello intangible que rebasa el fenómeno, se proyecta desde la especificidad del mismo, y a la vez incide en percepciones y acciones que lo contornean.

En primer lugar, el fantasma de la violencia está asociado a los cambios en estilos de vida que se dan en la metrópolis por efecto de la expansión de la violencia. Así, por ejemplo, el sentimiento difundido de inseguridad lleva a que las personas restrinjan su circulación en espacios públicos, eviten salir de noche o visiten ciertos barrios, se recluyan puertas adentro y busquen el esparcimiento en espacios privados. Se reduce así la interacción con otros de diferente origen social y se desalienta la sociabilidad espontánea que surge de los encuentros en lugares públicos. Los grupos y clases sociales se aíslan con sus propios pares y se generaliza un sentimiento de sospecha hacia los demás o los distintos. Cambia el diseño urbano al proliferar los enrejados y los condominios y a medida que muchos optan por vivir en departamentos y ya no en casas. Aumenta el gasto en seguros contra robos, pago a agencias de vigilancia o adquisición de artículos de protección física. Las actividades comerciales tienden a concentrarse en grandes centros (*malls*), entre otras cosas porque allí están a resguardo de asaltos y accidentes. Todo esto va también acompañado de la sensación de inseguridad frente a los pobres e indigentes, sobre todo varones jóvenes, percibidos por el resto de la sociedad y por la policía como potenciales delincuentes.

La violencia irradia así un cambio en diseño, vida cotidiana, percepción del otro y valoración de la seguridad. Por lo mismo, su presencia-ausencia circula por aquellos espacios que han debido reconstruirse asépticamente para conjurar la amenaza del otro. Condominios, *malls*, puertas reforzadas y segregación de la ciudad concurren en esta "estética epidemiológica" que privilegia la seguridad por sobre el contacto, el desborde y el placer cosmopolita de la errancia en la gran ciudad. En cada opción que nos coloca dentro de este formato de seguridad familiar acecha el fantasma de la violencia, su rictus silente o su risa sarcástica. Cuanto más crecen las rejas de protección, más patente el fantasma que emerge tras el conjuro a la amenaza.

En segundo lugar, el fantasma de la violencia opera generalizando la segregación y estigmatización social. El joven, varón y de bajos ingresos encarna la posibilidad de una agresión o un robo. Padece el contagio de un fenómeno en el que está pasivamente involucrado por coincidencias socioeconómias, etarias y de género. El fantasma se revierte contra él en un juego de espejos donde su imagen individual se ve reproyectada como prototipo general. Si transgrede las fronteras invisibles del territorio de pertenencia, podrá ser requerido por la policía, impedido de ingresar en locales comerciales, o cuando menos electrizado por miradas que lo desnudan para ver tras su facha un cuerpo al acecho de una víctima (¿pero quién es aquí la víctima?). El fantasma generaliza, construye un arquetipo universal, no discrimina cuando discrimina.

En tercer lugar, el fantasma de la violencia, como el de la droga, opera como relevo temático del conflicto social. No es casual que en tiempos post-ideológicos, donde el conflicto entre clases sociales se lava y lima para pavimentar el camino de la nueva oleada modernizadora, el tema de la justicia social se haga cada vez más inaudible y en su lugar crezca, con nítida sonoridad, el de la justicia penal. Por cierto, la percepción de la ciudadanía respecto de los vacíos de la justicia son plenamente fundamentados: hoy día disponemos de información para verificar la corrupción pública, la impunidad en el narcotráfico y en el robo institucionalizado, y los abusos de la policía. Pero también vale la pena preguntarse en qué medida la crítica y condena a la falta de justicia penal acalla ese otro reclamo histórico, nunca resuelto, respecto de las grandes injusticias sociales que recorren las aventuras de la modernidad latinoamericana.

Sin duda el reclamo por mayor justicia penal y transparencia pública debe constituir una bandera en la lucha por extender la democracia. Pero su legitimidad no contradice el riesgo de que tras él opere también la sublimación de ese otro reclamo, tanto o más urgente, de justicia social. Hoy los contrastes en ingresos y niveles de vida son más agudos que antes, y sin embargo la bandera de la justicia social sólo flamea en invocaciones trasnochadas e ideólogos anacrónicos. Del mismo modo, la violencia ha dejado de ser un tema político para anclarse como uno de carácter policial-penal, dado que es cada vez más marginal el uso de la violencia en la resolución de conflictos políticos. Por lo mismo, fantasmas surgidos de la represión y de la violencia política se desplazan hoy hacia el fantasma de la violencia delictiva en las ciudades. Entretanto, esta violencia delictiva va ocupando un lugar central en la demanda por mayor justicia penal, se entremezcla con la indignación por la impunidad y la corrupción públicas, revierte proyectos emancipatorios en obsesiones de seguridad ciudadana, licua las utopías de cambio social en el mar sin olas de la ciudad protegida. Y no pretendo con esto defender la violencia, sino sólo interrogar sobre los efectos de su fantasma como relevo de otros fantasmas.

En cuarto lugar, el fantasma de la violencia concurre con el de la droga en cristalizar los temores y las fobias que despierta la modernización vigente en América Latina. Temores que emanan de la fragmentación del espacio, del debilitamiento de la cohesión social y de las fracturas de la moral pública y privada, rápidamente se desplazan hacia los objetos de mayor densidad especular y resonancia metafórica: la violencia urbana y el reguero de la droga. Cuestionar el espacio fragmentado, la falta de integración o la incoherencia entre moral pública y privada, es cuestionar la base del sistema y del modo de vida en la gran ciudad latinoamericana. No así impugnar la violencia y el uso de drogas, elementos que si bien pueden nutrirse de ese mar de fondo y aparecer como punta de iceberg, tienen la ventaja que se combaten sin necesidad de poner en tela de juicio el resto del iceberg.[9]

El fantasma opera aquí como desplazamiento pero también como aislamiento y conjuro. La droga y la violencia conjuran el desasosiego que despiertan otros temas pendientes, estructurales y de fondo. Desplazan el desasosiego hacia los problemas de violencia y droga, y luego estos problemas son redefinidos en el discurso predominante (de los políticos, los medios de comunicación y finalmente la opinión pública), de modo tal que quedan aislados del todo social en su carácter de epidemia o tumor que es preciso extirpar para conservar la buena salud del cuerpo colectivo.

En quinto lugar, es natural que el aumento de la violencia despierte en la sociedad y en las personas una autopercepción de mayor vulnerabilidad y fragilidad, más todavía cuando se constata que la justicia penal-procesal está regada de vacíos y excepcionalidades. Nada alimenta más el fantasma de la vulnerabilidad que la anticipación imaginaria de un otro que nos agrede y frente al cual nunca sabemos cuán dañados podemos acabar. La posibilidad de que la agresión ocurra en cualquier parte y a cualquier hora, la incertidumbre respecto de la eficacia de nuestras defensas y de la magnitud de la violencia en los otros, en fin, la sombra de nuestra propia muerte o mutilación como extremo contra el cual se dibuja cualquier escena de violencia: todo ello hace que por definición la violencia se replique exponencialmente como fantasma.

En este marco, la violencia reaviva en las personas su propio guión de vulnerabilidad; activa el eco de las heridas infligidas en el pasado, posiblemente por otros que son parte del propio grupo: padres, hermanos, parientes, amigos, vecinos o compañeros de colegio. Cuanto más cerca percibimos la eventualidad de una agresión violenta, más reflota en nosotros la vulnerabilidad construida en nuestra socialización temprana. El miedo al prójimo que es parte de dicha socialización se desplaza hacia otro que ya no es prójimo sino extraño, bárbaro, radicalmente distinto por factores de raza, territorio, cultura o nivel de ingresos. Y también al revés: nuestra propia agresión retenida hacia nuestros prójimos permite ahora hacerse clara y visible porque se desplaza hacia el otro-extraño, con quien nuestra agresión puede ejercerse sin los sentimientos de culpa que obligaban a reprimirla en nuestro vínculo con nuestro propio entorno afectivo.

Y por último cabe mencionar el tan mentado espectro/espectáculo de la violencia: su uso en los medios y en la competencia política, siempre en un doble juego. Por una parte, para activar en la población una valoración tal de la seguridad que garantice la eficacia y legitimidad del control social, las barreras territoriales y el disciplinamiento familiar. En esto los medios de comunicación aportan lo suyo: espectacularizan la violencia, la convierten en el centro de la noticia y la proyectan hacia los receptores con una falsa proximidad que no deja de activar los fantasmas de cada cual respecto de la agresión y la vulnerabilidad. En el campo de la política, y ahora de la competencia electoral, el espectro de la violencia permite consensuar medidas de excepción propias de la "tolerancia cero". El fantasma de la violencia se construye como sostén simbólico del disciplinamiento de la sociedad.

2.4 Para terminar

En las páginas precedentes he intentado deconstruir dos fantasmas que recorren las ciudades latinoamericanas, el de la droga y de la violencia. De allí surgen, si no con evidencia contundente al menos como conjeturas fuertes, varias ideas que quisiera resumir a modo de conclusión.

Primero, el fantasma marca una brecha entre la percepción de un problema y la magnitud del mismo en los hechos. Brecha difícil de medir, por cuanto la percepción es cualitativa y la magnitud se expresa cuantitativamente.

Segundo, el fantasma tiene un uso político con fines de control social y también de hegemonía global. Tal es el caso de la política norteamericana en materia de drogas y las políticas internas de buena parte de los países de la región. La guerra a las drogas opera allí como Caballo de Troya. En el caso del combate a la violencia el fantasma también puede cumplir la misma función. Sintomáticamente, son las derechas las que tienden hoy a abogar por políticas más fuertes de control social para garantizar mayor seguridad ciudadana. Los contrapesos entre libertad y seguridad reaparecen no ya como expresión de un modelo económico sino de uno penal y policial.

Tercero, el fantasma opera como desplazamiento de la inseguridad y como construcción de un depositario de la misma: el consumidor de drogas y el delincuente acuñan la carga de fobias y temores que provocan la precariedad laboral, la incertidumbre respecto de la protección de la salud pública y la seguridad social, las exclusiones que ahora genera el trabajo "inteligente", y la competencia de los jóvenes frente a los mayores en esferas productivas, valóricas y estéticas. El fantasma permite descontextualizar los temores, y reposicionarlos frente a problemas que luego el discurso del orden aísla para interpretar y para combatir.

Cuarto, el fantasma opera como relevo: de la guerra fría a la guerra a las drogas, de la lucha por la justicia social a la lucha por la justicia penal, de la guerra a las ideas a la guerra a los desbordes. El fantasma hace el relevo, pero también el olvido. Eslabona para discontinuar.

Finalmente, el fantasma opera estigmatizando grupos de población, extendiendo el radio de los victimarios a un perfil racial, etario, territorial y socioeconómico. El potencial delincuente o consumidor problemático de drogas es el otro: negro, joven, pobre, marginal urbano, en fin, ese otro que permite canalizar temores cuyo origen puede ser muy distinto –por ejemplo, frente a un semejante que compite en el trabajo o asfixia en el hogar.

Ciudades que crecen, cambian, se desestructuran y milagrosamente sobreviven a la exclusión, la entropía y las múltiples temporalidades que las habitan. Se expanden a un ritmo que el mundo industrializado no conoce, absorbiendo y excluyendo al mismo tiempo. Premodernas, modernas y posmodernas, las recorren los temores de todos los tiempos. Atávicas y también cosmopolitas, a mitad de camino del desarrollo y de la modernidad, pobladas por fantasmas que eslabonan la historia y a la vez la separan en fragmentos truncos. Fantasmas como la droga y la violencia, que callan su propio mar de fondo para expiarlo, pero no redimirlo.

Notas

[1] En Brasil el tema de las drogas aparece con el mismo peso en la opinión pública que el desempleo, los bajos salarios, la pobreza y la educación.
[2] Quiero advertir que si bien las nociones de fantasmas aquí planteadas se nutren de la psicología, no son rigurosas ni se construyen sobre el concepto tal como ha sido desarrollado por la tradición psicoanalítica y específicamente lacaniana. Me interesa aquí operar inductivamente, construyendo nociones de fantasma a partir de los problemas tratados.
[3] Exceptuando Colombia, claro está.
[4] Basado en las estadísticas del Anuario Estadístico de la CEPAL correspondientes a 1999.
[5] Piénsese nada más en empresas del tamaño de Televisa en México u O'Globo en Brasil, o la fortuna de Cisneros en Venezuela.
[6] Para los datos que figuran en este punto me he basado en: Irma Arriagada y Lorena Godoy, "Seguridad ciudadana y violencia en América Latina: diagnóstico y políticas en los años noventa".
[7] J.L. Londoño, "Epidemiología económica de la violencia urbana", citado por Irma Arriagada y Lorena Godoy.
[8] En Chile, las últimas elecciones presidenciales tuvieron al candidato de la derecha Joaquín Lavín al borde de una inesperada victoria. Una de las razones es que en su gestión como alcalde de la comuna de Las Condes fue reconocido por su eficacia en la lucha contra la delincuencia. Algo parecido ocurrió en el período previo a los comicios presidenciales en Venezuela con la Alcaldesa del Chacao en Caracas.
[9] Es el caso de la política de "tolerancia cero" en el combate a la violencia y de la "guerra a las drogas" en el combate a las drogas: no hay allí cuestionamiento del orden social, sino la construcción del problema-violencia y el problema-drogas como epidemias que se difunden exteriormente respecto del conjunto de la sociedad, y que se pueden combatir en esa misma lógica.

BIBLIOGRAFÍA

Arraigada, Irma y Lorena Godoy. "Seguridad ciudadana y violencia en América Latina: diagnóstico y políticas en los años noventa", CEPAL, Serie Políticas Sociales No. 32, 1999.

Carrión, Fernando. "Violencia urbana y juventud", inédito, 1995.

Guerrero, Rodrigo. "Violencia en las Américas, una amenaza a la integración social", CEPAL, LC/R. 1795, marzo 1998.

"Latinobarómetro1995: opiniones y actitudes de los ciudadanos sobre la realidad económica y social". Santiago: CEPAL, LC/R. 1750, 1997.

II. Imaginarios urbanos, identidades, ciudadanías

Tres incendios y dos mujeres extraviadas: El imaginario novelístico frente al nuevo contrato social

Mary Louise Pratt
Stanford University

¿La violencia tiene sexo? Definitivamente sí. Tanto en la estadística como en el imaginario social, los agresores normativos son masculinos, los agredidos: masculinos y femeninos. Y entre los agredidos, la categoría de víctima se reserva, como indica su género gramatical, prioritariamente para las mujeres, es decir los cuerpos hembras. Las jóvenes trabajadoras de maquila que, desde hace unos cinco años aparecen muertas y violadas en las afueras de Tijuana no se pueden concebir sino como víctimas de la violencia (una violencia que se supone masculina), mientras que el descriptor de víctima no se atribuye con igual claridad a los cadáveres masculinos encontrados unos meses atrás en una hacienda narco en la frontera de Sonora. Por otro lado, los protectores contra la violencia también, dentro de la normatividad, son hombres. La violencia es un panorama radicalmente definido por el género, y en el cual los cuerpos hembras tienen estrecha definición.

Abarcar el tema de la violencia exige, pues, metodologías atentas a su estructuración por el género. Significa, entre otras cosas, plantear el tema de la agencia masculina —o, mejor dicho, tal vez, de la masculinización de la agencia. En el terreno de la literatura, no hay ejemplo más dramático que la novela del colombiano Fernando Vallejo, *La Virgen de los sicarios,* gran éxito del año 1994. En esta novela, ubicada en la ciudad de Medellín, un hombre maduro que además, siguiendo una gran tradición colombiana, es gramático, forma pareja con un joven sicario quien enfrenta el desempleo por causa del colapso del cartel de Medellín. Los dos viven lo que parece ser un eterno paseo por las calles de Medellín y Alexis, el joven, vuelve a ejercer su oficio de sicario —de matón— como forma de entretenimiento o de activismo social dependiendo de la interpretacion que uno le quiera dar. Mata espontáneamente a cualquier conciudadano que cause molestia o incomodidad —un vecino *hippy* cuya música ofende, una mujer con hijos que chillan en el ómnibus, un taxista que se niega a bajar la radio, una mesera que atiende mal. Los incidentes se encadenan hasta que ocurre el final inevitable, el asesinato del joven Alexis por otro sicario en venganza por la muerte de un hermano asesinado por Alexis. Todo es narrado en un tono irónico, acerbo, cínicamente divertido que ha canonizado a Vallejo como voz de nuestro apocalíptico fin de milenio:

> ¿Cómo puede matar uno o hacerse matar por unos tenis? preguntará usted que es extranjero. Mon her ami, no es po los tenis: es por un principio de Justicia en el que todos creemos. Aquel a quien se los van a robar cree que es injusto que se los quiten

puesto que él los pagó; y aquel que se los va a robar cree que es más injusto no tenerlos. Y van los ladridos de los perros de terraza en terraza gritándose a voz en cuello que son mejores que nosotros. (59)

A los invitados de honor de este simposio, Jesús Martín-Barbero y Víctor Gaviria, les dejo la tarea de evaluar *La Virgen* como un comentario sobre la actualidad desesperante de Colombia, que es la lectura más directa y necesaria del texto. Aquí me propongo ofrecer unas observaciones sobre la configuración de género y de sexo que acompaña (o que surge de) el ambiente de violencia urbana que plantea esta novela, y otras cuatro de la década de los '90. Es una primera tentativa de captar la diagnosis de nuestra coyuntura social que se ofrece desde la novela.

Contrato social/contrato sexual

La pareja protagónica de *La Virgen de los sicarios* comparte el espacio urbano con las mujeres —éstas aparecen en las calles, en las tiendas, los ómnibus, las casas— pero no convive con ellas. Aunque ambos mantienen una actitud devota hacia la Virgen (un símbolo), el narrador expresa una fuerte misoginia hacia las mujeres concretas, sobre todo hacia las mujeres reproductivas ("porque ¿cuál es la ley de este mundo sino que de una pareja de pobres nazcan cinco o diez?" (68)). Lejos de necesitar a las mujeres, la pareja parece habitar un mundo monosexual donde ellas parecen ser completamente superfluas.[1] Como se propondrá a continuación, este mundo monosexual masculino, construido en un espacio social entregado a la violencia y la muerte, reaparece en un número interesante de novelas de la década de los '90.

Es iluminador contemplar esta reconfiguración del panorama social urbano en términos de la conocida reteorización del contrato social propuesta por la politóloga Carole Pateman en *The Sexual Contract* (1988). Según Pateman, lo que en la teoría política clásica se denomina el contrato social sólo existe en función de otro contrato que las teorías no incorporan, *el contrato sexual*. El contrato social define las relaciones de conciudadanía fraterna entre hombres, es decir entre cuerpos varones; el contrato sexual define las relaciones entre hombres y mujeres, es decir entre cuerpos varones y cuerpos hembras, estableciendo la subordinación de estos a aquellos. Al entrar en el contrato sexual, las mujeres autorizan a los hombres a hacer uso de sus capacidades laborales, reproductivas y sexuales. Las dos formas más institucionalizadas del contrato sexual serían el matrimonio y la prostitución. Según el argumento de Pateman, el contrato sexual y el contrato social se constituyen mutuamente; es imposible entender el uno sin el otro: el contrato sexual es lo que excluye a los cuerpos hembras del contrato social, mientras que el contrato social consiste, entre otras cosas, en el derecho de sexo sobre los cuerpos hembras. No es que las mujeres sean excluidas del orden civil: el matrimonio es un contrato que requiere un gesto de consentimiento de ambos sujetos. Pateman describe el contrato sexual como una forma de *subordinación civil*. Como es bien sabido, la novela burguesa decimonónica tiene como preocupación central la negociación y legitimación de esta "subordinación civil", tan resistida por pensadores radicales desde Wollstonecraft hasta Flora Tristan y John Stuart Mill. En las Américas, nuestras grandes novelas "fundacionales" giran alrededor del contrato sexual como motor fundador de las naciones post- y neo-coloniales. Hoy, por contraste, la preocupación novelística con respeto al contrato sexual parece ser mas bien cómo dejarlo atrás.

Según la teoría social clásica, el contrato social derroca la autoridad paterna como principio fundamental del poder social, reemplazándola por relaciones horizontales y consensuales de fraternidad entre pares —el contrato social. El contrato social no elimina el patriarcado sino que produce una nueva mutación de él, que Pateman denomina "el patriarcado fraterno". La subordinación de las mujeres permanece como elemento constitutivo de este orden. A pesar de que el contrato social es un aspecto constitutivo del orden fraterno, cuando este orden se describe a sí mismo, en la teoría social, por ejemplo, suele suprimir toda mención del contrato sexual, definiéndose como orden autónomo y *sui generis*.

¿Cuáles son las implicaciones de este análisis con respecto a la violencia? La pregunta invita a mucha reflexión. Para empezar, la violencia entre hombres se lee lógicamente como ruptura del contrato social, o como evidencia de la erosión del contrato social. La violencia entre hombre y mujer, por contraste, se lee como afirmación o actuación del contrato sexual, o como evidencia de su poder excesivo. A menos que uno haga un esfuerzo especial para evitarlo, pensar la violencia es a menudo pensar desde la agencia masculina. El resultado, lógicamente, es una masculinización de la agencia. Es notorio por ejemplo que cuando las sociedades o los países entran en guerra, el sentido común dicta que la historia se está haciendo en el campo (o "teatro") de batalla y no en los espacios donde los no-combatientes luchan para reproducir el orden social por el cual supuestamente se está peleando. Los relatos de violencia entre órdenes masculinos —como los retratos actuales de Colombia que caracterizan el país por el conflicto entre guerrilla, ejército, y paramilitares— producen a otro nivel una armoniosa reafirmación del monopolio masculino sobre la historia, la sociedad, la agencia, el futuro, y reafirma el contrato sexual. La participación de mujeres combatientes en las guerrillas hasta la fecha no me parece haber cambiado este panorama.

Como muchas novelas de los '90, *La Virgen de los sicarios* nos presenta un mundo donde el contrato social está en colapso: la prueba es la violencia arbitraria, descontrolada y sin embargo legitimada que rige las relaciones ciudadanas. Los lazos fraternos no existen. ¿Y el contrato sexual? Se traslada a los hombres, o mejor dicho a los cuerpos masculinos, porque Alexis es apenas un adolescente. Entre Alexis y el gramático, el contrato sexual mantiene su jerarquía de subordinación. En el joven sicario se reproducen muchos oficios tradicionalmente asociados con el orden de lo femenino subordinado: el consumismo, la ignorancia, la flojera y la pasividad, la dependencia económica, la trivialidad, la belleza física, la disponibilidad sexual, mientras que el narrador ocupa el papel canónico del proveedor y del enamorado. Una gran diferencia, sin embargo, es la violencia misma: el oficio de Alexis no es la reproducción, sino su contrario, el homicidio. La pareja va acumulando no hijos sino muertos. Alexis muere no en un parto, como las jóvenes esposas románticas, sino en la forma equivalente en este universo paralelo masculinizado, un asesinato.

En *La Virgen de los sicarios*, entonces, aparece, un nuevo orden social monosexual que sustituye, me parece, al patriarcado fraterno descrito por Pateman como producto del contrato social entre hombres y el contrato sexual entre hombres y mujeres. El orden monosexual no es puramente masculino en el sentido heterosexual de la palabra.

Lo femenino no desaparece, sino que es recuperado o asumido por los cuerpos varones. Lo femenino perdura, pero los cuerpos hembras sobran. Obviamente esta dispensibilidad de los cuerpos hembras requiere una neutralización de su función reproductiva, que los cuerpos varones son incapaces de asumir. Y de hecho, la reproducción se desterritorializa. El orden monosexual de la novela es un orden no sólo homicida, sino también suicida, autocondenado al exterminio. Alexis —como los jóvenes sicarios filmados por Víctor Gaviria— sabe que va a morir. Su muerte está marcada por la imagen apocalíptica de un aguacero de escala bíblica que inunda la ciudad: "cuando a Medellín le da por llover es como cuando le da por matar; sin término medio, con tas las de la ley y la conciencia" (87).

INCENDIO 1

Los que conocen *Plata quemada,* novela documental de Ricardo Piglia publicada en 1997, reconocerán en su texto algunos elementos de la misma fórmula. Los ladrones en *Plata quemada* también crean un mundo monosexual cerrado donde el contrato sexual es absorbido por el contrato fraterno. A diferencia de Vallejo, la relación sexual aquí no es de subordinación, es decir, no simula el contrato sexual heterosexual sino que sexualiza el lazo fraterno. Aquí también las mujeres sobran por completo, lo femenino es recuperado por los cuerpos masculinos, la violencia sirve de motor narrativo en una polis convulsionada, y todo marcha inexorablemente hacia un desenlace simultáneamente homicida y suicida. En ambas obras, el viejo orden familiar, mundo del doble contrato social-sexual, está presente precisamente como viejo orden, como un pasado rural o de provincia evocado con nostalgia.

Basada en un incidente real del año 1965, *Plata quemada* narra una aventura criminal en la cual un grupo de ladrones argentinos roban un camión pagador en Buenos Aires y huyen hacia Uruguay. Culmina en una prolongada confrontación en la ciudad de Montevideo, entre cuerpos masculinos que pertenen a dos órdenes distintos y que ocupan dos espacios distintos. Los ladrones (el orden monosexual) se refugian en un departamento tomado desde el cual proponen defenderse y negociar su salida (un nuevo contrato con el Estado). Afuera en la calle se junta el patriarcado fraterno, la polis —los policías-héroes, el detective-héroe, el periodista-héroe, el radiotelegrafista-héroe, las mujeres testigos— ocupando el espacio ciudadano que el derecho civil les otorga. Aunque los actores son exclusivamente masculinos, el narrador no deja de informarnos sobre las esposas, madres, hermanas e hijos de cada uno, y los héroes ciudadanos no dejan de pensar en sus familias al momento de enfrentar la muerte. Los pocos personajes femeninos que aparecen en *Plata quemada* (menos una que se comentará más tarde) actúan como cómplices de este orden. Es una mujer la que delata a los ladrones cuando los ve en la madrugada cambiando las placas de un auto. Otra, amante de Nene, lo convierte en violador cuando es interrogada por la policía, es decir, convierte el amor libre en delincuencia, como requiere el contrato sexual.

Dentro del departamento, el orden monosexual se consolida y cumple su trayectoria suicida, trayectoria que entra en una nueva etapa con la quema de la plata robada que ha sido el motivo de todo. Al quemar la plata, su medio de intercambio con la sociedad, los ladrones rompen definitivamente con la polis. Para ésta, su acto es indescifrable e intolerable:

> Indignados, los ciudadanos que observaban la escena daban gitos de horror y de odio, como en un aquelarre del medioevo (según los diarios), no podían soportar que ante sus ojos se quemaran cerca de quinientos mil dólares ... —quemar dinero inocente es un acto de canibalismo. (190-91)

Por la quema de la plata los ladrones entran en otra normatividad, y en un estado de transcendencia que alcanza su plenitud (drogada, drogadísima) en la escena de la muerte de Nene Brignone en brazos de su amante el Gaucho Rubio, descrita con la imagen virginal y materna de una Pietá. "El Nene le sonrió y el Gaucho Rubio lo mantuvo en sus brazos como quien sostiene a un Cristo. [...] Estuvieron un momento inmóviles, la sangre corría entre los dos. Un absoluto silencio reinaba en el departamento" (218). La novela de Piglia da una victoria pírrica al orden normativo. Éste gana la confrontación, porque controla el espacio público, la esfera pública (la información) y los recursos de la violencia estatal, pero pierde a nivel tanto ético como afectivo.

Los análisis del orden neoliberal se centran con mucha frecuencia en la erosión del contrato social. Estas dos novelas, como las otras que se comentarán a continuación, atestiguan esta erosión al mismo tiempo que enfrentan o mejor, realizan narrativamente, la crisis simultánea en que se encuentra el contrato sexual en la presente coyuntura histórica. La manera en que la enfrentan —por la imagen de un nuevo orden monosexual, autónomo y suicida— sugiere un estado de pánico (tal vez el mismo pánico que se lee detrás de los cadáveres en las afueras de Tijuana). Es un pánico seguramente justificado. La bancarrota del contrato sexual, *e inevitablemente con él, del contrato social*, no nos ha llevado hacia nuevas visiones de las relaciones entre los sexos. Es un vacío enorme. Una vez que los cuerpos hembras dejan de definirse por su capacidad reproductora, ¿para qué sirven? ¿qué hacer con ellos? Aquí el pensamiento de la misma Pateman (en 1987) llega a su límite:

> Si efectivamente existe la posibilidad de que la reproducción se efectúe fuera del cuerpo humano (o dentro del cuerpo masculino), ya no serán necesarias las capacidades naturales de las mujeres, ni ellas mismas.[2]

No hay en el contrato social, ni en la contractualidad misma nada que cancele esta dramática posibilidad. Obviamente, las utopías violentas y suicidas de Piglia y Vallejo no nombran estos dilemas, sino que responden a ellos, conjugando los dos contratos, el social y el sexual, en los cuerpos masculinos, dejando superfluos los cuerpos hembras. En estos mundos monosexuales suicidas, ¿será que la violencia opera no como un *tema* sino como la *estrategia* que permite la masculinización de la historia, de la agencia, del deseo, del orden narrativo, como el *pretexto* que produce la redundancia de los cuerpos hembras?

¿O será que se trata de una voluntad de *renuncia* a los derechos de sexo masculinos con relación a los cuerpos hembras? Esto implica una lectura más radical de estas nuevas formaciones en la novelística actual. Con relación al orden normativo, la renuncia al privilegio de sexo constituye tal vez la forma más amenazante de delincuencia masculina, una ruptura violenta tanto del contrato social como del sexual. Según esta lectura, la expulsión de los cuerpos hembras en estas narrativas pertenece a una tentativa de renuncia de privilegio de sexo sobre ellos. Pero ahí se complica, porque de hecho es imposible renunciar a un privilegio, por lo menos uno ligado al cuerpo. Sólo se puede dejar de ejercerlo. Para dejar de ejercer su privilegio de sexo, estos protagonistas lo ejercen creando mundos sociales (y nacionales) que desterritorializan a las mujeres.

PRIMERA EXTRAVIADA

En la reciente novela de la cubana-puertorriqueña Mayra Montero, *Tú, la oscuridad* (1995) el gesto de rechazo de privilegio sexual se hace explícito. En este texto también se inaugura un orden monosexual masculino, por medio de una dramatización violenta y alegórica de la bancarrota del contrato sexual. El relato, ubicado en Haití, narra la expedición de un herpetólogo metropolitano al monte haitiano, acompañado, por supuesto, por el inevitable guía nativo, en busca de una rana en vías de extinción, la *grenouille de sang* ("rana de sangre"). La narración alterna entre las voces de los dos hombres. Como preludio a la búsqueda de la rana, el guía haitiano narra otra búsqueda que emprendió en el mismo monte en su juventud al ser contratado por un viajero alemán para buscar a su esposa quien se ha escapado al monte. Recibe órdenes de regresarla, viva o muerta: dentro del orden normativo del contrato social y sexual, ella, sobre todo como cuerpo, no es superflua sino indispensable. Por fin, de noche, el joven encuentra a la mujer, desnuda, enloquecida, e insistente en no volver. Por la fuerza bruta, el joven la obliga a bajar con él, la devuelve a su marido, quien la sube en un coche y en seguida empieza a golpearla hasta la inconciencia o tal vez la muerte. Este episodio, con un fuerte toque alegórico, descalifica el contrato sexual, y condena el matrimonio como una relación de subordinación ilegítima, violenta, criminal, y sobre todo, blanca occidental, y extranjera. Como los espacios delictivos de Piglia y Vallejo, aquí la otredad de Haití se ofrece como sitio de renuncia o escape.

A ese mismo monte parten la nueva pareja, el herpetólogo y su guía. Como el Bogotá de Fernando Vallejo, esta selva es un espacio de la muerte regido por contrabandistas y narcotraficantes. El orden ciudadano ya no existe. Después de arduas labores los naturalistas encuentran un espécimen de la rana que buscan — espécimen que resulta ser un viejo macho que por falta de pareja, será el último de la especie:

> Se trataba de un macho adulto, bastante viejo por lo que deduje de la piel de las patas y de la cabeza, desorientado entonces por los años. Tuve la sensación de que me hallaba frente a un ejemplar longevo, una criatura que se olvidó de morir. (228)

No puedo dejar de ver en este macho solitario otra realización del carácter suicida del colapso del contrato sexual, lectura confirmada por el desenlace apocalíptico de la novela: el barco que lleva a los dos científicos (con la rana) de vuelta a la ciudad naufraga y todos mueren ahogados. Como sería de *rigueur* en un relato haitiano, se sugiere que la responsable del accidente es Erzulie, diosa del agua.[3]

Tú, la oscuridad vincula la crisis del orden socio-sexual humana explícitamente con la crisis ecológica del planeta, específicamente con la rápida extinción a través de los últimos treinta años de muchas especies de anfibios, proceso que según los expertos citados en la novela, permanece misterioso e inexplicable. A través de la mitología haitiana, se sugiere la posibilidad de un suicidio colectivo de los animales:

—Ya empezó la gran huida —recalcó. Ustedes se inventan excusas: la lluvia ácida, los herbicidas, la deforestación. Pero las ranas desaparecen de lugares donde no ha habido nada de eso. (132)

Es notable la forma *alegórica* en que se abarca la crisis del contrato sexual en estas novelas. Son escasas, me parece, las obras recientes que tematizan en términos realistas las fuerzas históricas que provocaron esta crisis: por un lado, el neoliberalismo, que pone fin a la posibilidad económica del hombre-proveedor, anula las funciones custodiales y redistributivas de los estados y por medio de los famosos ajustes estructurales acaba con la posibilidad de limitar a las mujeres a la esfera doméstica, a la dependencia económica, y a la reproducción ilimitada. Existe ya un corpus de estudios sociológicos y antropológicos documentando la crisis de la masculinidad que resulta de la extinción del hombre-proveedor y de la reorganización de los arreglos familiares que impone la entrada de las mujeres al mercado de trabajo, y la combinación de efectos emancipatorios y opresivos que ésta significa para las mujeres. Por otro lado, la desestabilización del contrato sexual producida por el neoliberalismo cruza con otra puesta en marcha por los movimientos de emancipación de la mujer, que deslegitiman la subordinación femenina, y abogan por la libertad reproductiva, derechos legales y económicos, el acceso a la educación, el divorcio, y la transformación de la relación de pareja. (Hay que mencionar las contradicciones internas a ambos: por un lado el neoliberalismo predica los mismos "valores familiares" que disuelve, y por otra, los movimientos de liberación no logran cambiar las estructuras de deseo y de subjetividad que sostienen la dominación masculina.)

Con poca frecuencia, pues, la novela de los '90 evoca de manera directa o en forma realista o referencial los cambios concretos de las circunstancias sociales.[4] Optan por trabajar el asunto en forma alegórica y tal vez más especulativa. *Plata quemada*, novela documental sobre un episodio ocurrido en los sesenta, parecería ser una obvia excepción. Pero no lo es. Es una novela documental precisamente *sobre otra época*, no la actual. "Siempre serán misteriosos para mí", dice Piglia en su epílogo, "las razones por las que algunas historias se resisten durante años a ser contadas y exigen un tiempo propio" (251). No creo que sea frívolo proponer que el contexto finisecular tornó "narrable" la historia que antes no lograba escribir.

La extraña ausencia de referencias a lo que concretamente está pasando —la integracion de las mujeres al mercado de trabajo, la reorganización de los hogares, la acomodación del contrato sexual al contrato de empleo, la nueva agencia económica de las mujeres —sugiere que no se ve en estos cambios una salida de la crisis. Pero tampoco se propone una vuelta para atrás. Tampoco se propone la asimilación de la mujer al orden fraterno —en Piglia, por ejemplo, no hay mujeres policías ni mujeres ladrones; en Vallejo no hay mujeres sicarias; en Montero, la única científica mujer escoge una muerte violenta. En estos relatos alegóricos, una vez roto el contrato sexual los cuerpos hembras entran, con relación a los varones, en una zona de inseguridad semántica e ideológica. ¿Qué pueden significar estos cuerpos? ¿Qué valor pueden tener? ¿Qué alteridad se les puede asignar? Se conserva la *alteridad* del cuerpo hembra —parece que como alteridad, la mujer sigue siendo indispensable— pero ahora es una alteridad absoluta, opaca, sin sentido.[5]

INCENDIO 2

Se ha sugerido que en el imaginario novelesco actual, la violencia sirve para abarcar, de manera desplazada, la crisis del contrato socio-sexual. El carácter específicamente masculino de la violencia en nuestro imaginario social permite que la violencia sirva como *pretexto* para inaugurar un espacio narrativo monogenérico, un terreno de agencia y deseo en la que lo femenino es asumido por los cuerpos masculinos mientras que los cuerpos femeninos permanecen superfluos o dispensables. El carácter suicida y apocalíptico de estos órdenes masculinos sugiere un trasfondo de pánico sobre nuestra imposibilidad de imaginar alternativas al orden sexual descrito por Pateman y ahora insostenible. Propongo terminar examinando dos textos en los cuales el esfuerzo heroico para inaugurar un nuevo orden sociosexual fracasa, demostrando, por medios igualmente alegóricos y apocalípticos, la aparente imposibilidad de alternativas. Son *Salón de belleza* del mexicano-peruano Mario Bellatín y *Los vigilantes* de la chilena Diamela Eltit, ambos publicados en 1994. La fecha de publicación, la calidad literaria, y el hecho de haber sido escritas en la ciudad de México son algunas de las muchas cosas que estas novelas tienen en común.

En *Salón de belleza*, el orden monosexual masculino es inaugurado no por la delincuencia ni el viaje, sino por la enfermedad. Narrado por un peluquero urbano travesti, la novela cuenta la transformación de su salón de belleza en un moridero para enfermos de una plaga no nombrada pero claramente asociada con el SIDA. O sea, se narra la transformación de un espacio creativo, feminizado y extrovertido en espacio reactivo, masculino e introvertido, puesta en marcha por la ruptura del contrato social. El peluquero y sus dos socios ofrecen abrigo a un amigo cercano cuya "única alternativa habría sido morir bajo uno de los puentes del río que corre por la ciudad" (49). De allí, con los números crecientes de moribundos desamparados, se va sustituyendo la función estética y lúdica del salón de belleza por la función ética y compasiva del moridero. "Las secadoras, así como los sillones reclinables para el lavado del cabello" se venden "para comprar ... colchones de paja, catres de hierro, grandes ollas y una cocina de querosén" (21). Detalle por detalle el narrador explica el desarrollo de esta nueva institución bajo su dirección, revelándonos que al momento de narrar, él también se encuentra en estado avanzado de enfermedad y enfrentando su fin. De hecho, la cercanía de la muerte parece ser el motivo de la narración, no por deseo de registrar su historia, sino por ansiedad paternal por su proyecto: "Me preocupa mucho saber quien va a hacerse cargo del salón cuando la enfermedad se desencadene con fuerza en todo mi cuerpo".

A pesar de su carácter evidentemente alegórico, *Salón de belleza* registra muy concretamente los procesos de la privatización, el empobrecimiento y la erosión de las funciones redistributivas y benefactoras que caracterizan los regímenes neoliberales, o mejor tal vez la neoliberalización ("*structural adjustment*") de los estados. La escasez de recursos públicos, la falta de derechos a sustento básico y servicio de salud condenan a los enfermos a una muerte cruel. La solución surge del altruismo personal del peluquero y consiste no en un reclamo colectivo al estado sino una iniciativa particular, privada y agresivamente autónoma. El moridero lleva la privacidad y la autonomía al nivel de principios constitutivos. Económicamente, nos explica el narrador, se sostiene por dinero donado por los familiares de los enfermos. Se les prohíbe contribuir con cualquier otra cosa, excepto ropa de cama y golosinas. El narrador/dueño mantiene una estricta autonomía, encargándose él sólo de todo el trabajo de moridero, por medio de una rutina sencilla y altamente perfeccionada. El espacio se cierra: a los enfermos les es prohibido salir, y no se permite la entrada de nadie, ni visitas, ni personal médico, ni representantes de los órganos caritativos. Los dos últimos son objetos de un especial desprecio de parte del narrador, porque van guiados por principios humanistas que acaban prolongando el sufrimiento y el inevitable proceso final: "No sé donde nos han enseñado que socorrer al desvalido equivale a apartarlo de las garras de la muerte a cualquier precio" (50).

Y sobre todo, se excluye a las mujeres, por enfermas o desesperadas que estén. Otra vez, las formas de agencia femenina son asumidas por los cuerpos varones y los cuerpos hembras entran en un vacío semántico. La lógica del narrador es extraña, y misógina: "El salón en algún tiempo había embellecido hasta la saciedad a las mujeres, no iba pues a echar por la borda tantos años de trabajo sacrificado. Nunca acepté a nadie que no fuera de sexo masculino" (34). Es decir, la corporalidad femenina, tal cual, sin embellecimiento, es inadmisible. El embellecimiento de la mujer es un trabajo para desplazar esa corporalidad, disfrazándola por lo femenino, como se disfraza el travesti. Desprendida del concepto de lo femenino, la corporalidad hembra ya carece completamente de definición. No hay manera de integrarla.

Al mismo tiempo que activiza la solidaridad del lector, el moridero va adquiriendo aspectos funestos —un carácter hiperracionalizado, instrumental, despersonalizado. El narrador parece transformado por su propio proyecto, de ángel benefactor en nada menos que ... un *manager*. El pragmatismo que lo lleva a prohibir cualquier medicamento o cuidado que prolongue la vida, por ejemplo, se extiende a toda afectividad y deseo. Cuestión de eficiencia e igualitarismo: al enamorarse de un paciente bello y joven, el narrador empieza a descuidar a los demás, lo cual lo lleva a prohibirse cualquier relación de afecto en el futuro: "aún no había perfeccionado del todo mi técnica" (43). La falta de afecto se funcionaliza: promueve una muerte más rápida. "He llegado a un estado tal que todos son iguales para mí. Al principio les reconocía e incluso llegué a encariñarme con alguno. Pero ahora todos no son más que cuerpos en trance de desaparicion" (25). La emotividad, con las mujeres, se queda en la calle: los amantes desconsolados de los enfermos se asoman de noche, abrumados por el dolor y el ansia de ver a los seres amados. Prohibida la entrada, se quedan aullando en la acera, mientras el narrador se pregunta "qué podía mover a esos seres a buscar a alguno de los huéspedes" (63).

Es imposible señalar un momento específico en el cual el altruismo se convierte en violencia infligida y autoinfligida. En una narración no linear sino confesional, espiral, va adquiriendo dimensiones primero monstruosas y después patéticas, la voz narrativa, siempre impasiva (*tour de force* estilística) empieza a ser infiltrada cada vez más por un discurso directivo, instrumental y empresarial. La estética, expulsada por la conversión del salón, vuelve pero de forma fascista: lo bello está en el orden, la eficiencia, la serialidad, la abstinencia. Esta sustitución estética se ritualiza en un momento apocalíptico, por un incendio.

Frente al desarrollo de su propia enfermedad, llega el momento en que el narrador se ve obligado a retirarse de su vida nocturna como prostituta travesti. En la noche amontona toda su indumentaria femenina —"los vestidos, las plumas y las lentejuelas" (54)— en el patio y le prende fuego, cantando y bailando locamente alrededor de la pira, con la intención de inmolarse también. Como la quema de la plata en Piglia, este rito purificador y exorcista marca la ruptura con la polis (el mundo de afuera) y abre paso no a la transcendencia sino al regimen suicida. En las últimas líneas del texto, el narrador cuestiona esta entrega, pero en términos que demuestran que ya no la entiende:

> Cuando vino todo ese asunto de la transformación del salón se produjo un cambio. Por ejemplo, siempre pienso dos veces antes de hacer algo. Luego analizo las posibles consecuencias. Antes no me habría preocupado el futuro del Moridero tras mi desaparición. Habría dejado que los huéspedes se las arreglaran solos. Ahora, sólo puedo pedir que respeten la soledad que se aproxima. (73)

Como sugiere esta lectura, la epidemia en *Salón de belleza* no es sólo el SIDA, sino una mentalidad racionalista, indiferente, antilúdica, fascista, como un virus capaz de activarse en cualquier momento convirtiendo el deseo en represión, libertinaje en castidad, libertad en egocentrismo, igualitarismo en fascismo, ludismo en sadomasoquismo, movilidad en autoencarcelamiento. En el narrador protagonista de *Salón*, el virus se activa dentro del mismo proceso de compensar sus efectos en el resto de la sociedad. No hace falta un estado para reprimir y racionalizar: una vez contagiados, los ciudadanos lo harán sólos. Se trata de un *espacio fundacional fracasado*.

INCENDIO 3

Segunda extraviada

Curiosamente, esta conjugación de espacio fundacional fracasado, mujer expulsada, incendio purificador, pobres desamparados, altruismo, y autoritarismo internalizado se repite en *Los vigilantes* de Diamela Eltit, novela asociada en su contexto nacional con la desilusión y el desespero de la transición chilena de los '90. En el corpus bajo estudio aquí, es el único texto protagonizado por una mujer, y el único donde la problemática central es la pertenencia social femenina y no la masculina. Como en *Salón de belleza*, se trata de una tentativa heroica de definir un espacio autónomo y armar un proyecto ético y auténtico frente a la áspera sociedad neoliberal. En este caso se trata de una madre separada que, rechazando la sociedad que la rodea, busca vivir aparte, educar a su hijo a su manera, y ejercer una maternidad definida por ella y no por la conformidad social. Sus adversarios son el padre del hijo, la suegra de la protagonista, y los vecinos que vigilan su conformidad con el nuevo contrato social.

Éste incluye una prohibición a todo acto altruista sobre todo con relación a los "desamparados" que aparecen por las calles, muriéndose de frío y pidiendo abrigo. El texto consiste casi enteramente en cartas dirigidas por la protagonista al padre de su hijo, defendiendo su conducta.

Como en la novela de Bellatín, *Los vigilantes* plantea un mundo social donde las funciones de custodia y de redistribución ya no forman parte del contrato social. Como los enfermos en *Salón de belleza*, los desamparados de la novela de Eltit son el producto de una sociedad llena de desigualdades, la cual no reconoce ninguna responsabilidad hacia ellos. Al contrario, en el mundo social de *Los vigilantes*, el altruismo se convierte en una forma de traición del contrato social. A la mitad del libro se revela por fin cuál ha sido el crimen imperdonable de la protagonista: en una noche helada de invierno, ella admitió en su casa a una familia de desamparados que enfrentaban la muerte por el frío, y siguió haciéndolo hasta que terminara el frío mortal. Resulta que este gesto altruista representa para el barrio un acto intolerable, por el cual buscan expulsarla del vecindario. Al final del libro, a pesar de la feroz autodefensa de la narradora, lo logran. Igual que en el texto de Bellatín, los conciudadanos aparecen como una colectividad autointeresada que se junta para castigar a la vecina que se comporta según un concepto más amplio de la pertenencia. Como en Bellatín, lo que motiva a la protagonista a trastornar su mundo personal es el espectro de los conciudadanos muriéndose en la calle: ésta es la imagen más poderosa, por concreta y realista, del fracaso del contrato social democrático.

Los vigilantes disuelve el mapa social liberal basado en la distinción entre espacios públicos y privados, Estado y sociedad civil, identificando procesos de control y de significado que traspasan esta dualidad hegemónica. En *Los vigilantes* el interlocutor/acusador de la protagonista es a la vez su ex-marido, el padre de su hijo, un juez, y el defensor del Occidente.[6] La relación de vecino, que se supone informal, igualitaria y no-estatal, subsume la función de vigilancia involucrada con el Estado. Estas configuraciones registran las vicisitudes del proceso pos-dictatorial chileno: como Eltit y muchos otros intelectuales han observado, el resultado de la "re-democratización" no ha sido una sociedad plenamente democrática, sino una sociedad donde la ciudadanía ha sido reconfigurada de tal manera que la radical desigualdad se considera una cosa natural e incorregible, y los mismos ciudadanos ejercen sobre sí mismos las funciones normativas y represivas del Estado autoritario. En la insistente vigilancia ejercida sobre la mujer-protagonista es imposible no reconocer el modelo de la interrogación política y la acusación de disidencia que, una vez hecha, involucraba al acusado en un interminable proceso de autodefensa.

Eltit, entonces, abarca el fracaso del contrato social y del contrato sexual como procesos simultáneos, y los trata como íntimamente ligados. Como estructuras de poder, ambos se encarnan en forma de "vigilantes". *Los vigilantes* existe en relación complementaria con las otras novelas comentadas aquí, en la medida en que enfoca las relaciones que en ellas son descartadas o reemplazadas por el orden monosexual. Igual que en las novelas de Vallejo, Piglia, y Bellatín, la protagonista de *Los vigilantes* es dueña de un espacio propio, poroso pero delimitado, dentro del cual trata de armar un nuevo orden aparte de la polis. Sobredeterminadamente, el nuevo orden aquí es el complemento de las fraternidades monosexuales comentadas antes. La relación central, la de madre-hijo, es de alteridad radical. A diferencia de los protagonistas masculinos ya comentados, cuyo privilegio de sexo les permite dejar de ejercer ese mismo privilegio, la protagonista de *Los vigilantes,* subordinada por el contrato sexual, no tiene otra opción sino operar desde dentro de él, desde dentro de la ley. Su proyecto fundacional fracasa por falta de poder, y a causa de la propia subjetividad subordinada de la madre/esposa/nuera. En contraste con el peluquero de Bellatín, la protagonista de Eltit, no tiene el derecho de cerrar su casa a las inspecciones de su suegra o a los vecinos mandados por su marido. Mientras el peluquero está libre para desarrollar su "técnica" en el moridero, la protagonista de *Los vigilantes* se ve obligada a responder a un constante cuestionamiento de parte del padre del hijo, es decir a un régimen discursivo regido simultáneamente por el contrato sexual (marido) y el social (juez). Sólo dentro de este régimen puede defenderse y reclamar su autonomía —dentro de él, o en contra de él por la mentira y el secreto: las tretas del débil. Sus cartas revelan a la protagonista como heroica y resistente, neurótica y mentirosa, alternativamente desafiante y abyecta. Para ella, la violencia significa la derrota:

> Adoptaste conmigo los antiguos hábitos porque estás a la espera de mi levantamiento en donde mi insurrección se enfrente con la tuya y me obligues, de una vez y para siempre, a medir nuestras fuerzas. Pero no te otorgaré ese placer, porque yo sé que no sabes cuáles son las fuerzas que me mueven, con qué fuerzas, que no sean las tuyas, me mantengo a pesar de la hostilidad de todos los climas y eso te exaspera, te exaspera en tal forma que tú, que eres en extremo cuidadoso, permites que en tus cartas aparezca la duda y aflore la perniciosa necesidad de que yo me haga frontalmente tu enemiga. (46)

Para evitar la violencia, opta por la abyección:

> Debo disculparme y reconocer que mis palabras fueron precipitadas, guiadas por un torpe e infantil enojo. Quiero que perdones mis ofensivas y letales imágenes. El frío me hizo cometer un terrible desacierto. Te suplico que intercedas y me salves. Es necesario evitar llegar a ese desatinado juicio que se apresta a iniciar tu madre. (48)

Igual que el peluquero, los ladrones y los herpetólogos, su esfuerzo fundacional fracasa. En el contexto patriarcal-neoliberal, el proyecto materno de la mujer resulta ser igual de suicida que el de los ladrones de Piglia o el sicario de Vallejo. Ella termina precisamente en el papel de la mujer disponible. Condenada por haber dado abrigo a las familias de desamparados que se morían de frío, es expulsada de su casa con su hijo. Hambrientos y helados los dos se arrastran de noche hacia las hogueras mantenidos por los desamparados de noche junto al río. Como la quema de la plata en Piglia, es una escena apocalíptica y trascendente, más allá de la polis y más allá del mismo lenguaje. Al lado de las hogueras la pareja madre-hijo, termina "fijos, hipnóticos, inmóviles como perros AUUUU AUUUU AAUUU aullando a la luna" (130).

Alternativas indescifrables

Curiosamente, entre los muchos elementos que comparte la novela de Eltit con la de Bellatín, está el hecho de que ambas postulan dentro del espacio fundacional fracasado un orden paralelo de significados, análogo al orden humano, pero no descifrable. En *Salón*, el orden alternativo se despliega en unos grandes acuarios llenos de peces tropicales que antes decoraban el salón de belleza y que siguen en el moridero. La narración incluye comentarios detallados sobre el cuidado de los acuarios y la conducta de los peces:

> Todo iba bien en los acuarios que mantenía antes de la muerte de las Monjitas,[7] hasta que de un día para otro comenzaron a aparecer hongos en unos Escalares que habían continuado con vida desde los tiempos de prosperidad. ...Finalmente todos los cuerpos fueron contagiados y los Escalares se fueron al fondo un par de días antes de morir. No estoy seguro, pero creo que para aminorar la impresión encontré rapidamente los Guppys que hasta hoy día me acompañan. (41)

Repitiendo hasta cierto punto el orden humano del moridero, los acuarios sin embargo representan órdenes sociales alternativos, espontáneos, *no-contractuales* que ni el narrador ni el lector saben descifrar. De especial interés para el narrador es la operación de la violencia dentro de las peceras — las madres que comen su cría, o que defienden a su cría matando a la pareja. También se subraya la terca voluntad de sobreviviencia de los peces, en las condiciones cada vez más deterioradas de los acuarios. (Para lectores mexicanos, los peces que insisten en no morir en el agua cada vez más sucia y mugrosa no pueden sino recordar la ciudad de México.)

En *Los vigilantes*, el orden alternativo es inventado y mantenido por el hijo, niño pre-verbal que juega todo el día con un conjunto de vasijas que ordena y reordena en formas obviamente significativas, y obviamente relacionadas con la narrativa principal, pero indescifrables:

> Tu hijo ha descubierto una nueva diversión, ahora sólo le interesan las vasijas. Las ordena en su cuarto de un modo curioso y después se desliza entre ellas con una maravillosa sincronía. Cuando las contempla, se ríe y yo siento como si quisiera romperlas con sus carcajadas.... Los juegos que realiza tu hijo me resultan cada vez más impenetrables y no comprendo ya qué lugar ocupan los objetos y qué relación guardan con su cuerpo. Las vasijas están rigurosamente dispuestas en el centro de su cuarto formando una figura de la cual no entiendo su principio ni menos su final. (76)

El hijo termina conquistando, parece, la absoluta autonomía que es negada a la madre, y que la deja superflua (aunque la lectura de la figura es de ella):

> Tu hijo ahora se arrastra por el piso de manera circular alrededor de sus vasijas [...] En el círculo que va configurando, es posible comprobar que su propósito se acaba de cerrar sobre sí mismo. En el centro de su perfecta circunvalación se empieza a perfilar un mundo que tiene sus partes perfectamente unidas para formar un todo. (113)

¿Será este niño, pues, el hombre nuevo? Lo indescifrable de sus creaciones, tanto como su estado no-verbal serían indicaciones a favor. Pero como los acuarios del moridero, el orden alternativo, precisamente por ser indescifrable a los ciudadanos atrapados en lo conocido, no puede entrar en el orden narrativo.

Lo mismo pasa con la teoría. Según Pateman, la posibilidad de crear sociedades libres y justas depende no de renegociar los contratos sociales y sexuales sino en salir completamente del orden contractual, de la contractualidad misma como base de las relaciones interhumanas. Pero ¿cómo entender desde la contractualidad otro orden socio-sexual? En estas novelas desesperadas, suicidas de nuestro fin de siglo, tal salida aparece sólo en forma de imágenes laterales que los seres humanos crean y mantienen, pero que no logramos entender.

Notas

[1] La excepción sería el vínculo fuerte de Alexis con su madre, hacia quien siente mucha responsabilidad sobre todo económica, característica de la cultura de los sicarios. En el análisis que propongo aquí esta relación madre/hija, donde el hijo funciona como proveedor, queda por aclarar. En los términos que se introducen a continuación, esta relación parece una forma vestigial del contrato sexual, donde precisamente el derecho de sexo no existe.

[2] En el original: "If there is indeed the prospect that reproduction could take place outside the human body (or inside men's bodies), women's natural capacity would no longer be needed —and nor would women" (228).

[3] Al lado de los incendios, bien se hubiera incluido en el título de este ensayo la imagen apocalíptica del diluvio que aparece en las novelas de Vallejo y Montero.

[4] Una excepción a esta tendencia alegórica sería Bryce Echenique, cuya última novela, *La amigdalitis de Tarzán*, cuenta de manera concreta y realista (y epistolar) la trayectoria de una relación amorosa contemporánea que refleja los cambios en las relaciones de género y las nuevas circunstancias sociales de las mujeres. Es pertinente que se trate de un novelista asociado con una generación anterior a los autores considerados aquí.

[5] La novela de Montero incluye una serie de personajes experimentales femeninos que parecen sugerir posibilidades de un quehacer social y existencial para las mujeres fuera del contrato sexual, de una existencia autónoma y libre. Lo interesante es que igual que en Vallejo y Piglia, estos personajes femeninos permanecen superfluos en relación al transcurso narrativo de la novela. La redundancia de los cuerpos hembras sigue expresando la crisis del orden socio-sexual. En el caso de Piglia, el mundo delincuente incluye al principio un personaje femenino, una adolescente de quince años que ha huido de su casa, y desaparece en el momento en que se pone en marcha el escape de los ladrones. En un toque fascinante, la joven reaparece en el epílogo del libro, unos meses después del crimen, como viajera fugitiva encontrada por Piglia en un tren hacia Bolivia. Es ella quien le cuenta la primera versión de la historia. ¿Cómo entender el hecho de que la historia sobreviva en uno de estos cuerpos hembras superfluos? Piglia mismo no sabe, pero le da importancia. En las últimas líneas de su libro, evoca como imagen del libro entero: "la muchacha que se va en el tren a Bolivia y asoma su cara por la ventanilla y me mira seria, sin un gesto de saludo, quieta, mientras yo la veo alejarse, parado en el andén de la estación vacía" (252). Los sexos se separan de nuevo y efectivamente, ya que le ha contado la historia, la mujer vuelve a ser super-flua (o super-fluida), pero también superflua, desprendida del contrato sexual. Las identidades femeninas adquieren también una superfluidez, frecuentemente metonimizada, como en este caso, por la movilidad geográfica y espacial.

⁶ El concepto de Occidente aparecía con frecuencia en los discursos de Pinochet, como referente cultural para Chile, y como nombre del proyecto civilizatorio que la dictadura se encargaba de defender.
⁷ Las "monjitas" son una especie de pez tropical.

BIBLIOGRAFÍA

Bellatín, Mario. *Salón de belleza.* México: Tusquets, 1994.
Bryce Echenique, Alfredo. *La amigdalitis de Tarzán.* Lima: Alfaguara, 1998.
Eltit, Diamela. *Los vigilantes.* Santiago: Sudamericana, 1994.
Montero, Mayra. *Tú la oscuridad.* Barcelona: Tusquets, 1995.
Pateman, Carol. *The Sexual Contract.* Stanford, California: Stanford University Press, 1988.
Piglia, Ricardo. *Plata quemada.* Buenos Aires: Planeta, 1997.
Vallejo, Fernando. *La virgen de los sicarios.* Bogotá: Alfaguara, 1994.

La representación de Quito en su literatura actual

Alicia Ortega
Universidad Andina Simón Bolívar

Narrar la ciudad

Cuando asumimos la ciudad como objeto de nuestra indagación literaria (otra forma de pensar la ciudad) sabemos que nuestra reflexión propone como centro de atención y de lectura una invención humana que hace posible particulares formas de estar en el mundo. Concebimos la ciudad, pues, como un artificio (en su dimensión física como conjunto urbano de casas, calles, monumentos, plazas) y como estructura cultural, compuesta por normas y códigos de usos, sistemas de representaciones que la imaginan y la narran, escrituras que hablan de ella y sobre ella al inscribir palabras de nuestras historias personales y colectivas sobre el cemento de su propio cuerpo, como lugares de utopías y de miedos.

Para hablar de Quito y de sus escrituras es necesario señalar que en la primera mitad de este siglo XX, la capital del Ecuador vivió significativas transformaciones como resultado de un acelerado crecimiento poblacional (producto de una creciente migración interna) y como realización del progreso y la modernización. Este proceso, complejo y conflictivo, va constituyendo dentro de la misma ciudad un Quito antiguo y un Quito moderno. Paulatinamente la periferia se va instalando en el centro mismo del espacio físico y vital de la ciudad en un proceso que abarca casi todo el siglo y que llega a consolidarse en la década de 1970 como resultado de la explotación y exportación petrolera.

De esta manera se conforman dos ciudades dentro de una: la ciudad vieja —decadente, laberíntica, pobre y sucia que abarca el centro y se desplaza longitudinalmente hacia el sur— y la ciudad moderna —de grandes edificios, centros comerciales, restaurantes, discotecas y barrios residenciales— que se desborda en insólito alargamiento, entre las faldas de las montañas, hacia el norte, como huyendo de sí misma, como huyendo de su propio pasado. El "Centro histórico" permanece como símbolo nostálgico de una supuesta "quiteñidad" que tendría asidero en un conjunto urbanístico fundante y originario de lo que antes fue y de quienes escaparon al norte empujados por el impulso modernizador, la agitación y la abundancia.

En toda ciudad palpita una ciudad interior, aquella que se repliega sobre los afectos de sus habitantes, aquella que se ve trazada en un mapa hecho de lugares frecuentados, de caminos recorridos en la urgencia del encuentro, de esquinas reconocidas; en fin de todos esos lugares que al haber sido vividos por nosotros se cargan de afectos y de memoria. Esa ciudad interior finalmente nos reconcilia con nuestro propio pasado, en la medida en que reconocemos esos lugares que no dejan de acompañarnos en una suerte de geografía portátil. Es el paisaje interior hecho de rostros, gestos, palabras que han tenido "lugar" en unos ciertos recorridos hechos de calles, senderos, plazas, casas, sonoridades, plasticidades, geometrías y temperaturas que conforman el territorio múltiple y siempre cambiante de cada ser.

Desde esta perspectiva, nos preguntamos cómo entra la ciudad de Quito –su geografía vivida– en los relatos que hablan de ella; pues parte significativa de la literatura actual de Quito está metafóricamente marcada por dos ejes imaginarios: un "antes" y un "después" de la partición de la ciudad y su consecuente desbordamiento y modernización hacia el norte, por un lado, y el deterioro y abandono de su centro histórico, por otro. De hecho, en términos generales, la ciudad latinoamericana actual aparece fragmentada, caracterizada por la pérdida del concepto de totalidad, pues el tradicional sistema urbano ha dado paso a nuevas tramas en las que ya resulta difícil identificar un "centro". Sin embargo, aunque la gente pertenece más a nuevos barrios que han configurado sus propios centros, el centro histórico de Quito —la ciudad vieja— aún promete un horizonte de deseos y peligros, la posibilidad de descubrir —en su arquitectura que es a la vez esplendor y miseria— una memoria urbana e iniciar una búsqueda de las claves para configurar nuestros modos de apropiación de la ciudad y de reconocimiento en ella. Esta fractura de la ciudad aparece en el imaginario colectivo y en el discurso literario como un hito fundante de una nueva fisonomía urbana y de una nueva narrativa.

Si nuestras ciudades aparecen fragmentadas, se debe al hecho de que no responden a una estrategia única de ordenación de la ciudad, pues la razón administrativa planifica e institucionaliza una ciudad ideal que permanentemente es desbordada por una ciudad real que se construye, precisamente, en el cruce de múltiples saberes, discursos, temporalidades y culturas que en cada momento hacen de la ciudad un "inmenso tatuaje de memorias". De tal manera que dentro de cada ciudad en verdad coexisten varias, cada una dueña de una historia, una fisonomía y un conjunto de relatos, normas y acuerdos que permiten orientarse a través de su topografía para caminar por sus calles en la búsqueda insaciable de aquello que anhelamos, intuimos, recordamos .

Ese "antes" y ese "después" suponen categorías narrativas fundamentales para contar la ciudad en sus sentidos y en sus tejidos históricos, cotidianos, afectivos y utópicos; como también para representar los nuevos modos de experimentar la pertenencia a territorios escindidos. Un "antes" y un "después" que colocan a los personajes, unas veces, exiliados en un presente incomprensible; otras, en un pasado que sentirán como lo único existente; o como hipérbole de una situación límite, en la destrucción de la ciudad como utopía urbana en el escenario simbólico de fin de milenio.

Los tejidos que conforman la trama urbana de Quito, su nueva morfología, se entrelazan con los tejidos del texto narrativo en el acto de narrar y representar la ciudad. Ciudad partida, ciudad invadida, ciudad destruida, ciudad escondida, ciudad lejana, ciudad de los ocultamientos, ciudad travesti, que esconde los otros rostros de Quito, son algunas de las metáforas construidas por nuestra literatura para proyectar una imagen de la ciudad. Estas metáforas evidencian una estrategia textual y a la vez una estrategia óptica de los narradores: ¿desde dónde leo la ciudad para escribirla? A partir del análisis de los relatos escogidos es posible dibujar una geografía simbólica de la ciudad de Quito, pues los textos literarios permiten entender particulares modos de apropiación de la ciudad, delimitan fronteras y establecen una relación significativa entre espacio y memoria colectiva.

Quiero detenerme en algunas narraciones para ensayar una reflexión sobre el trabajo que ha hecho nuestra literatura para curar la lesión causada por esa fractura urbana, en el esfuerzo por inventar relatos que puedan articular, aunque sólo sea desde la proyección de un deseo imposible, esos dos espacios desmembrados. En 1993, Huilo Ruales ganó el Premio Nacional de Literatura "Aurelio Espinosa Pólit" con la publicación de varios cuentos publicados bajo el título *Fetiche fantoche*. En 1993 apareció la novela *Del otro lado de las cosas* de Francisco Proaño Arandi; en 1995, *Ciudad sin ángel* de Jorge Enrique Adoum; en 1996, *El pulso de la nada* de Juan Manuel Rodríguez; en 1998, *Los archivos de Hilarión*, novela de Santiago Páez y la novela de Javier Ponce *Resígnate a perder*; en 1999, *La sombra del apostador* de Javier Vásconez. Los títulos mencionados, en general, han contado con el entusiasmo y el amplio reconocimiento de la crítica y del público lector.

El obsesivo horizonte de colinas: Jorge E. Adoum y *Ciudad sin ángel*

En la novela *Ciudad sin ángel*, la ciudad de Quito es percibida desde la mirada del pintor protagonista de la novela, Bruno Salerno, como el espacio vital que provoca un intenso y angustioso sentimiento de amor y odio a la vez. La geografía de Quito es requerida por el pintor como condición de vida, como horizonte imprescindible para mirar y pintar, para exorcizar fantasmas y culpas en el esfuerzo por recuperar los fragmentos de una extraña pasión que pervive inconclusa en el pasado. Durante su residencia en París y frente al cuerpo desnudo de AnaCarla que le sirve como modelo, Bruno Salerno comprende que "para que la ciudad estuviera completa, le hacía falta un gran desnudo —ése, el incendiario, que tenía delante—, horizonte de colinas reclinado sobre sus edificios, en un lienzo menos alargado y más alto que el cuadro que había desenterrado, mientras como con fiebre, doblemente excitado por la mujer y por la idea, pintaba el rostro de AnaCarla" (23).

Así, ese horizonte de colinas evocado desde la distancia deviene un escenario vital desde donde el pintor va a procurar ordenar fragmentos de conversaciones, situaciones y rostros que se han quedado dispersos en una memoria que intenta sobrevivir al paso del tiempo y al amor que se ha desvanecido: el cuerpo de la ciudad y de la mujer —geografía y pasión— son elementos que se confunden y superponen para configurar un solo tejido en el que se desenvuelve la trama de la novela.

Han pasado ocho años desde que Bruno Salerno regresó a Quito con Karen, después de haber vivido en París como pintor desconocido y pobre con una joven sudamericana exiliada, AnaCarla, estudiante de historia del arte, que escribe una tesis sobre la obra de Bruno. AnaCarla ha decidido volver a su país para participar en la lucha política revolucionaria. Es después de esta separación que Bruno Salerno regresa a Quito y donde el pintor intentará comprender la ausencia de AnaCarla al recibir la noticia de la desaparición y probable muerte de ella en manos de la dictadura de su país.

De entrada, la ciudad es sorprendida en falta desde un presente en que se superponen las conversaciones con Karen y los recuerdos que van hilvanando desde la pérdida, los lazos que lo unían a AnaCarla: reflexiones sobre arte y pintura, literatura y vida, lecturas compartidas, los amigos del exilio; pero también una profunda pasión combinada con silencios, celos, agresiones físicas y verbales. Bruno Salerno desesperadamente intenta comprender la muerte de AnaCarla, la presencia de Karen, su propia soledad; la bruma de la ciudad, la imbecilidad enriquecida, la degradación moral de la política, la inmundicia y la mediocridad de esa ciudad en la que, sin embargo, se siente como "animal atado al palo de su circunstancia, a su geografía. Como si hubiera perdido los otros puntos cardinales de la vida".

La ciudad está a medio camino entre la posesión y la pérdida, tomada por unos y abandonada por otros; ciudad dormida pero que demanda en su silencio y en su bruma una mirada atenta para encontrar en ella los signos o las claves que harían posible la reafirmación de la existencia. Pérdida de la mujer amada y pérdida de una ciudad que ya no es como era y que hace difícil para quien la mira hablar de su paisaje que, aunque obsesivo y recurrente, se ha vuelto impronunciable.

Cuando calla, Bruno comprueba cómo se oye aquí el silencio, a diferencia de las ruinas de Delfos donde, en cambio, se ve el silencio: "tal vez porque uno mira la montaña, y tiene la forma de un inmenso nadador de costado" (114).

Comprender la muerte, la soledad, el pasado, los compromisos con la historia, la propia vida es doloroso y complejo, no siempre posible. Sólo queda el silencio que se hace visible, la mirada que intenta afirmarse en un paisaje también inaprehensible, los pensamientos desordenados que comprimen la vida en fragmentos de palabras y recuerdos. Bruno Salerno deja su casa para descansar unos días en la playa. Es precisamente fuera de la ciudad, con un empleo y un sentido diferente del tiempo, donde Bruno y Karen redefinen su relación desde la presencia intensa y fantasmal de AnaCarla en sus vidas. Karen se descubre vacía, sola, perdida y desplazada a la sombra de la fama de Bruno. El regreso al pasado no es posible y Karen decide abandonar a Bruno y regresar a París. El pintor permanecería en su ciudad tratando de encontrarse a través de diálogos imaginarios con AnaCarla porque "en un mundo como éste, el de ahora, acaso el amor sea lo único que puede salvarnos" (199). Bruno Salerno se queda en Quito con sus propios recuerdos y fantasmas; el paisaje de su entorno y la imagen de la mujer amada en el recuerdo se han convertido en claves de sentido que demandan una sensibilidad alerta capaz de capturar la sombra del paisaje inasible y el rostro perdido:

> Es curioso, se ha dicho siempre, que un país como éste, con una naturaleza brutal que se despeña sobre el hombre o lo invade, con una luz que no existe en ningún otro lugar del mundo, no sea realmente un país de paisajistas, con excepción de los románticos, o en el que, a lo más, se ha pintado sólo el paisaje urbano: en Quito, al mediodía, no hay sombra, uno la lleva bajo los pies, y sólo los pintores abstractos no han hecho su versión de Quito. La única excepción en la pintura moderna nacional viene precisamente de ese paisaje húmedo o gris, que participa de la imagen universal del trópico y la niega, según se trate de la costa árida y espinosa o de monte adentro y la playa. (135)

Travestismo, ficción e incesto: la ciudad de los ocultamientos en Javier Ponce, Juan Manuel Rodríguez y Javier Vásconez

Carlos Monsiváis sostiene que nuestras ciudades están construidas alrededor de rigurosos y sistemáticos mecanismos de inclusión y exclusión que marginan a todos aquellos grupos que no corresponden a la norma social, racial y cultural establecida. Así, en toda ciudad se erigen zonas periféricas donde se congregan los habitantes de la pobreza y la miseria, los disidentes religiosos y políticos, los minusválidos, los enfermos, las mujeres, los viejos, las razas no blancas, los homosexuales y toda esa "tribu de los obvios" compuesta de afeminados pobres, prostitutas, travestis.

Walter Benjamin ha llamado la atención sobre la vinculación que existe entre los afectos y pasiones en relación al espacio vivido: "Un barrio complejamente embrollado, una red de calles que yo he habitado por años se desenredó de un solo golpe cuando un día se mudó allí una persona querida" ("One Way Street" 69; la traducción es mía). De hecho el espacio vivido supone el espacio concreto y verdadero donde se desarrolla nuestra vida, nuestros afectos, nuestros desplazamientos y en este sentido el amor es también una potencia creadora de espacio.

En esta perspectiva de sentido, quiero incorporar la lectura de la novela de Javier Ponce *Resígnate a perder*, que precisamente se abre desde la confirmación de la íntima relación entre ciudad vivida y la memoria del ser amado.

> Caramelo ya no existe, pero yo lo seguiré buscando entre la niebla. La ciudad ya no será para mí sino la constante visión de su cuerpo en cada esquina, y el sentimiento de culpa por el pavor y la cobardía que me impidieron irrumpir en ese cortejo sangriento camino del sanatorio (9).

Así comienza esta novela que incorpora una reflexión sobre el amor, la escritura y la homosexualidad en una ciudad que es percibida desde la pérdida del sujeto amado y que evidencia una suerte de condición trágica de quienes se mueven en ella signados por el miedo, la culpa, la soledad y la marginalidad.

Santos Feijó, narrador de la novela, escribe en un tono confesional como ejercicio de purificación que le permita curar el miedo, aplacar el tormento y el dolor de una antigua culpa. Santos nos cuenta que hace cerca de nueve años, cuando aún trabajaba como responsable del archivo histórico de Quito, se había convertido "en el albacea testamentario de una ciudad ya casi inexistente. Todos los mediodías, la inquieta sombra de un joven en el fondo de una cantina me detuvo en la vereda delante de mi hotel" (13). Una línea argumentativa tiene que ver con la obsesión de Santos por el joven homosexual apodado Caramelo. Santos Feijó vigila al muchacho, lo acecha y persigue con ansiedad para dejarse perturbar y cautivar al descubrir en el cuerpo del joven una fragilidad femenina y el aprendizaje de la simulación.

Santos vive en esa "ciudad ya casi inexistente", entre el desasosiego que le provoca la persecución de la sombra de Caramelo y la precariedad de una vida de náufrago solitario entre las habitaciones de un hotel donde la rutina lo ha inmovilizado en una permanente sensación de tedio y pérdida. A la vez que descubre la ternura y la sensualidad del perfil de Caramelo, Santos se va dejando atrapar por el cuerpo y el alma de Nadja —una joven estudiante que consulta en el archivo las memorias de

Quito. Santos va de Nadja a Caramelo; con Nadja comparte risas y palabras, diálogos alrededor de la historia de la ciudad y de la historia de cada uno. Caramelo es la pasión culposa, la posibilidad de una doble vida, la angustia de la metamorfosis, el juego entre la búsqueda y el disimulo de un viejo que persigue desesperadamente a un joven travesti.

En su relación con Nadja hay algo de fatídico e indefinible. En el afán de Santos por conquistarla de alguna manera acabó llamándola con el nombre del personaje de André Breton: Nadja. Como el personaje francés, Nadja es apasionada, enigmática, provocadora; criatura inspirada e inspiradora que gustaba de seducir a Santos con palabras, relatos y gestos equívocos que dejaban ver una suerte de desastre irreparable que arrastrara consigo. Santos había vivido en París sin ningún propósito definido. De esos años solo trajo consigo dos recuerdos que lo marcarían de una manera premonitoria: la seguridad de encontrar algún día a la Nadja que había descubierto en las páginas de Breton y las visiones fugaces del primer travesti que apareció en su vida como anuncio de un tiempo futuro.

Asistimos a la tematización del deseo homosexual que va a fluir siempre como deseo insatisfecho. Lejos de ser una fuerza liberadora, este deseo arrastrará a Santos a una lenta transformación marcada por la culpa, la pérdida y una angustia que se ahonda en un juego de ocultamientos y fantasías voyeristas.

De ese modo fue presintiendo la lenta metamorfosis en su vida. Desde entonces, en las noches esa metamorfosis comenzó a tomar la forma de muchachos vestidos de mujer deslizándose entre la niebla, atrapándole en su seducción, lejanos, carnales, intensos en toda su sensualidad lastímera que clavaba tizones en su cuerpo (37).

Santos persigue, lleno de ansiedad y desazón, el cuerpo de Caramelo; lo vigila en el parque y, muchas veces semioculto, descubre toda la carga de agresión y violencia a la que es sometido Caramelo: golpes, burlas, caricias exigidas que hacen tan doloroso el difícil juego de sobrevivir en la calle. La soledad de Santos exige cualquier compañía y contacto humano; sin embargo sólo se mueve estimulado por la promesa del cuerpo de Caramelo que se desliza por ciertas calles de la ciudad. Las sombras proyectadas por el movimiento del cuerpo de Caramelo provocan una sucesión engañosa de cuerpos opacos, interpuestos, como si cada uno de ellos buscara huir y desaparecer. En esta ciudad, los personajes se mueven de manera equívoca, en espacios sin salida y signados por la violencia, el desasosiego y la soledad.

La angustia con la que vive Santos su propia metamorfosis nos devuelve al epígrafe que abre la novela: "He vivido con el miedo de la metamorfosis". Santos recorre permanentemente las pocas calles que se pueblan en las noches de travestis, intuye sólo a la distancia la presencia de esos cuerpos masculinos que reinventan en un juego de simulacros la síntesis virtual de todos los sexos y todos los cuerpos; su papel es siempre ser el espectador que espía el desenlace de la escena mórbida, sólo la mirada lo involucra en esa búsqueda apasionada por el cuerpo del muchacho que lo deja siempre en el desamparo de su propio deseo insatisfecho y en el vértigo del abrazo contenido en medio de las sombras. A pesar de reconocer en el travesti un alma gemela, Santos se autocondena a la soledad de los seres desplazados. Su destino itinerante sólo consigue una tregua y una orientación en la escritura. Al igual que la Nadja de Breton leemos un relato / diario que quiere contar los episodios más determinantes de la vida del narrador al margen de su estructura orgánica. Estos episodios, que en gran medida dependen de los azares, nos introducen en un mundo como prohibido que es el de las repentinas proximidades, de las petrificantes coincidencias, de los hechos inesperados que provocan sospechosas asociaciones y que aparentan ser una señal, un anuncio o una premonición.

> ¿Quién soy yo? Como excepción, podría guiarme por un aforismo: en tal caso, ¿por qué no podría resumirse todo únicamente en saber a quién "frecuento"? Debo confesar que este último término me desorienta, puesto que me hace admitir que entre algunos seres y yo se establecen unas relaciones más peculiares, más inevitables, más inquietantes de lo que yo podía suponer. (Breton, *Nadja*)

Así comienza la novela de Breton, desde una pregunta por el ser y por su propia identidad que se hace el narrador. También es la pregunta que se intuye detrás de la metamorfosis presentada por Santos. Es la concatenación de ciertas circunstancias y la presencia de inverosímiles complicidades en la soledad, las que han determinado (en el caso de las dos novelas mencionadas) que el narrador se vea arrojado a la proximidad de ciertos seres que provocan la pérdida de la orientación en una total ausencia de paz. La orientación es una categoría espacial que evidencia la incapacidad de efectuar un desplazamiento racional y ordenado. Santos ha perdido a Nadja en esta ciudad que se percibe desde el límite de su propia partición. Nadja dejó un día de ir a consultar al archivo histórico y desapareció de la vida de Santos sin ninguna explicación. Santos se lanza a la búsqueda tras las pistas de Nadja en la ciudad.

> Después de cada cita en la Lonchería Italiana, llegábamos juntos al límite de la ciudad que nos habíamos trazado. Eso tenía que ver con nuestra edad. A mí me tocaba la ciudad del pasado. A ella, la del futuro. (124)

> Por unas horas, rompí el límite entre las dos ciudades y me aventuré a recorrer algunos bares, cuyos nombres, ella, en distintas conversaciones, había dejado resbalar.[...]. (125)

Nuevamente la recurrente idea de la ciudad partida que deviene desconocida al impedir que sus habitantes tomen posesión de ella de forma total. Otra vez la idea de una ciudad fatídica y devoradora que se traga a la mujer buscada en un gesto que deja sin salida cualquier realización del deseo. La ciudad se desdibuja y se ofrece sólo parcialmente para quienes pretenden atravesarla. El narrador —siempre mirando furtivamente— no puede atravesar ni conocer su propia ciudad, como tampoco puede tomar posesión del cuerpo amado que no deja saber de sí oculto entre los recovecos de la ciudad. Santos habita la ciudad del pasado, la ciudad de los fantasmas que perviven en el archivo histórico o entre las páginas de la novela leída.

La culpa que persigue a Santos tiene que ver con el episodio que se anuncia desde el comienzo, pero que sólo comprendemos al final de la novela. Caramelo ha sido brutalmente golpeado y vejado por el vecindario que festejaba la fiesta de fin de año. Santos asistió a esa cruel escena oculto en el umbral de un edificio vecino sin hacer nada para impedir esa orgía fúnebre. A Caramelo lo han disfrazo de viuda, lo han pateado y violado hasta caer muerto en manos de un grupo de hombres embrutecidos por el alcohol y la lascivia. De hecho, no podemos dejar de reconocer el parentesco de esta muerte con la que sufrió el *Hombre muerto a puntapiés* de Pablo Palacio. En esta línea de lectura podemos ir construyendo una tradición temática que sólo ahora comienza a cobrar más fuerza cuando la memoria literaria desarrolla nuevas estrategias para representar la ciudad vivida. Santos Feijó no hizo nada para salvar a Caramelo y es esa la culpa que lo atormenta y provoca una escritura que sólo consigna sombras y voces muertas en medio de una soledad absoluta que únicamente le devuelve sus propios fantasmas.

> Todos los finales de año ocurría esa ceremonia que era parte de la identidad de esa ciudad habituada a echar tierra sobre las corrupciones y los latrocinios públicos, para cultivar otros nuevos. Virulenta y triste, fanática al momento de condenar, cómplice al momento de olvidar. (130)

Santos Feijó, Nadja y Caramelo son seres erráticos, condenados a vivir entre las sombras de un deseo que no se deja atrapar por sus cuerpos, en una ciudad que se complace en castigar al que, por más débil, ha evidenciado con demasiado desparpajo la retórica del artificio y el juego de la máscara y la simulación.

> La tarde de ese jueves lluvioso en que descubriría la imagen de su perdición, Lucio Simbaña recogió los documentos del escritorio, se incorporó del asiento e inició su andadura hacia la ventana desde donde habría de observar la ciudad invariable y sumisa. Agobiada por las sombras de unos montes inmensos y recostada sobre el volcán amenazante, esta ciudad ha crecido larga y estrecha como un serrucho, posee ese tinte ojeroso del cansancio y, a pesar del sol tropical, parece amortajada y cautiva, falsa y deleznable. (Rodríguez, *El pulso de la nada*)

Así se abre la novela de Juan Manuel Rodríguez que destaca una ciudad cansada, cautiva y agobiada; monótona en sus vicios y clausurada para la pasión. Se trata de una ciudad enferma que a pesar de su pulso inalterable tenía la fuerza suficiente para engullir a sus transeúntes y sepultarlos en tumbas perdidas. En esta ciudad transcurren las vidas de Lucio Simbaña y el Coronel Pineda, los protagonistas de la novela.

Lucio Simbaña es un oscuro oficinista de la Universidad Central, obsesionado con desentrañar los misterios del Ser y la Nada. Lleva en el rostro la cicatriz de una quemadura que le proporcionaba un aspecto monstruoso. Quería ser redimido y adorado cuando diese al mundo un libro que revelará el nuevo orden del caos y el sentido de la vida, en el cual la belleza física sería sustituida por la belleza del alma sin engaños. Para cumplir con su proyecto de escritura recorría las calles de la ciudad en busca de la experiencia suprema convencido que hallaría alguna señal. En definitiva, se trataba de un pensador itinerante, de un filósofo caótico arrinconado en el silencio, la miseria, la rutina y la soledad.

El Coronel Pineda está a punto de retirarse después de gloriosos años al servicio de los tanques. Es un militar muy amedallado que lleva, sin embargo, una vida mustia y dichosamente ramplona, resignado a la soledad de su sacerdocio académico. Conforme avanza el relato entendemos que el coronel se ha involucrado con un joven conscripto que, después de una larga convalescencia en el hospital, abandona el servicio militar para ser modelo en un estudio de pintura.

La ciudad habitada parece negarle a sus protagonistas la experiencia requerida para la redención y la felicidad. La burocracia de la ciudad —hecha de trámites, alegatos, juicios y raterías— había destruido el pequeño negocio familiar y obligado a los padres de Simbaña a regresar al pueblo donde al menos vivían libres del contagio y de tantos enredos. En los paseos alucinados de Simbaña tras la experiencia sublime que le diera la inspiración de la escritura, descubre en un anticuario el cuadro que motivaría su especulación filosófica. Cuando regresa a su casa con la compra descubre que ha recibido, probablemente por error, un cuadro cambiado. Así, se encuentra en posesión de un holograma en el que se distingue una ventana con la cortina descorrida, en cuyo interior se divisaba un cuerpo femenino en el acto íntimo de prender las medias al liguero. Simbaña descubre en ese cuadro la gran experiencia anhelada y perseguida. Seducido por la tiranía de esa figura que lo desvelaba, se dedica, primero, a la exhausta contemplación de la bellísima mujer y, luego, a la obsesionante búsqueda de ella en los vericuetos de la urbe.

Nuevamente encontramos algunas situaciones que devienen en motivos recurrentes de nuestras novelas y que nos permiten esbozar puntos de coincidencia y de contacto: La ciudad parecería esconder un secreto cuya revelación garantizaría la realización y la plenitud existencial de los seres que la habitan y la recorren. La ciudad, por ello, deviene en enigma, en laberinto que demanda unos ciertos recorridos y la capacidad de comprender sus señales siempre cifradas. Se ha privilegiado la ciudad de los seres expulsados, de los seres de la noche y de las sombras.

> Para no perderse en el desbarajuste de la ciudad, necesitaba insensibilizarse, escamotearse y desaparecer entre los múltiples escondites de la urbe, vivir en la noche, bajo la sombra protectora del volcán acechante. Para ello, la capital contaba con infinidad de catacumbas modernas: alcantarillas para albergar a pordioseros, casas de innumerables patios y cuantiosas habitaciones [...], covachas horadadas en las laderas de las montañas, claustros sin ventilar, recovecos u esquinas por donde ni siquiera transitaba el viento del páramo, mercadillos laberínticos, monasterios semiderruidos, [...] desvanes escondidos entre la bruma, [...] lugares siniestros y umbríos. (41)

Esta ciudad —hecha de catacumbas y lugares siniestros— se muestra moribunda, somnolienta y deleznable. En ella solo parecerían cobrar resonancia los lamentos de sus moradores siniestros y extravagantes, el tufo de la indigencia en las casas de la ciudad vieja y una locura indefinible que parecería otorgar cierto toque místico a las búsquedas. Esta es la ciudad por la que transita Lucio Simbaña tras la mujer del holograma con el único propósito de rescatarla en la ciudad laberíntica.

En medio de búsquedas delirantes, el Coronel Pineda encuentra a Simbaña tras las huellas del holograma perdido. En el afán de recuperar el cuadro y convencer a Simbaña, el coronel le explica que la joven retratada es un muchacho, que fue soldado y luego modelo hasta que empezó a vestirse como mujer. Le cuenta que no volvió a ver al joven hasta que un día apareció castrado y cortado en rodajas en la jaula de los leones por órdenes del Servicio de Inteligencia Militar. Como Simbaña se niega a creer en el relato e insiste en la existencia de la mujer del holograma, es obligado a vestirse como mujer. "A Lucio Simbaña le agradaba el acto porque mientras se disfrazaba, demostraba su teoría de los seres mutantes. Nunca había experimentado lo fácil que era cambiar de identidad y jamás imaginó que las personas intercambiaran sus papeles solamente con mudar sus vestiduras, como le había anunciado el despojador." Tras un breve forcejeo por la posesión del cuadro, el coronel dispara y mata a Simbaña.

Esta ciudad de las mil caras parecería estar marcada por la metáfora del engaño, Isthar —como había llamado Simbaña a la mujer del holograma— no existe; es solo un muchacho escondido bajo el disfraz de mujer. Sólo es posible, como estrategia de supervivencia, el ocultamiento de la pasión, la limpieza de los actos y la estrategia del disimulo. Quienes no dominan dicha estrategia como destreza para camuflar los indicios del cuerpo están condenados a la muerte trágica e impune. Lucio Simbaña y el conscripto Ramos han perecido en el laberinto urbano, condenados por la ambigüedad de sus actos, por no haber sabido dominar las claves para administrar el camuflaje necesario en esa urbe desvanecida y oculta, ella misma, tras la sombra del volcán. Como si la ciudad desde su misma topografía marcada por la presencia del volcán amenazante se ocultara amortajada tras la bruma y la sombra de la imponente montaña volcánica: "El coronel Pineda, metido en la cama, dormitaba absuelto por la bruma que, bajando del volcán, se posesionaba de los habitantes de la ciudad" (208).

Sabemos que por la ciudad deambula un continuo fluir de espacios, tiempos, cuerpos, memorias que como una inmensa red tejen la urdimbre de esa ciudad tan cercana al laberinto. ¿Cómo se define el límite que separa la ciudad real de la ciudad de ficción y de papel? ¿Cómo disputan la polis —que se quiere siempre ordenada y perfecta— con la ciudad real y vivida día a día por sus habitantes desde el pulso de la pasión, la memoria, el dolor y la necesidad de sobrevivir en medio de las trampas, los riesgos y los retos? En definitiva, para nosotros, se trata de saber cómo responde la ciudad a la estrategia de la memoria literaria. ¿Cómo nos defendemos en una ciudad percibida desde el engaño y la mentira? ¿Cuál es la ciudad que elegimos habitar si por un azar del destino tenemos la capacidad de hacerlo? Finalmente, ¿cuál es la ciudad que inventamos para nuestro refugio estético?

> Voy a ir componiendo el personaje de una ciudad imaginaria, pues la otra, la ciudad real, se ha ido desvaneciendo entre los recuerdos y la lluvia. ¿Cómo definirla sin correr el riesgo de limitar su horizonte? Una ciudad es la memoria del lugar donde uno habita o un álbum abierto donde se conservan los recuerdos de una felicidad pasada y mentirosa. También es una manera de convivir con los fantasmas del amor (Vásconez, *La sombra* 1).

Así se define la ciudad al comienzo de la novela de Javier Vásconez, *La sombra del apostador*, ciudad provinciana en la que el narrador se enfrenta a la tarea de ordenar desde la escritura unos ciertos hechos vinculados a un crimen que se anuncia desde el comienzo. El narrador es un cronista reportero, que colecciona recortes de prensa y fotografías que le daban las pistas para descubrir la conciencia de la ciudad como una suerte de plano subjetivo de urbe. Los personajes parecen estar atrapados en los designios de un destino inexorable: Roldán, luego de haber cumplido su condena por asesinato, recibe una llamada anónima que lo haría responsable de un nuevo homicidio, como una suerte de misión sin escapatoria posible.

El Coronel Castañeda ha comprometido al alcalde en la construcción de un nuevo hipódromo en la ciudad; para ello han preparado la Gran Carrera y un premio hípico con el propósito de crear la afición a los caballos. La novela está poblada por personajes misteriosos, enigmáticos, de gestos indescifrables, que no dicen nunca todo lo que saben y que parecen espiarse los unos a los otros constantemente para adivinar la carta que se esconde bajo la manga del vecino. Los motivos que desencadenan la acción tienen que ver con un asesinato que se anuncia desde el comienzo y que está relacionado con el desmesurado anhelo de construir un hipódromo en el páramo; un coronel atrapado en los límites de su propia soledad y decadencia; un jockey cuya intuida y trágica muerte lo ha sumido en un desasosiego de pesadillas y pérdidas múltiples; un alcalde desquiciado por el recuerdo del fantasma de su madre muerta y la obsesión del triunfo y la riqueza; una mujer sensual y silenciosa, que cumple misteriosas idas y venidas por la ciudad ocultando su secreto. Rodeada de un mito de corrupción y soledad; un asesino que cumple su misión sin tener ninguna certeza ni convicción de lo que hace; una rusa que no deja de colocar flores en las tumbas del cementerio en el afán de restituir la memoria de sus padres; un cronista que se mueve tras las confusas pistas del misterioso crimen y tras las huellas de la mujer amada, guiado por los rumores, el miedo y la desconfianza.

El narrador nos previene de la naturaleza ficcional de su escritura, no esconde su tarea de inventar una ciudad paralela. "Imaginar una ciudad es igual que inventar un sueño para poder estar dentro de él, pero escribir sobre ella es un acto de soberbia". Sabemos que la ciudad que leemos ha sido construida con los retazos de los recortes y fotografías de prensa; con los rumores, chismes y habladurías que se han levantado en la ciudad habitada por el cronista. Por tanto asistimos a la invención de una ciudad narrada que se escribe en referencia a una ciudad real que, al mismo tiempo, es también una invención y un espejo de la ciudad vivida por el autor.

Al final de sus búsquedas, el cronista solo se encontrará con la locura, el deterioro de unos seres condenados a la incomunicación y a la soledad. Como los protagonistas de otras novelas habrá de recorrer la urbe tratando de leer y comprender las pistas y las huellas de la mujer amada, evasiva y siempre oculta. Sólo la encontrará en el momento de su deterioro cuando comprenda la tristeza y el agravio a la que está condenada por un padre vicioso y pervertido. La ciudad parece escamotear a sus habitantes la recompensa amorosa: Lucio Simbaña sólo encuentra el holograma de una mujer inexistente, Santos Feijó condenado a la culpa de vivir una memoria atormentada por gritos asfixiados.

CIUDAD ENIGMA Y LAS FUERZAS OSCURAS: HUILO RUALES, FRANCISCO PROAÑO Y SANTIAGO PÁEZ.

Los textos que conforman "Leyendas olvidadas del reino de la tuentifor", de Huilo Ruales (*Fetiche Fantoche*), pueden ser leídos como relatos de ciencia ficción, pues imaginan el escenario de la ciudad de Quito en el año 2000. La ciudad representada aparece oscura y devastada; ella sobrevive, entre escombros y ruinas, a un terremoto que habría destruido gran parte de ella. Los personajes se mueven en parajes urbanos a los que corresponden cuerpos impuros, enfermos, tullidos, desfigurados. Quito es contemplado y vivido desde la tragedia cotidiana de una multitud marginal y desarraigada que, después del terremoto, ha invadido la ciudad vieja para saquearla y apropiarse de sus espacios. La presencia de la multitud en la literatura no es nueva, pues sabemos que fue uno de los temas predilectos de los literatos del siglo XIX quienes, en medio del asombro ante continuos e intensos cambios urbanos, experimentaron miedo y repugnancia, a la vez que se sintieron atraídos por las grandes masas (Benjamin, *Poesía y capitalismo*).

En los relatos de Ruales la multitud no anunciaría el inicio de un proceso de cambio y modernización sino que, por el contrario, lo cerraría de manera apocalíptica. El centro de Quito ha sido tomado por las masas más indigentes de la ciudad: son campesinos, indios, borrachos, prostitutas, ciegos, locos, huérfanos, mutilados y mendigos que habitan en las calles y entre las sombras de la iglesia de Santo Domingo, ahora destruida, en medio de escombros, ratas e inmundicia. Estas masas, harapientas y ambulantes, han descendido desde los barrios periféricos, a través de la Avenida 24 de Mayo, para instalarse en el Quito viejo. Esta avenida —"la tuentifor"— deviene en una suerte de puente que articula el centro oficial de la ciudad con sus márgenes.

¿Cómo está representada la fractura urbana de la ciudad de Quito en un discurso que, a la vez que ficcionaliza el derrumbe y la destrucción de la ciudad, es enunciado desde la perspectiva del que se ha tomado, bajando desde las periferias, el centro de la ciudad? La invasión del centro por las masas implica, de una parte, la posibilidad de resignificación de ese espacio, y, por otro lado, un desafío radical al orden de las exclusiones ya que el deseo de ese grupo humano es acceder a los bienes y a la posibilidad de supervivencia, aunque precaria, que ese centro representa.

El centro aparece, de esta manera, destacado: narrado desde una mirada marginal que tiende puentes entre los territorios para sobrevivir en ellos. Sabemos que podemos percibir la ciudad que habitamos sólo fragmentariamente, pues una visión global y totalizadora es posible solamente desde un ángulo exterior a ella. En la experiencia real percibimos únicamente las calles que transitamos, los edificios que habitamos, los espacios en que se desenvuelve nuestra cotidianidad afectiva, intelectual y laboral.

Es posible tener una visión más completa y global de una ciudad desde una perspectiva aérea o desde un mirador colocado en un sitio estratégico; pero también es posible hacerlo desde el discurso literario que inventa un rostro, complejo y matizado de la ciudad. Así, la literatura interroga y abarca la ciudad desde diferentes ángulos de visión que se complementan, intercalan o superponen. De esta manera, el discurso literario entrega al lector un conjunto de saberes —históricos, geográficos, sociales, culturales, entre otros— que giran alrededor de la ciudad, al mismo tiempo que la nombra y la construye. El trabajo con la ciudad desde la literatura no es sólo un trabajo de referencialidad sino un trabajo de enunciado, pues la ciudad es inventada y construida en el espesor del lenguaje. Más allá de pensar si la ciudad representada es real o ficticia, el lenguaje que la narra nos habla de imaginarios, percepciones y subjetividades que conforman sensibilidades, dramas, temas de felicidad o de angustia de los ciudadanos de fin de siglo.

En la ficción de Ruales lo marginal aparece en el centro de la ciudad de Quito: las masas indigentes transitan por sus calles y plazas, habitan espacios que, en principio, les son ajenos. En definitiva se trata de una ciudad invadida, pero esta vez los personajes —sus habitantes marginados y originalmente expulsados— no están atrapados en una de sus dos mitades, sino que la atraviesan y se apropian de ella en el momento mismo de su destrucción:

> de otro lado el gobierno, impotente ante la talla real que había tomado la destrucción de Quito, se había vuelto loco: era absurdo, increíble, pero del terremoto, cual roedores, se multiplicaban los niños harapientos, los mendigos, los enajenados que, como sumisos a una disposición esotérica, se desparramaban en el Quito moderno: para saquearlo, ensuciarlo, enfermarlo. (21)

La invasión deviene en metáfora de un modo de supervivencia que resolvería de modo paradójico, pues la cura es paralela a la destrucción de Quito, la herida simbólica producida en el cuerpo de la ciudad. Las masas improvisan puentes que, a la vez que articulan la ciudad, permiten transitarla y habitarla, en medio de un juego de disputas con el poder para tomarse el espacio público. Este juego de invasiones y exclusiones señalan procesos de higienización y reordenamiento territorial que el discurso del poder desencadena como mecanismos para consolidar el orden de la ciudad. Esta toma de los espacios públicos evidencia, además, un conflicto entre la significación y la función de dichos espacios, pues ellos son recuperados de acuerdo a lógicas diferentes a la razón ordenadora de la planificación inicial. Los espacios se espesan de nuevos sentidos en la medida en que responden a las necesidades y a los avatares cotidianos de sus nuevos habitantes que alteran el orden e imprimen una fisonomía diferente de hacinamiento y deterioro a la urbe ahora invadida:

> en un principio los aglutinaban en camiones y, tumefactos, heridos, los arrojaban en los páramos, en la selva; sin embargo, salvo los ancianos y los moribundos, otra vez volvían a Quito [...]. entonces vino la época auténtica del terror, cuando la noche del Quito viejo y sureño, poblaba sus oídos de gritos y disparos, aunque al amanecer la gente no encontraba rastro de muerte ni de sangre. (22)

Todos buscan consuelo en una poderosa y misteriosa droga que llaman "el edén azul". Son tantos los desaparecidos que la gente que vive en la calle comienza a inventar relatos que explicarían la ausencia de sus conocidos, puesto que "la gente no ha muerto sino que ha sido escogida para ir a gozar del edén". Todos narran versiones diferentes sobre un lugar llamado "el edén", aunque coinciden en que se trata de un lugar maravilloso en el que todos quisieran morar; una suerte de sueño, de utopía, de ciudad ideal. En la ciudad destruida todos buscan una clave, una marca que indique la puerta de entrada al edén.

> el edén no es un sitio: es un anhelo: mientras más fragoroso es el anhelo más real se vuelve el edén: el edén se multiplica como los hombres: como los espejos. por eso el edén de quito es un espejo de quito y, así como sucede en todos los espejos, quito en el espejo no se repite: es el otro lado: lo que aquí es escombro allí es nacimiento: lo que es vacío allá es música. (32)

En medio de la destrucción, la ciudad ideal proyectada sobre Quito no existe sino como un delirio, como un secreto que esconde el deseo de la muerte, como un proyecto que se sostiene sobre la ausencia, sobre el vacío de una ciudad real vivida desde la angustia y la miseria. Roberédfor —personaje contrahecho y lisiado, que sobrevive en las calles inventando cuentos— ha decidido encontrar el edén y se lanza frenéticamente en su búsqueda para escapar de su vida miserable. El recorrido precipitado que hace sobre su silla de ruedas dibuja una suerte de mapa del centro de la ciudad de Quito: al recorrer las calles, la voz del narrador se confunde con la del personaje para presentar al lector las historias, las miserias, la fisonomía y los secretos que esconden ese centro ahora destruido e invadido. Este camino descubre y hace al mismo tiempo la ciudad, la significa, la dramatiza. El terminal terrestre se le presenta como

> la metáfora del infierno: la terminal terrestre de quito: laberinto de escaleras y ángulos oscuros poblados de maricas y rateros, niños de rostros malvados zambulléndose y emergiendo de las fundas de pegamento, pesquisas desquiciados, amarillos pasajeros. Ese extremo de la ciudad es el compendio de los otros quitos. el Roberédfor, sin soberbia ni autoengaño, experimenta con transparencia absoluta, y quizá por primera vez, el odio a esta ciudad. (67)

Parece que la meta final es huir, escapar de ese Quito odiado y destruido; Roberédfor intuye que el edén no existe, pero debe simular su búsqueda para encontrar su propia muerte y escapar de la ciudad: "este viaje entre absurdo e irreal, posiblemente generado por los locos brotados de Quito, un viaje inventado por los sueños de esos locos, le permitirá quizá, entrar en la locura de un edén fuera de la realidad. Fuera de este infierno de Quito" (73). Roberédfor y su acompañante mueren atropellados por varios carros cuando atraviesan la autorruta para encontrar la entrada al edén.

La ciudad partida es ahora una ciudad invadida: los límites de sus territorios han sido desplazados, pues sus habitantes marginales se han tomado el centro de la ciudad en una situación precaria y de supervivencia. La lógica de la vida ha sido trastocada, pues los ciudadanos deben habitar la ciudad infierno para encontrar, en el delirio y en la muerte, la ciudad prometida, el edén que tampoco existe y que escondería una imagen inventada de sus propias vidas. Esta idea de encontrar, camuflada en algún lugar de la ciudad, la puerta de entrada al edén nos remite a la arquitectura misma del Quito colonial y sus periferias céntricas. Este Quito se presenta al paseante no sólo como una ciudad laberíntica, llena de múltiples y diferentes perspectivas, de gradas que resuelven las irregularidades topográficas, de altos muros que contienen las casas empinadas, callejuelas que se abren a paisajes inesperados; en fin ella aparece a la imaginación del caminante como una ciudad escondida, pues al abrir la puerta de entrada de cualquiera de sus casas es posible encontrarse ante el vacío de una quebrada que deja entrever otros muros y otras casas que se reproducen en una insólita perspectiva al infinito.

Los muros que protegen las casas esconden otras casas, otros patios, otras familias, otras voces que no se dejan fácilmente escuchar desde la calle a quien no sabe mirar entre los intersticios de sus paredes y sus puertas, entre las rendijas y grietas de sus muros. Descubrir los espacios interiores supone un juego de ocultamientos entre lo que se esconde y lo que se deja ver, como si la arquitectura misma respondiera a una suerte de ética de la simulación y la eroticidad.

La novela *Del otro lado de las cosas* de Francisco Proaño Arandi está organizada alrededor de una idea fundamental que funciona como clave de lectura: la realidad física y tangible esconde un orden oculto que se deja intuir a través de signos y huellas que marcan el engranaje cotidiano y presente de las cosas. El protagonista de la novela se instala, disfrazando su nombre e identidad, en la casa de inquilinato de la familia Bejarano —antigua mansión que habría pertenecido a su familia—, pues debe descubrir los secretos de su pasado para recomponer su memoria y la imagen de su propia identidad dispersa entre los escombros de la desvencijada y sórdida casa familiar, ahora conventillo de lo que antes fuera una gran mansión del centro de Quito.

En esta novela aparece nuevamente, como un trauma colectivo, la fractura de la ciudad que, junto con el consecuente deterioro del casco colonial de Quito, aparece entretejida con los hilos del drama y la tragedia de aquellos que se quedaron en una ciudad ahora apropiada por "verdaderos esperpentos humanos, piojosos, caterva de vendedores ambulantes". Los personajes de la novela viven en la ciudad vieja, sin poder ni querer salir de ella, mirando al pasado y extrañados ante una ciudad que les perteneció pero que ya no es la misma. La grandeza del pasado "se acabó hace años [...] cuando todos se fueron al norte, a los barrios residenciales", cuando todo se perdió "en el vendaval de la emigración y la muerte".

El protagonista de la novela debe reconstruir la verdad de su propia historia familiar: la trágica muerte del padre, el patrimonio y la herencia usurpada por el tío paterno. El protagonista vigila los movimientos y las palabras de quienes habitan la vieja casa para descubrir el misterio de un enigma nunca resuelto y que tiene que ver con la búsqueda de una carta de identidad, de un origen, de un punto de partida. Parece que las cosas de esa vieja casa escondieran entre las líneas de su deterioro las pistas que permitirían reconstruir la memoria para llenar los silencios y los vacíos de una historia incompleta. La casa familiar es ahora "laberinto, limbo y purgatorio", un conventillo de habitaciones exiguas y hacinadas, de malos olores, de baldosas rotas, puertas desvencijadas, huecos, espacios de polvo, grietas, suciedad y miseria.

Quienes se quedaron atrapados en la vieja casa viven exiliados del presente, recluidos en otro tiempo, aquel que les perteneció y que sobrevive como memoria entre los escombros y la destrucción de la ciudad vieja:

> Lo que ve, no son estas calles, ni estos zaguanes, ni las plazas o parques que frecuentamos. Ni siquiera la ciudad —esta ciudad—, es la misma de ella. Su mirada vaga indiferente ante el abigarramiento que nos incomoda o lastima, o que nos alegra, según la perspectiva de cada uno: las veredas pobladas de cientos de mercachifles —mendicidad encubierta por la vocinglería—; los atrios de las iglesias, antes suntuosos, plagados ahora de pordioseros; las antiguas fachadas, antaño claras y blancas, maculadas hoy de orines [...] Cuando entra en una casa, no se percata del generalizado deterioro, de los patios convertidos en urinarios, de los zaguanes sórdidos, ni de las azoteas que se han venido abajo y cedido su lugar a la roca, al cieno, a los amontonamientos de basura. (30, 31)

"Antes" y "ahora" son los ejes desde donde es posible percibir la ciudad, ya que ellos conforman planos imaginarios en los que se colocan los personajes para evocar, narrar y vivir la ciudad. El territorio original y familiar aparece invadido por lo extraño —la suciedad, los mendigos, los vendedores, los indios, los nuevos pobladores— y el extrañamiento parece ser la experiencia cotidiana que empuja a los personajes a permanecer recluidos en un pasado que se resiste a mirar y asumir el nuevo orden de las cosas.

El pasado pervive en el presente pues el mundo de los objetos esconde entre sus fisuras los secretos, las historias y las tramas de su pasado. Todo parece depender del ángulo de visión, ese "antes" o ese "ahora", que los personajes eligen para rememorar e insertarse en el nuevo orden. La misma ciudad aparece como un gran enigma que obliga, a quienes la habitan, a dominar las claves de lectura para saber interpretar los signos de que está hecha.

> Toda ciudad —hablo de la vieja ciudad, mezclada, mestizada, conquistada cien veces— expresa, de manera implícita en su arquitectura, en las pinturas de las iglesias monumentales y los conventos, en las piezas de imaginería, en sus retablos y artesonados, una búsqueda, o el proceso de una búsqueda acuciosa, urgida y atormentada. (119)

La ciudad como una búsqueda que, a la vez, supone una indagación por la verdad, una pregunta por el origen. Así, la ciudad aparece como laberinto, como un aparente caos que, sin embargo, esconde un orden preciso; un espacio que supone varias alternativas de lectura, de búsqueda, de indagación, de recorrido, aunque, como todo laberinto, sólo uno de sus caminos culmina felizmente en la dilucidación del enigma y de la verdad.

Los personajes permanecen atrapados en la ciudad vieja, aquella que sobrevive entre los fantasmas de su pasado y la legión de seres marginales que la invadieron, exiliados en "sus recónditas arquitecturas, entre las frescas penumbras y las claridades cegantes"; entre "su deterioro o su vejez, o su juventud extrema en el instante en que parece más bien morir, diluirse; verificar el extraño maridaje del esplendor y la mugre". Esa ciudad, que esconde un enigma en el claroscuro de su trama urbana, genera en un impulso de supervivencia sus propias utopías que se confunden con los proyectos de los diferentes personajes: el proyecto imposible de Elina que devuelve la ciudad a su pasado: "sería una buena idea que muchos de ellos regresaran a vivir en la ciudad vieja. De pronto todo volvería a ser como antes. Mejor dicho, las casas se conservarían mejor. No habría tanto tugurio." El discurso del futuro que se ampara en "un gran proyecto internacional que está en marcha 'para salvar la ciudad'", evidencia que la novela trabaja también con discursos y utopías que circulan en la ciudad real, la imaginan y la proyectan en un ideal de supervivencia en el nuevo milenio.

La ciudad enigma entrega, para quien sabe buscar entre los intersticios de su deterioro, los caminos para articular sus territorios escindidos, las pistas para reconstruir sus memorias y sus leyendas, los fragmentos que esconden historias secretas, los signos que opacan o transparentan las verdades de cada ser que la habita, los discursos de sus utopías, las voces que la narran y la inventan, las escrituras que la marcan y la evidencian, los símbolos que restituyen su pasado, las huellas de quienes la recorrieron, la imaginaron, la evocaron en el deseo imposible de escapar de ella o recuperarla.

La ciudad enigma esconde las claves que conducirían al Edén de Ruales. Oculta las pistas que permitirían al personaje de Proaño recuperar su historia familiar y confunden al protagonista de *Los archivos de Hilarión*, la novela de Santiago Páez, en el esfuerzo por resolver oscuros crímenes y misteriosas desapariciones.

La novela de Páez comienza con la inserción en el texto de una crónica roja; luego, asistimos a una suerte de estampa de la ciudad que reúne a un demente, un asesino y un moribundo, e inmediatamente leemos la llegada del protagonista Manuel Medina a Quito. El protagonista llega a la ciudad después de veinte años y lo primero que percibe todavía desde el vagón es que "ese monstruo alargado, compuesto por miles de luces ínfimas le era desconocido".

La ciudad aparece desde el primer momento como un monstruo alargado que causa asombro y desconcierto. Toda la vida que bulle en la Estación del Sur y que está hecha de objetos dispares, personas agolpadas y ahumados restaurantes "le parecieron posesos de alguna locura que les obligaba a gesticular gestos torpes y violentos, mientras se expresaban atropelladamente en gritos, risas e insultos que le eran incomprensibles" (16). El rostro nuevo de la urbe no se deja leer y deviene en garabato incomprensible para quien ha perdido las claves de su lectura y orientación.

Al salir a la ciudad Manuel elige al azar una de las callejuelas, en su recorrido percibe una sombra que lo sigue hasta que "casi a ciegas transitó por los tenebrosos recovecos, palpando las irregulares superficies de los antiguos edificios". Cansado de huir entra a un salón, mantiene una extraña conversación con el demente del primer cuadro de la novela y, luego en la calle "en medio de una atmósfera sin definiciones", descubre el rótulo de una pensión para alojarse. La pensión está hecha de escaleras crujientes, viejas lámparas inservibles, pasadizos tenebrosos, espejos gastados en una extraña mezcla de podredumbre e incienso.

Así, desde el comienzo están presentes los elementos que funcionarán como motivos claves y recurrentes en el ordenamiento o escamoteo de los acontecimientos: el azar, la persecución, la desazón, la precariedad que desdibuja el perfil de las cosas.

Lo primero que hace en la pensión es contactar a un viejo amigo de los años universitarios para pedirle trabajo. Mientras camina por las calles de la ciudad vieja en dirección al café en el que han concertado la cita, piensa que: "Todo en Santiago de Quito había cambiado; todo, sin embargo, permanecía igual. Una multitud de vendedores y transeúntes llenaban las aceras. Con alguna dificultad llegó a su destino, una cafetería en la que todo era falso". Toda ciudad se mueve en medio de un equilibrio, más o menos precario, entre el cambio y la permanencia. Lo nuevo surge en medio de las ruinas de lo viejo pero sin opacarlo del todo, lo viejo pervive en medio del impulso innovador para que sea posible el reconocimiento de una urbe que aunque cambia su rostro conserva por fuerza de la costumbre el mismo nombre. Sin embargo, la precariedad de ese equilibrio, en este caso, dificulta el andar de su caminante. Además, debemos considerar que esta ciudad, aunque referida a Quito, es una ciudad inexistente: Santiago de Quito. Esta misma invención que imposibilita asirla de un mapa plenamente reconocible acentúa más la desazón, el desconcierto y la precariedad de sus personajes. No deja, sin embargo, de ser interesante su nombre —Santiago de Quito— que posibilita legítimas evocaciones del puerto de Santiago de Guayaquil, la ciudad otra: contracara de la capital, la ciudad de los márgenes en el mapa geofísico y cultural del país, la ciudad apuntada siempre ya sea en el señalamiento de sus carencias o en su oferta siempre exótica y sensual para quien la ve y la imagina desde afuera. También ciudad demencial como la que ha inventado Santiago Páez en su novela.

Helmut, el amigo entrevistado, contrata a Manuel Medina para que encuentre a Hilarión Campaña, reportero de crónica roja desaparecido misteriosamente. Tras las pistas de Hilarión, Medina recupera los archivos en los que el cronista guardaba las crónicas aún no publicadas. La novela se desarrolla en contrapunto entre las crónicas y los sucesos en los que el detective se involucra.

Toda la trama de la novela se desarrolla en las antiguas casas del centro de Quito, convertidas ahora en tugurios, donde habrían ocurrido asesinatos, envenenamientos y desapariciones, en medio de orgías satánicas, vecinos ciegos, prostitutas y santeros. Parecería que todos estos personajes demenciales solo pudieran encontrar asidero y capacidad de acción en un derruido laberinto de escombros, grutas, pasadizos, mugre, oscuridad y paredes desgastadas:

> Caminó de una columna a otra, en una ruta circular y torpe, buscando una escalinata que le permitiera seguir hacia la parte superior del barrio; una y otra vez regresó a la plazoleta, a la columnata, a su trayecto curvo y ciego; finalmente, en una dirección que supuso ya había tomado antes, encontró la senda por la que podía continuar su ascensión. (69)

Los pasos del detective lo conducen, a través de esta topografía misteriosa y desconcertante, a una ermita en la que se enfrenta a unos pandilleros adolescentes violentos y agresivos; más tarde —"cuando encontró las escaleras que devolverían al centro de la ciudad [...] se sintió ingresando en un nebuloso infierno sin límites ni definiciones"— se enfrenta a una cofradía de fanáticos salvadores del mundo, a otras bandas criminales, adivinos y dementes. Ese espacio, infernal y desdibujado, lo confunde y hace imposible esa búsqueda que finalmente es realizada sin ninguna certeza de saber lo que se busca. La ciudad se vuelve escenario de una batalla fratricida en la que todos combaten desde móviles pasionales y agresivos.

La cofradía compuesta de "místicos embrutecidos" persigue, en alianza con la policía, a toda una masa urbana hecha de una abigarrada y grotesca mezcla de "monstruos y santos": viejas alucinadas que creen en santos, ciegos que creen en brujos, jóvenes que juegan a matar, dementes, prostitutas y criminales.

Hilarión Campaña habría inventado las crónicas para inducir a Medina a promover la rebelión de los "monstruos". En la ciudad, "hecha de monstruos y santos", todos se persiguen en una búsqueda secreta y no confesada de poder total. Finalmente Medina escapa después de haber seguido algo similar a una suerte de ruta de iniciación:

> Podía regresar a la ciudad, volver al laberinto con la clave del laberinto, para dominar sobre los monstruos y reventar los viejos muros de la urbe, le había costado tanto ser el Mesías de dementes, criminales y las rameras que podía cobrarse el sufrimiento e instaurar un difuso reino. Y también podía irse, huir hacia el oriente por la senda verde de la cañada [...]. (207)

Helmut es asesinado por la cofradía religiosa, las bandas se enfrentan de modo salvaje; los archivos de Hilarión suponen una escritura casi indescifrable que habla de una experiencia colectiva, afecta la conducta de los habitantes de la urbe, guía los pasos del detective hacia un misterio siempre insoluble y que sólo conduce a una suerte de enigma primario y originario de la ciudad, como si sus habitantes estuvieran condenados a ser devorados por ella en el incierto afán de encontrar una liberación, una verdad siempre postergada, un secreto inmanejable y suicida.

Creo que Ruales, Proaño y Páez comparten una sensibilidad estética similar frente a la ciudad, pues los tres autores estudiados construyen un escenario urbano asolado en el que, sin embargo, sus habitantes viven una suerte de fiesta agónica en el afán de fundar, como estrategia final de supervivencia, un territorio que asegure un cobijo —aunque precario— en la ciudad que inicialmente los expulsa. Estos escritores fundan una suerte de espacio utópico que moviliza a los personajes en el deseo de conocer una clave que garantice la conquista y resignificación de la ciudad, pues parecería que los mapas que ordenaban el espacio se han borrado para dar cabida al caos y al azar. Es como si la ciudad se derrumbara como efecto de una fuerza maligna que explotara desde adentro para dejar a la urbe en escombros y asolada.

Los narradores de Quito

Los narradores de Quito han tenido especial predilección por indagar en la opacidad oculta y secreta de la ciudad, han privilegiado el aspecto misterioso que hace de la urbe un complejo enigma que demandaría, para quienes deseen descifrarla, la familiaridad de unos saberes locales destinados sólo a algunos iniciados. Podemos percibir una suerte de fascinación por la destrucción interna de la ciudad, que encarna el deterioro de sus antiguas construcciones, la pérdida de los referentes espaciales y la decadencia de los personajes que se exhiben en su decrepitud, en su soledad o en su repulsión. En algunos casos, el narrador protagonista se asume como detective de la ciudad y se lanza a la búsqueda del enigma que, sin embargo, nunca llega a resolver.

Estos textos construyen una ciudad secreta en la que se mueven los personajes, que tienen peso y que se filtran a través de todos los intersticios de la ciudad manifiesta; podríamos decir que lo que marca a los personajes son los contornos, los caminos, los escombros de una ciudad opaca que se opone a la transparencia de la ciudad moderna. No se insiste en la monumentalidad de la ciudad, sino más bien en sus angostas calles y pasadizos secretos, en los tenebrosos recovecos y en las superficies irregulares, en las ruinas descoloridas y en los escombros. Estos espacios abigarrados y de luces mortecinas parecieran dar cita a los personajes que se precipitan en una suerte de búsqueda desenfrenada de las verdades primordiales.

Es como si todo el encanto de Quito radicara en una suerte de desdoblamiento de sus espacios que participan, a la vez, del sueño y de la realidad. Nuestros escritores han comprendido, desde una lúcida intuición poética, que la dimensión espacial no puede ser captada directamente sino fundamentalmente en la intimidad de los dispositivos simbólicos. Los narradores de Quito parecieran confirmar que no hay ciudad interesante sino a través de la combinación de elementos incongruentes que producen una coherencia paradójica, secreta y misteriosa. Del desorden aparente de los diversos estratos arquitectónicos, irrumpe la belleza y el misterio que hace de la ciudad un enigma que debe ser descifrado para ser recuperado en la memoria y en el habitar. En esta ciudad, los personajes han hecho de la soledad una elección en medio de una búsqueda de la verdad o de la mujer amada que, en relación a un trabajo cartográfico, parecería estar siempre condenado al fracaso y la destrucción.

Bibliografía

Adoum, Jorge Enrique. *Ciudad sin ángel*. México: Siglo XXI, 1995.
Benjamin, Walter. *Poesía y capitalismo. Iluminaciones II*. Madrid: Taurus, 1990.
_____ "One-Way Street". *One-Way Street and Other Writings*. [1928]. Edmund Jephcott y Kingsley Shorter, trads. Londres y Nueva York: Verso, 1998.
Breton, André. *Nadja*. [1928]. José Ignacio Velázquez, trad. Madrid: Cátedra, 1997.
Páez, Santiago. *Los archivos de Hilarión*. Quito: El Tábano, 1998.
Palacio, Pablo. *Un hombre muerto a puntapiés*.
Ponce, Javier. *Resígnate a perder*. Quito: Planeta, 1998.
Proaño Arandi, Francisco. *Del otro lado de las cosas*. Quito: El Conejo, 1993.
Rodríguez, Juan Manuel. *El pulso de la nada*. Quito: Libresa, 1996.
Ruales, Huilo. *Fetiche Fantoche*. Quito: Pontificia Universidad Católica del Ecuador (EDIPUCE), 1993.
Vásconez, Javier. *La sombra del apostador*. Quito: Alfaguara, 1999.

Cien años de ciudad entre dos violencias y dos novelas: *Todo un pueblo* (1899) / *Pin pan pun* (1997)

Domingo Miliani

> También los sueños, las fantasías y los prejuicios se heredan, junto con los apellidos, los muebles y los cuentos de familia.
> María Fernanda Palacios

1. *Todo un pueblo* (1899) Anarquismo utópico

Todo un pueblo es el primer mural grotesco de Caracas. Miguel Eduardo Pardo llega a la novelística venezolana para demoler la escritura eufónica del Modernismo. En el Prólogo a la primera edición anuncia la arremetida: "Poseído de un irresistible deseo de innovar fui y me puse a amontonar palabras deslumbradoras, vibrantes, rojas, amarillas, verdes, azules, violáceas, magníficas, ¡sublimes!" (7). Adopta "la prosa confianzuda y fácil". Quiere escandalizar el corro municipal de un país que para 1899 estaba poblado por algo más de 2 millones de habitantes, con una capital de cincuenta mil personas. Su perspectiva se distancia de Julián Hidalgo. Busca identidad con Luis Acosta, anarquista diluido en el relato. "Entre ese protagonista atormentado, que ansía una revolución gigantesca en medio de una sociedad podrida; y un Luis Acosta, personaje secundario que ahí se mueve a su modo y quiere arreglarlo todo a puñetazos, prefiero ser esto. Un puñetazo formidable no es una razón, lo sé; pero es una realidad aplastante" (12).

La anomia cultural y social diferencia a *Todo un pueblo* dentro de la novelística de su tiempo. La aleja de los modelos románticos, rurales y "artísticos". Pardo admite que su novela no es "la historia de un pueblo entero, sino el reflejo de una época" (13). Desmonta el modelo costumbrista romántico para iniciar la novelística del escarnio urbano, fundada en una estética anarquista. Ciudad y hombre, quedan fundidos en visión teratológica. La narración teatraliza, en tono de farsa, tanto la ciudad letrada como su espacio en la ciudad real. La comparsa de carnaval novelesco aglutina en un club de linajudos a los ostentadores de apellidos, los filántropos y sus hijas prejuiciosas, los generales-gendarmes-necesarios, los políticos de oficio, los poetas "modernistas", los aspirantes a un consulado para marcharse a Europa y leer a Hegel, los periodistas y oradores de orden.

Caracas, idealizada por Pérez Bonalde como una "odalisca rendida a los pies del sultán enamorado", queda en entredicho. La suplanta un aldeón minado por el chisme y la mediocridad de sus pobladores. Pardo maneja adjetivos urticantes para construir la ciudad fea:

> Desigual, empinada, locamente retorcida sobre la falda de un cerro; rota a trechos por espontáneos borbotones de fronda; pudiendo apenas sostenerse sobre los estribos de sus puentes; caldeada por un irritante y eterno sol de verano; sacudida, a temporadas, por espantosos temblores de tierra; castigada por lluvias torrenciales, por inundaciones inclementes; bullanguera, revolucionaria y engreída, era Villabrava una ciudad original, con puntas y ribetes de pueblo europeo, a pesar de sus calles estrechas y de sus casas rechonchas, llenas de flores y de moho (52)

Antonio Guzmán Guzmán Blanco: después de un viaje a Europa, en 1868, regresa a construir una maqueta de París, sobre las ruinas de Caracas, casi intactas desde el terremoto de 1812. José Luis Romero describe la ciudad burguesa, "cotidiana imitación de Europa", cuyos trasplantes y desplantes podrían seguirse, paso a paso en *Todo un pueblo*. El estilo de vida, atuendo, modas, gestos, clubes, para Romero "expresan inequívocamente su condición de clase superior en la pirámide social" (285). En Pardo son blanco para la caricatura y la parodia.

Villabrava tendrá en su plano de aldea maquillada por el guzmancismo, "adelantos" comparables "en belleza con las más hermosas del mundo; aunque algunos espíritus incrédulos lo negaban *sotto voce*, como si temieran ser oídos de ciertos periódicos que elogiaban los méritos de la gloriosa población, como los diarios portugueses a Lisboa: O terror de París" (53).

Romero leyó el espacio caraqueño en José Rafael Pocaterra: *La casa de los Abila* (1946). Se le pasaron por alto dos autores: Miguel Eduardo Pardo y Rufino Blanco Fombona. Rama también leyó al último en las autobiografías, pero olvidó sus novelas en *La ciudad letrada*. El espacio urbano de Caracas, desmontada por el grotesco la "ciudad ideal", está plasmado por lo menos en *Todo un pueblo* de Pardo y *El hombre de hierro* (1907), de Blanco Fombona.

La historia configura el tiempo. La novela inventa el espacio y lo desordena. La novela contemporánea ya no tiene jurisdicción geográfica. Su espacio es abierto y hasta contiguo a las metrópolis en el afán de ruptura. Sueño y vigilia, nostalgia de infancia sensible en la tierruca y despertar de artista al contacto con París o Nueva York, van tejiendo la trama existencial en una Europa formadora y una Caracas deformada. La nostalgia de lo europeo desde América y de lo americano desde Europa ya estaba en Pardo y Díaz Rodríguez, con sarcasmo en el primero e ironía en el segundo, como la desarrollan después otros narradores latinoamericanos más próximos a nosotros.

Madrid y París proveyeron de ideas socialistas a Miguel Eduardo Pardo, al lado de amigos como Manuel Ugarte y Luis Bonafoux. El "Prólogo" de *Todo un pueblo* está dedicado al segundo, "cronista y mártir". Tal vez con Bonafoux se acercó Pardo a las estéticas anarquistas. Luis Acosta, (¿Bonafoux?) sostiene, por ejemplo, que Jesucristo "no fue sólo demagogo, sino el primer apóstol del anarquismo" (44). La conferencia que pronunciaría Julián Hidalgo es considerada portadora de doctrinas anarquistas. Luis Acosta refuta: "Julián no es un anarquista, porque no sabe serlo; porque no se atreverá siquiera a poner una ni cien bombas de dinamita que hacen mucha falta en Villabrava" (45). Tales menciones ocurren dentro del "Club criollo", mentidero de la ciudad. Anselmo Espinosa, burgués y usurero, es el exorcista contra la herejía de Julián y Luis Acosta. Éste afirma que "así como los anarquistas llevan un Cristo dentro, todo villabravense que se estime lleva dentro un Demóstenes" (46), en este caso don Anselmo: —"Mucho peor es eso que pretende el señor Hidalgo, querido Acosta. Pedir reformas sociales en Villabrava, ¡qué disparate! Implantar aquí las doctrinas de Kropotkine y de Tolstoi" (don Anselmo no conocía más que de oídas a Kropotkine y a Tolstoi; pero allí pudo soltarlos impunemente; a los demás les ocurría otro tanto de lo mismo).

El contacto con las ideologías utópicas de Tolstoi y las anarquistas de Bakunin, Koprotkin y otros, sacudieron en Pardo las últimas resonancias estéticas del Modernismo, pero sobrevivió en él la sátira costumbrista. Julián Hidalgo y Luis Acosta parecieran sujetos de lo que Mabel Moraña define como "formas de conciencia divergentes o al menos alternativas a las dominantes, según los proyectos políticos en los que sus diversas prácticas se adscriben" ("De la ciudad letrada" 48). Julián Hidalgo expresa su rebelión contra la sociedad villabravense en tanto conciencia de la cultura indígena de la tribu: "De herencia le venía a Julián Hidalgo el ser levantisco: de los abuelos rebeldes, de aquellos viejos épicos, caudillos de tribus vencidas , a quienes la historia de la conquista negó el valor y regateó el heroísmo, porque no quisieron admitir la civilización a latigazos" (23). Esa concepción es claramente opuesta al canon determinista del positivismo, dominante en el tiempo del autor y de la novela (1893). La rebelión de Julián llega al final de la obra como un acto de venganza étnica del indio frente al descendiente del tronco europeo. Anselmo Espinosa ha sido descrito como "el otro" (europeo) transmigrado a América: "nació brutalmente sobre trapos podridos de una tienda de inmigrados; de esos inmigrados que llegan a todas partes sucios, andrajosos, maltrechos de cuerpo y de espíritu, pidiendo hospitalidad a veces y a veces trabajo, acabando por llenar de injurias y de hijos al país donde se instalan" (37). El choque de complejos étnicos entre ambos, (y también de clase) motiva la violencia homicida: antes de disparar su arma: "En los ojos de Julián brilló un relámpago de ira, se estremeció todo su cuerpo y palideció intensamente con esa palidez que pone el odio en el semblante de los indios de raza" (172). Al consumarse la muerte de Anselmo Espinosa, unas águilas gigantescas cuyos graznidos son voces épicas, proclaman la "hazaña de un Hidalgo que acababa de cobrarse en sangre la injuria hecha a su tribu por el representante de aquella sociedad infatuada, que lo había arrojado de su seno" (174). El estereotipo del modelo positivista del indio sumiso frente al hombre civilizado (blanco europeo dominante) se invierte. La barbarie erigida en mito de la tribu vengadora se impone a la hegemonía de una civilización corrompida de la ciudad letrada. El cuestionamiento del pensamiento hegemónico se traduce también a partir de un crimen anterior: el perpetrado contra el padre de Julián, José Andrés Hidalgo: "Fue un crimen misterioso, horrible, realizado a la vuelta de una esquina. (...) Primero se habló de un crimen político, después de una venganza, y por fin de un acto pasional, por lo que sacaron a relucir sus facultades analíticas todos los Lombrosos, Tardes y Ferés de la gentil ciudad" (28-29). La violencia criminal, más allá de los duelos, es generalizada en la novela: "Y esa nación tan sensible a la literatura pirotécnica (léase modernista) apenas si sentía un ligero estremecimiento de horror cuando, al leer sus periódicos, se encontraba con una sarta de crímenes monstruosos, de esos crímenes que por más que los atenúen algunos píos y benévolos antropólogos (léase positivistas) representarán a todas horas el verdadero estado psicológico de un país" (59). Esta podría considerarse la línea de violencia etnocultural como venganza. Junto a ella transita otra diferente: la violencia conceptual del reformismo utópico o del terrorismo imaginario. Contra el "Club criollo" donde se reúnen los letrados e iletrados a fastidiarse, arremeten Luis Acosta con sus puños y sus irreverencias, y Julián Hidalgo con sus ideas opuestas a la ideología hegemónica (positivismo/modernismo). Arturito Canelón, en el "Club criollo", la noche de Año Nuevo, anuncia unas conferencias de Julián Hidalgo, que "sobrepujando al socialismo reinante, iban enderezadas a proclamar la anarquía ravacholesca en todas las esferas" (40). El corro analiza la personalidad de Julián. Lo consideran un enfermo, "caso que la antropología llama influencia morbífica".

Julián Hidalgo y Luis Acosta tienen sus diferencias. Julián cuestiona el sistema hegemónico de pensamiento, desde una posición del intelectual. La conferencia es su arma para fustigar las costumbres de Villabrava. Es un reformista o, cuando más, un utopista. Luis Acosta proclama directamente la acción. Es el anarquista temprano. Ambos discuten. Luis, a tiempo que recrimina el idealismo de Julián, se autodefine:

> —¿Crees tú que predicando se corrige? ¡Pues crees mal! Villabrava seguirá lo mismo que la hicieron... Los que tuvieron el mal gusto de hacerla: con sus calles torcidas como sus conciencias; con sus orgullos estúpidos, con sus dolencias públicas, con sus chismes, con sus infamias, con sus apodos soeces, con sus delitos sin castigo, con sus mismos hombres y con sus mismas vergüenzas. Yo no estoy por las amenazas sino por el cumplimiento inmediato de esas amenazas. Hechos y no palabras. Cárceles, guillotinas, fusilamientos. Y cuando haga falta, tú ya conoces mi manera de pensar; muchas bombas de dinamita. ¡Fabricar pueblos nuevos sobre montañas de cadáveres y escombros! (51)

El desmontaje de los aparatos de dominación política vierte sobre la parodia de los procesos electorales: "Se lanzaban a la calle hojas inmensas, monumentales, extraordinarias, del color del partido que defendían, con grandes títulos y menudas firmas de vivos y de muertos, de vagabundos y de hombres honrados juntamente..." (56-57). Al final, "por exigencia de alta política" los bandos enfrentados terminaban abrazándose y compartiendo los cargos públicos. En Villabrava —comenta el narrador— "cuando las cuestiones no se arreglaban a patatazos, a revoluciones y a tiros, se terminaban por medio de certámenes, medallas, premios y diplomas. De las juergas políticas, motines y carreritas con la policía por las calles, se pasaba a las serenatas, las ovaciones y a los vítores con la mayor facilidad". En conclusión, los premios a la ciudad letrada y la violencia como farsa, constituyen los espacios escarnecidos por la concepción anarquista de la novela. Del gran proceso demoledor no escapan intersticios como los de las prostitutas francesas y neoyorkinas importadas junto con los restaurantes de estilo parisién, las asociaciones de padres como en Madrid, un Jockey Club como el de Londres, un Bazar de Caridad como el de París; una noche de moda, como en La Habana. Se marca una diferencia: "el otro" pueblo: "el pueblo villabravense eminentemente trabajador; el que manejaba dinero y era honrado..." Este a su vez queda distinguido respecto a "la plebe descamisada", un pequeño lumpen ya delineado que "hubiera asombrado al mismo Zola, si Zola se hubiera atrevido a cruzar por semejante mundo de canalladas, amarillento de vicio, hinchado de alcohol, repleto de carcajadas impúdicas" (64).

Lo nunca permitido en Villabrava era la disensión. El "no estar de acuerdo con la comunidad" era la falta máxima de un villabravense. Y ese fue el delito de Julián Hidalgo: su conferencia (más bien discurso exaltado) lo llevará a la cárcel. Julián se autoproclama voz colectiva de Villabrava: "Todo es vuestro, todo me lo dais hecho..." las suyas son " palabras y comentarios que se oyen igualmente en los alfombrados salones del poderoso y en los desolados cuartuchos del pobre". Enrostra a los villabravenses el miedo a la verdad como lo hacía Unamuno: " no la queréis desnuda, hermosa, inmutable como es ella, sino disfrazada, diluida en los convencionalismos sociales" (69). Tiene conciencia de su inmolación: "Faltaba en Villabrava un hombre osado que repitiera en público lo que vosotros comentáis en privado. Yo sé que esto os indigna; no importa. Así como toda religión tiene sus mártires, toda revolución tiene sus víctimas". Pero habla en nombre de una revolución abstracta. No es populismo de partido, como en la ciudad letrada, porque Julián no tiene más proyecto que la demolición verbal de una "sociedad enferma", (muy dentro del lenguaje positivista) necesitada de un tratamiento aplicado por un "alienista del espíritu". Echa en cara la recóndita "tristeza de las razas vencidas", lejana raíz del mal de una Villabrava colonial, "injuriada por tres siglos de látigo". Repasa la peripecia "de unos hombres que la historia llama patricios", iniciadores de la violencia emancipadora, quienes firmaron "con la punta de sus espadas, tintas en sangre, la libertad villabravense". Por primera vez se habla de la traición de esos patricios que implantaron un "inesperado desorden" y "opusieron a las rehabilitaciones del pueblo la vanidad insensata de las clases" (71). El resultado es una "sociedad dividida en castas", "una sociedad sin génesis bien esclarecido, que tuvo como las sociedades europeas su aristocracia, su clase media y su plebe".

La concepción anarquista produjo una lectura de rechazo a la novela entre sus coetáneos. La consideraron obra de un resentido social y no de un revolucionario crítico. Fue la respuesta a los calificativos de sociedad rencorosa y farsante. No le perdonaron que ansiara ser

> como Balzac, cruel con la sociedad de su época; como Flaubert, severo con las costumbres de su época; como Tolstoi, pesimista y despiadado, censor viril y en cierto modo sublime transformador gigante de su época; y si fuera hombre de acción francamente, señores, —sería inexorable como lo fue aquel hombre a cuya expatriación nunca bien sentida contribuimos los jóvenes con nuestra retórica estrafalaria, con nuestros alborotos y con nuestra demagogia infantil, jugándonos salvadores de todo un pueblo cuando éramos sencillamente cómplices de un gran crimen.

En el plano narrativo, la reacción frente a la conferencia no esperó. Estalló la violencia del grupo. El narrador la lleva a un grado máximo de carnavalización, cuando la audiencia de la "ciudad letrada" se transfigura en horda formada por dioses del Olimpo, a la manera homérica: "Así se explica que los villabravenses de procedencia casi mitológica y divina, parientes del dios del rayo y hermanos del dios de la guerra, valerosos y sublimes guardianes de aquella sociedad que se juzgaba propietaria de la merced celeste, no se contentaran esa tarde con jurar y 'repartir' desvergüenzas, sino poner en práctica el bárbaro proceder de sus ascendientes, tirando a Julián Hidalgo de cabeza por la tribuna abajo".

La comparsa carnavalesca con que remata la escena, muestra a "Arturo Canelón que hacía de Mercurio"; Francisco Berza representante de Minerva; de Teodoro Cuevas, que pretendiendo ser Plutón resultó Véspero, lucero de la tarde; un Véspero francés de polainas, corbata azul y gardenia en el ojal de la *jaquette* (79). La escena actualiza en el lector contemporáneo aquellas escenas épicas de tono "homérico", donde Marechal, en Adán Buenosayres, narra las peleas de vecindario bonaerense.

Muy lejos quedaría, por más de medio siglo, aquella poética del anarquismo utópico signado por la irreverencia y mal recibido por sus lectores coetáneos, e incluso muchos recientes; apenas Zum Felde (1964) y Beatriz González (1983). A partir de *Todo un pueblo* la novela venezolana de la modernidad urbana, signada por la estética del anarquismo "utópico", o por una artisticidad existencial del viaje interior, deja de ser ubicable en la metáfora del espejo a la orilla de un camino. Cuando más sería un espejo roto en mil pedazos. La imagen volcada en los fragmentos se torna espejismo, viaje órfico semejante a la inolvidable visión de Jean Cocteau, donde Orfeo, motociclista, embiste contra el espejo, pórtico del infierno y los desafíos del abismo contemporáneo donde cierra otro siglo.

2. *Pin pan pun* (1998) Una poética de la autodestrucción

Según el informe de 1999 de la Agencia Nacional de Seguridad, la nación volvió a ocupar los primeros puestos en el ranking de violencia. Con este cintillo aparece una nota firmada por Taynem Hernández, en el diario *El Universal* de Caracas, el 7 de febrero de este año 2000. En el cuerpo de la información puede leerse: "Según el ranking preparado por la ANS, en el país se reportaron 25,12 casos por cada 100 mil habitantes, siendo superado sólo por Colombia (71,47), Sudáfrica (35,22), México (32,44), Brasil (30,18) y Rusia (30,07). Ello contra un promedio mundial de 9,09 casos reportados por cada 100 mil habitantes".

La pregunta que surge de inmediato es: ¿Se trata de un fenómeno repentino que aparece justamente en 1999?

En 1961, Venezuela había aumentado su población a 7.400.000 habitantes. El 62% de ellos estaba concentrado en las ciudades. Caracas en su zona metropolitana rebasó los 2.500.000 habitantes. La década latinoamericana de los sesenta produjo una literatura de la protesta política, acompañante de la violencia insurreccional. El modelo revolucionario cubano dominaba. Los levantamientos de Carúpano y Puerto Cabello rebasaron los 4000 muertos. La represión política se impuso liquidar a toda costa la insurrección armada. Sobrevinieron las divisiones de las izquierdas. Los derrotados fueron replegándose en el alcohol. Algunos líderes se convirtieron en empresarios y testaferros de los peculadores. Era "la gran Venezuela" de Carlos Andrés Pérez. Después, todo desembocó en la droga. Los políticos consideraban que la marihuana "daba nota". La República del Este era financiada por políticos y su revista tenía como mecenas al propietario de una cadena de agencias funerarias. Importaba urnas y en ellas venía la cocaína.

En 1960 el Profesor Timothy Leary, con otros colegas y alumnos de Harvard, había experimentado el Acido Lisérgico (LSD). Los medios de comunicación difundieron mundialmente el escándalo e inauguraron la era psicodélica. Emerge el "Poder Joven". Las calles de Caracas se llenan de *grafitti*: "El fin del mundo justifica los reales. Fuma o esfúmate". "La virginidad es un prejuicio. ¡Vacúnate!" "Cristo viene (borracho)". "La anarquía salva". "Sólo Cristo salva a los pendejos".

El sexo y la droga son descubiertos por los adolescentes. Alfredo González Carrero (1997) recuerda que en 1968 "se realiza el primer decomiso de LSD, a un lisiado que venía de Estados Unidos, en una silla de ruedas, en uno de cuyos tubulares se encontraron 5.000 dosis" ("Notas" 155). Ese mismo año, la policía allanó un lujoso *pent-house* de una figura de la alta clase social. En un jardín del balcón había una siembra de marihuana de más de 20 m². "En Estados Unidos, el uso de LSD y marihuana representaba un signo de rebeldía contra los estamentos de la sociedad: los valores morales, la familia, el servicio militar obligatorio" (González Carrero 150). Entre 1969 y 1970, según la investigación de González Carrero, los consumidores eran cada vez más jóvenes y los estupefacientes cada vez más variados.

> Aparecen consumidores en todos los estamentos sociales y culturales. El Rock ácido y las músicas psicodélicas con sus letras elogiando la marihuana y el LSD, transmitidas por la radio, especialmente a la media noche. Se manipulaba a los jóvenes a escuchar esta música bajo los efectos de dichas drogas a fin de que la percibieran en todo su esplendor. Surgen las comunas de "Hippies", integradas por jóvenes que se rebelaron contra las normas familiares y sociales, abandonando estudios y familia. (156)

La narrativa en Venezuela tuvo entonces una novela tímida sobre el problema: *Al sur del equanil* (1963), de Renato Rodríguez. La escritura manejaba con pudor la escatología escrita. Miguel Otero Silva utiliza un sociolecto de la marginalidad urbana casi como en un trabajo de laboratorio: *Cuando quiero llorar, no lloro* (1970). El *Living Theatre* de Abbie Hoffman se define como "un desorden teatral que haces tú mismo". Una revista de ultraizquierda venezolana se titula *Desorden*. Un grupo de rock se bautiza *Desorden Público*. América Latina imita el comportamiento metropolitano de los jóvenes. La música tuvo un paradigma: el Rock ácido.

La mayoría de las novelas de los '70 y los '80 regresan a la artisticidad expresiva. El humor tímido, la ironía, el narcisismo dominan el discurso narrativo. La oralidad cruda y golpeante se dosifica como si la escritura estuviera estrujada por un cinturón de castidad verbal. Las excepciones son muy pocas. Mientras tanto, la violencia de la ciudad real va en aumento. El mundo de la contracultura inauguraba la protesta de la estridencia musical. Las "polidrogas" se expanden en el consumo masivo. El perico, el mandrax y el crack se vuelven términos de la cotidianidad en los liceos y las universidades. Apenas en 1984 se promulga una Ley Orgánica contra estupefacientes. Los grupos de poder impulsan el "barraganismo" y la corrupción. El desencanto social y la indignación de los '60 desemboca en el hastío y la pasividad. Por esos años, señala González Carrero, el más alto consumo estaba en una población de adolescentes cuya edad oscilaba entre los 17 y los 18 años, pero la iniciación descendía a niños de 11 a 13 años. Uno de ellos, hijo de un médico eminente, fue secuestrado por adolescentes vecinos suyos y murió de una sobredosis. Es el caso conocido como "el niño Vegas".

A comienzos de los '90, Venezuela se convierte en uno de los países donde convergen el tránsito, el tráfico, el consumo y la producción de drogas. El conflicto de fronteras con Colombia mezcla esta realidad con la violencia guerrillera, los secuestros y los crímenes masivos. Caracas se transforma en una de las urbes de mayor violencia, peligrosidad e impunidad ante el delito. La descomposición social y política, la inflación y el desempleo estaban carcomiendo las bases de la "democracia representativa". El segundo gobierno de Carlos Andrés Pérez es inaugurado con un estallido popular de dimensiones alarmantes: el 27 de febrero. Los saqueos son reprimidos militarmente. La insurrección militar golpea dos veces consecutivas el sistema. Son los movimientos del 4 de febrero y el 27 de noviembre. Corrupción política, violencia social y tráfico de drogas entran en confluencia y condicionan la marcha del país hacia la inflación, el desempleo y la delincuencia en incremento cada día mayor. Caracas vuelve a ser el centro de una novela de la violencia, no sólo en la temática sino en la propia escritura de la provocación. Lo relatado hasta aquí es el contexto.

En 1995 un grupo de jóvenes contestatarios se definen (o es definido) como "nihilista". Publican una revista: *Urbe*. Ellos mismos la venden por las calles céntricas de Caracas. Hacen manifestaciones y *happening*. Uno de sus representantes es Alejandro Rebolledo. Tiene treinta años. Vivió su infancia y el despertar adolescente en Londres. Como testigo vivenció el estallido de los grupos punk. En 1998 publica su primera novela: *Pin Pan Pun*.[1] Su violencia es temática y escritural. Su historia, parece simple: cuatro amigos integrantes de una pandilla se van autodestruyendo. "Julián, Caimán, Chicharra y Luis. De la pandilla de Los Palos Grandes sólo quedamos dos. Caimán en silla de ruedas y yo. A Chicharra lo mataron el 87. De loco se fue con un BMW a controlar Perico a Sarría y de allí no salió. Julián se despidió en el 92. Se pegó un tiro por culpa de Claudia, la puta esa que lo dejó por Carlos" (7).

Éste es el comienzo. Cada historia se va desenvolviendo en el recuerdo del narrador de primera persona, quien escribe o monologa sus memorias. Las cuatro historias se entretejen dentro de un contexto situacional de hablantes que, más exactamente, podrían definirse malhablantes. La oralidad soez y el argot de los marginales de la droga constituyen el léxico dominante. La escatología de la autodestrucción construye una estética del desastre. Es una variación posmoderna de la estética anarquista con que moría el siglo XIX. Andre Reszler tipifica el anarquismo "utópico" del siglo XIX como una estética del "encuentro entre el sentimiento de responsabilidad social del artista y de la afirmación de un ideal social que concede un lugar importante a los derechos del individuo" (105). Eso explica el utopismo reformista de aquellos personajes de Pardo en *Todo un pueblo*. La estética anarquista del desastre contemporáneo es inversa. Nace de la irresponsabilidad y la indiferencia ante el acontecer político social del entorno. Su referencia está más en el anarquismo individualista promovido por John Cage: "Estoy por la multiplicidad, la atención dispersa y la descentralización, y por lo tanto me sitúo del lado del anarquismo individualista" (citado por Reszler 107). Y su médula ideológica habría que buscarla posiblemente en un trasplante de la contracultura pop.

La novela abarca los últimos treinta años del anarquismo individualista de los jóvenes, no sólo venezolanos. En la narración hay un desorden enumerativo de los movimientos protestatarios, desde los hippies de los años sesenta, la rebelión universitaria del Gran Rechazo europeo, hasta las formas de la contracultura contemporánea: pop, yippies, punks. La droga y su lenguaje marginal despeñan la cotidianeidad hacia un nihilismo total. Los personajes son parásitos de la propia familia. Practican el ocio pasivo de la autoliquidación. Britto García (1994) tipifica la contracultura pop como un movimiento donde a la indiferencia política se suma la desorganización como valor, no como defecto. No tienen conciencia de la productividad social. "El pop constituyó, en buena medida, la institucionalización del parasitismo como forma de vida respetable; sus miembros vivieron del apoyo monetario de las familias y del *welfare*, así como de un oficio de la mendicidad preconizado por Abbie Hoffman en su panfleto *Free*" (67). La violencia de los pop "fue más simbólica que real, y esporádica más que coherente" (66). Los Yippies, para Britto, preconizaron un socialismo antiautoritario, el amor libre, el consumo de drogas y el conservacionismo (108). Este movimiento, como el de sus colaterales, los diggers, carecieron de estructura y programa. Prefirieron una acracia o una anarquía.

La intriga de *Pin pan pun* se va desenvolviendo alrededor de un equívoco: el autosecuestro inventado por Ana Patricia Mendoza, hacia donde arrastra a Luis, Caimán y Frank. Se vuelve "el mito de un secuestro" sin rescate, una suerte de gran ridículo o de gran sarcasmo de la impunidad. Intelectualmente es la novela del vaciamiento interior, de la identidad y de la reflexión académica. El mundo de los afectos y la sexualidad es el de la incomunicación.

Pin pan pun colocó las bombas de dinamita que imaginaba el anarquista Luis Acosta en *Todo un pueblo*. Otro Luis, el de la novela de Rebolledo, ubicó el detonante en el alma del lenguaje y salpicó de agresividad la lectura. La depresión y el ansia de escape delinean al narrador. Escribe o monologa sus memorias con oralidad procaz. La visión de conjunto desubica al grupo juvenil. Su vacilación está entre corregir rumbo o evadirse. La conciencia de un espacio en el mundo se les ha perdido. "Sé que es una tontería, pero ninguno de mis panas está mejor. Creo que estamos fritos y que no hay lugar para nosotros en este mundo, que no hemos hecho nada, que nadie ha hecho nada ni lo va a hacer". La nostalgia del pasado urbano está lleno de una memoria ensangrentada: "Odio la calle. Odio los Palos Grandes. Ya la gente de vieja guardia no está. No sé adónde ir. Parece un pueblo fantasma. Puros recuerdos son los que quedan por ahí. Visito a los panas que no han desaparecido. Al Tufo, por ejemplo. Oigo sus cuentos con la policía, el jibareo, lo del secuestro del niño Vegas. De lo tripa que era Caracas, de los años setenta, de cómo se fumaba la hierba, de las rumbas de rock'n'roll, las jevitas vueltas locas con la honda hippie" (15).

La percepción cultural del estudiante universitario es el rechazo a toda ética leída en los filósofos: "Odio mi casa. Mi mamá no me habla y está toda deprimida. Creo que le enrolla que fume tanta marihuana, porque lo sabe. También le enrolla que sólo haya llegado hasta el segundo semestre de Filosofía y que no me graduara. Es que entré allí para que luego me dieran el cambio a Comunicación o Derecho; no lo conseguí y lo que hice fue ladillarme durante un año. Platón, Kant, Marx, me cago en todos estos mamagüevos. No aprendí nada. Qué ambiente más deprimente" (15). La ausencia de afectos es un impulsor del rechazo intelectual: "Es algo más profundo. No sé si Platón, Sócrates o Fedón, porque esos maricos eran una cuerda de locas y ninguno asumía su barranco como es, decía que había que despegarse del cuerpo, de las pasiones, de lo que siempre cambia para aferrarse a lo absoluto, al alma, a la razón, a lo que permanece ¿entiendes?" (18). Con referencia a Sócrates lee su sentido (o sinsentido) de la muerte: "A conciencia, hay que concentrarse en lo absoluto, en el alma y el conocimiento, si no, eres burda de fashion y superficial. Tienes que olvidarte de que eres un pobre bichín, insignificante y perdido en el universo, que jamás conseguirá amor ni nada parecido y un día se morirá sin más. Eso fue lo que hizo Sócrates antes de beberse la cicuta e irse para el coño: concentrarse en lo absoluto donde no hay amor ni un coño". Concluye con la misma frase que cierra la novela: "Que no sea marico nadie. Yo lo que quiero es una jeva" (18). Ni siquiera Nietzsche se salva. Lo acepta en la Reflexión III, por su nihilismo, pero con este título: "Nada importa un coño de madre". Admite, que es una de las pocas lecturas capaces de llamar su atención: "El Federico Nietzsche. ¿Qué es el bien? ¿Qué es el mal? La genealogía de la moral y tal, ese fue el único libro de mierda que me gustó leer en la universidad y no fue porque algún marico profesor lo mandara a leer, no; ellos lo único que mandan a leer es a Marx. Fue porque un pana, más bien medio ñángara y hippie y todo me dijo que me lo iba a tripear y así fue" (156). Cuando lo evoca en el presente de la novela se le convierte en una referencia que justifica su culpa y su temor a convertirse en un secuestrador verdadero de María Patricia, a quien termina haciendo su amante.

Esa quiebra total de los valores éticos se resume más adelante en otro adicto que viaja a La Habana para someterse a tratamiento. Comenta a sus amigos que el último diagnóstico del siquiatra era que estaba "enfermo de nihilismo capitalista". Es Alejandro Mendoza, el hermano de Ana Patricia. En el futuro narrativo será gerente del diario fundado por su padre. Se convierte en próspero empresario casado y con status. En una crisis destroza el televisor y los equipos de su hermana, asesina la perrita Manuela, mascota de Ana Patricia y ésta, enfurecida, fantasea una solución macabra al problema del hermano: "Comprarle un millón de bolívares en crack, para que se muera y lo disfrute: eso es lo que hay que hacer. Dejarlo morir. No sirve para nada. Regalarle un pasaje a Nueva York, buscarle ochenta mil dólares y que se los fume con los yonkies neoyorkinos. O meterlo en un manicomio y tirar la llave. Eso es. Que se muera, que se pudra, bien lejos de nosotros, maquinó Ana, mientras el coro de Who can it be now llegaba a su punto más emocionante" (40).

Luis, por el contrario, se marcha a la isla de Margarita y, como administrador de un "pool" donde expende licor y droga, se siente un exitoso industrial. Ante la estafa de su socio y la quiebra de la "empresa", cae en la desesperación frente a un "barranco" esta vez real, y grita: "Que no sea marico nadie". Es el final.

El silencio estupidizante del telespectador va colocando en inmovilidad la vida individual y la familiaridad. La comunicación por Internet deviene en masturbación online, para Caimán. Las fiestas colectivas terminan en violencia y violación. La muerte está detrás de cada agente de la historia, hasta la perrita mascota de Ana Patricia, fusilada por Alejandro y descompuesta en la maleta del automóvil de la autosecuestrada. Julián se suicida la noche del primer golpe de estado (4 de febrero de 1992). Luis y Caimán visitan su tumba. Toman cerveza sobre ella y le brindan una a Julián (151).

Los pocos momentos de lucidez de Luis son ocupados por meditaciones pesimistas, como ésta que emerge ante la muerte de Chicharra: "Al principio endiosamos a Chicharra: morir antes de los 18 era algo burda de punk, burda de rockstar y tal, pero uno nunca extraña a Atahualpa Scot, uno simplemente oye sus discos de mierda y se caga de la risa. Un día te levantas y quieres llamar al Chicharra y tomarte una Frescolita con él y no está. Se fue de viaje" (...) "Después de eso nunca más fui invencible, más bien vulnerable. Caracas no era Londres y la vida tampoco una tomadera de pepas y ya; había algo más." (...) "Desde ese día la muerte es una presencia que me acompaña, que me persigue. Luego vino Julián. Y hoy la siento cerca. Falta poco para llegar a casa de Laudvan y la mami ésta huele demasiado rico. Ojalá fuera mi jeva y esto fuera sólo un viaje de novios a la Colonia Tovar" (72). Son Luis, el secuestrador involuntario y la mami, la seducida/secuestrada: Ana Cristina Mendoza.

Reszler señala que en los años del movimiento *beat* norteamericano (1950/1960, dentro de la llamada Nueva Izquierda se acogen todas las tendencias contestatarias. "Las filas de la 'contra-cultura' o de la 'sub-cultura' engrosan tanto como los 'trovadores' de la música rock o con los apóstoles de la drug culture como con los miembros de las organizaciones militantes" (123). El mismo autor observa que en las estéticas de la violencia anarquista contemporánea se encuentran de nuevo los reflejos de la "obra abierta" o de la "obra en movimiento". En *Pin pan pun* la protesta contra las formas opresivas de la vida social (familia, universidad, medios de comunicación) apuntan a la indiferencia política y a la autodestrucción como meta. El gran vacío existencial, el abismo interior es calmado sólo con la droga, el alcohol y la estridencia de la música dura o del rock ácido, lo que lleva incluso hasta el tecno merengue. La música suave de los baladistas al estilo de los Beatles es también escarnecida como gusto de los viejos que bailan lentamente al compás de un turú tururú tururú. El tiempo es la instantaneidad y la inmediatez. Al contrario de la acción participativa del *happening* teatral o plástico, el anarquismo individualista lleva a la inacción nihilista, al "barranco". Marcuse, citado por Rezler señala que "la droga, al revolucionar la percepción, contribuye poderosamente a la creación de un nuevo medio ambiente estético. Disuelve el yo que la sociedad ha labrado a su imagen, y en la música rock y pop, la música de los Negros del Sur y sus osadas variantes blancas, percibe la desublimización creciente de la cultura autoritaria". En *Pin pan pun* no hay ejecución musical directa sino a través de los *disc-jockeys* y las minitecas. El narrador es precisamente un *disc-jockey*, como lo fue Alejandro Rebolledo en la vida real. El juego ficcional se ha convertido en testimonio apocalíptico de varias generaciones de jóvenes. Uno de los pocos artistas que discurren por el espacio narrativo, Laudvan, pinta cuadros cuyos personajes son copias de dibujos animados. Tanto Luis como Caimán hasta en la condición de criminales son unos incompetentes. Terminan burlados igual que Ana Patricia, por su propia ingenuidad en el planeamiento del secuestro. El objetivo de la riqueza obtenida con el rescate no es más que un proyecto de evasiones hacia Nueva York o Londres.

A la pérdida de identidad —"No sé quién coño de la madre soy" (82)— se añade el desarraigo y el ansia de evasión. Ana Patricia sigue pensando, después que su hermano le fusiló su perra mascota (fetiche afectivo): "El cine, la radio, la televisión, ser modelo... No sabía exactamente lo que quería. Que la viniera a buscar un héroe galáctico y, juntos, viajar al fin del mundo" (41). Terminará "viajando" por la droga, en su automóvil del autosecuestro, con Luis, su amante. Mientras van por la autopista, ante la enorme cola de automóviles que no los deja avanzar en la huida, Luis piensa: "Hay cola, coño de la madre, maldita sea, me van a agarrar. Si la jeva grita estoy jodido. Te lo digo: la solución para este país es una bomba, una bomba enorme y nuclear que acabe con estas colas de mierda" (...) "Cállate, güevona, si dices 'ñe' te mato. Tranquilita. La gente, de todas maneras, no mira, todos están amargados, metidos en su mundo. Lo único que quieren es llegar a la casa, ver televisión, ponerse su One y fumar Marlboro" (61).

Hay algunas secuencias en las cuales la carnavalización de los personajes se enrumba al teatro *yippie* de Abbie Hoffman, pero no para llevar la revolución como teatro a las calles, sino para llevar el escándalo y la estridencia al desorden social, a la burla y el desconocimiento de toda autoridad: policía, padres, etc. Al equívoco del secuestro se le imprime un contenido político del cual está exento. La burla y el sarcasmo, el humor negro, son las armas narrativas de *Pin pan pun* para las escasas alusiones políticas manipuladas por los medios de comunicación. Cien años antes, en *Todo un pueblo* los integrantes de la ciudad letrada eran disfraces metafóricos de dioses olímpicos indignados contra el contenido anarquista implícito en la conferencia de Julián Hidalgo. En *Pin pan pun*, a propósito del "secuestro" un famoso animador de Televisión, entrevista al Fiscal General con otra investidura de ridiculización carnavalesca. Después de unos aguaceros torrenciales y serias inundaciones, "vestido con un traje de submarinista, con máscara y chapaletas, pero sin el tanque de oxígeno, Napoleón Bravo entrevistaba al Fiscal General de la República frente a la Plaza Bolívar de Caracas" (129). El locutor, de voz nasalizada por la máscara, lanza la monserga: "Ayer en la tarde los venezolanos tuvimos que presenciar una vez más cómo el hampa y las mafias que operan libremente en nuestro país hicieron víctima de sus fechorías a una familia honesta y trabajadora. ¿Usted, doctor, nos podrá explica por qué?"

Luis exhibe una franela con la efigie de Hugo Chávez. Se la regaló su amigo el Caimán. Pero ese símbolo icónico no se traduce en acción política, ausente de la novela. El padre de Ana Patricia, dueño de un diario (*El Guardián*), atribuye el secuestro involuntario de su hija, a La causa R, a los comunistas guerrilleros. Ana, aterrorizada, en casa de Laudvan cae en un sopor: "Los ojos se le cerraron. No era sólo por el desvelo, también los nervios. El día del segundo intento de golpe de Estado, el 27 de noviembre, cuando los aviones rebeldes sobrevolaron Caracas y las explosiones se oyeron cada dos segundos, también se había quedado dormida" (75). El Secretario General de COPEI aprovecha el falso secuestro para declarar en la televisión: "Nuestro Partido había advertido ya hace unos meses que Venezuela iba camino de la colombianización. Este secuestro es obviamente una copia del modus operandi de la narcoguerrilla colombiana. Gravísimo. Gravísimo. El Estado ya no tiene control ni poder; vamos a la deriva. En Caracas, a plena luz del día y a la vista de todos secuestran a la hija de un importante autor venezolano. No puede ser. La narcoguerrilla [...]" (84). La ridiculización máxima, sin embargo, es situacional dentro de la historia narrada: Luis realmente se había acercado al automóvil de Ana Patricia, atraído por la belleza de la muchacha, a quien deseaba decirle algunas frases galantes. Era frente a la puerta de Sónica, la emisora radial donde Juan Power transmitía su programa de música rock. Luis y Ana habían coincidido allí por azar. Los nervios de la cortejada y la acción alarmista del guardia de la emisora generaron todo el equívoco, magnificado como un acto de violencia hamponil narcoguerrillera. Ana Patricia regresa por su cuenta, sana y salva a su casa. Los cobradores del rescate son atracados por un compañero del comercio de drogas. El maletín sólo contiene un mensaje de las "cadenas de salvación". Las ansias de ser millonarios y marcharse lejos del país se esfuman y Luis, ya lo dijimos, termina "embarrancado" en la isla de Margarita.

Los cambios del espacio urbano, más que por descripciones, se miden por la enumeración caótica de sus habitantes, el consumo de la música y la droga y la represión policial cebada sobre los inmigrantes colombianos, haitianos, dominicanos; es decir, latinos, como en los mejores momentos de atropello de la gran metrópoli. La evolución de la ciudad y sus barriadas de clase media alta son calibradas por el tipo y el aumento progresivo de la violencia: "Ya los Palos Grandes no es igual, Caracas no es igual. Están aterrorizados con la violencia, los robos y esas mierdas, pero qué va, nadie me engaña, Caracas es más pangola ahora. Choros, muertos, asaltos y pobreza desde que tengo memoria existieron, pero en los últimos años, además de eso, la gente se ha vuelto paranoica, más moralista y conservadora" (11). La penetración y cambios de estratos sociales en el consumo de la droga se marcan así: "En los ochenta, los millonarios eran punketos. Punketos millonarios. Se compraban la droga más rica, se vestían mal y bailaban el pogo en sus casas del Country. No sé, querían escandalizar a sus padres". El colectivo urbano muestra en la mirada de una periodista de El Guardián una escena donde alternan profetas del Apocalipsis y comercializadores del caos. Por supuesto que la periodista, zuliana, estaba "deslumbrada por Caracas en aquel entonces. Poco tiempo pasó para que me convirtiera en una caraqueña más y aspirara a irme a Nueva York, como efectivamente sucedió" (103). La descripción es: "Tuertos, mancos, cojos. Saqueos, protestas, violencia. Dominicanos, chinos, portugueses, árabes, españoles. Olores a yerba, a mostaza, a parrilla. Smog. Vendedores de plátanos fritos, ofertas de dos por uno. Robos, muerte, pistolas. Frustración, resentimiento, borracheras. LTD, Nova, Caprice. Mendigos, locos, huelepegas. Santeros, evangélicos, hare krishnas. Ruidos, mucho ruido." (...) Ciertamente Caracas, más bien su centro, era, no sé si sigue siendo, la capital del caos y la miseria. El lugar más espantoso y, a la vez, mágico sobre la Tierra". En otro momento la periodista zuliana, va a la peluquería en Nueva York. Mientras le arreglan el cabello, dibuja la imagen del apocalipsis nacional: "Caracas, en esos días estaba llena de profetas. En cualquier esquina se anunciaba el fin del mundo. Lectores de caracoles, de tabaco, de cartas, manos y pies, evangélicos, hare krishnas, budistas, creyentes de extraterrestres y judíos coincidían en apuntar que Venezuela era el centro de una corriente negativa que multiplicaba la mala suerte. Esa era la única teoría posible para explicar que un país rico se encontrara en una situación tan desafortunada" (115). El gran saqueo y la corrupción estaban en el climax. Se la veía como algo natural. A la indiferencia colectiva de la ciudad en tránsito, de urbe revolucionada a sociedad desquiciada, correspondía una violencia general frente a un gobierno autista. El clima de una rebelión intentada tres veces consecutivas estaba preparando la atmósfera de un liderazgo fundado en la irreverencia y el cuestionamiento.

Como en el *Living Theatre* de Hoffman, la política se hace en la calle con visos de gran espectáculo. El programa se posterga. La acción priva como inmediatez. Ahí están las claves del riesgo y de la innovación de un proceso inédito. Pareciera que las consignas del Teatro del Apocalipsis se reeditaran: "Enrólate en la práctica". "El ensayo viene después de la actuación". No hay programa. Entre los fines y los medios no hay posible divorcio. *"The media is the message"*. El arte sustituye a la política (o viceversa). Y el hombre mismo se convierte en obra de arte (o proyectil disparado al aire, bala loca) (Reszler 132). Luis Britto García ha dejado casi una autopsia del problema de la droga, la violencia y su música rock de fondo, tal como ha venido ocurriendo en la ciudad real, fagocitada por otro tipo de globalización: el desconcierto y la incertidumbre. "Así como la caída de las contraculturas — escribe Britto— pareció postergar una suerte de utopía de izquierda, el curso de los acontecimientos también abismó una contrautopía de la derecha, cuyos lineamientos están implícitos en el mensaje difundido por los medios de comunicación de masas durante el medio siglo precedente" (13). La desacralización de los mecanismos autoritarios en *Pin pan pun* prefigura de alguna manera el discurso político despojado de solemnidad, donde un neopopulismo de signo revolucionario asciende al poder y abre unas expectativas nuevas dentro de una gran confusión impulsada por los medios de comunicación. En ellos alternan las noticias manipuladas con los astrólogos y vendedores de felicidad en las horas inmediatamente anteriores a los noticieros informativos, o en sustitución de ellos. La respuesta del nuevo poder que impulsa un cambio responde encadenando las emisoras de radio y televisión para emitir contramensajes de sacudida y réplica. *Pin pan pun* es en cierto modo el umbral anticipado o la advertencia llevada al extremo de un alarido irreverente: *fucking the world*. Lo demás es historia sabida. No está muerta. Vive entre grandes interrogantes por donde oscila nuestra angustiosa contemporaneidad.

Notas

[1] El sábado 25 de marzo, mientras escribo, Julieta, mi compañera, lee una nota de prensa: "El big bang del bang, bang, bang". El comentario es éste: "Así como crece la violencia en las calles del país, crece la afición de sus habitantes por los relatos policiales. Cuán interesante sería un estudio serio al respecto, ¿no? En todo caso, y tal como nos lo comenta el admirado y apreciado Raúl Betancourt, de la Librería Suma, el crimen sí paga" (*El Nacional* C-6). La nota se refiere a las novelas de James Ellroy: *Ola de crímenes* y *Mis rincones oscuros*. La analogía fónica entre el título de la nota y el título de *Pin Pan Pun* me deja perplejo. Qué lejos está la protesta verbal de *Todo un pueblo*. Ya no la siento una novela farsa, que desde una escritura grotesca, satiriza a Caracas. Su lenguaje parece ahora un cuento de hadas. La escritura inocente sí existió.

Bibliografía

Britto-García, Luis. *El imperio contracultural: del rock a la postmodernidad*. Caracas: Nueva sociedad, 1994 (2ª ed.).

González-Carrero, Alfredo. "Notas para la historia del problema de las drogas". Fundación Herrera Luque. *Balance psicosocial del venezolano del siglo XX*. Caracas: Grijalbo, 1997. 149-164.

González Stephan, Beatriz. "Todo un pueblo: Modernismo/modernidad: crisis finisecular en Venezuela". *Escritura* VIII/16 (Caracas, julio-diciembre 1983): 251-71.

Moraña, Mabel. "De la ciudad letrada al imaginario nacionalista: Contribuciones de Angel Rama a la invención de América". Beatriz González y otros. *Esplendores y miserias del siglo XIX. Culturas y sociedad en América Latina*. Caracas: Monte Avila/Equinoccio, 1995. 41-52.

Pardo, Miguel Eduardo. *Todo un pueblo*. Caracas: Monte Avila, 1981. (Colección El Dorado).

Rebolledo, Alejandro. *Pin pan pun*. Caracas: Libros URBE, 1998.

Reszler, André. *La estética anarquista*. México: Fondo de Cultura Económica, 1974 (Colección Popular).

Romero, José Luis. *Latinoamérica: las ciudades y las ideas*. Buenos Aires: Siglo XXI, 1986 (4ª ed.).

Zum Felde, Alberto. *La narrativa hispanoamericana*. Madrid: Aguilar, 1964.

Violencia crónica y crónica de la violencia: espacio urbano y violencia en la obra de Pedro Lemebel

Juan Poblete
Universidad de California-Santa Cruz

Si como ha dicho Fredric Jameson, la Modernidad es menos un concepto que una narrativa, resulta lógico que una de las cosas que más haya producido sean relatos, algunos legitimadores, críticos otros, irrelevantes los más.

En el caso chileno la modernidad neoliberal del pinochetismo y el pospinochetismo ha generado al menos tres tipos de discursos a los cuales me gustaría referirme aquí:

Por un lado, las respuestas intelectuales neoconservadoras al economicismo y pragmatismo neoliberales que han propuesto modernidades alternativas a los grados indeseados de secularización que el crecimiento del "tigrecito" de América Latina ha implicado. Me refiero al trabajo de sociólogos como Pedro Morandé y Carlos Cousiño que intenta rehistorizar y resacralizar el espacio neutro y supuestamente ahistórico que el neoliberalismo chileno ha instalado con el nombre de mercado

En Morandé y Cousiño —como ha destacado recientemente Jorge Larraín— se pueden trazar líneas de contacto con previos Hispanismos basados en nociones esencializantes de raza y mestizaje. Común también es el énfasis en el catolicismo, lo ritual y la teatralidad como raíz de una cultura moderna latinoamericana y mestiza cuyas bases habrían sido sentadas en la modernidad barroca de la colonia.[1]

Lo que resulta extraordinariamente atractivo en este tipo de teorización, es su capacidad de articular una visión específica e históricamente fundada de al menos parte de la cultura popular latinoamericana con un proyecto político cuando no autoritario casi siempre conservador. Igualmente importante es el cuidado por entender los mecanismos de codificación/decodificación y producción/recepción que animan a esa cultura popular de origen mestizo. Un aspecto central al menos en la teorización de Pedro Morandé es el maridaje ideológico de oralidad y escritura bajo el manto del catolicismo colonial, la forma en que la letra católica y española genera una escritura del cuerpo mestizo hispanoamericano basada en la participación colectiva en ritos fundadores de comunidad e identidad. Creo, y ahora sólo puedo sugerirlo, que esta conexión escritura-oralidad en el cuerpo subalterno describe bien las ceremonias atravesadas por poderes desiguales y violentos, en los ritos de comunicación y comunión truncadas que caracterizan muchas crónicas de Pedro Lemebel.

Los otros tipos de respuestas a la modernidad chilena neoliberal pueden clasificarse así: por un lado, los transitólogos, es decir aquellos que en un intento de renarrativizar el mercado como desarrollo histórico y político lo inscriben en un largo proceso de democratización pautado por sucesivas y necesarias transiciones. Finalmente, una tercera posición es la de los intelectuales de vanguardia, algunos de los cuales Jon

Beasley Murray engloba bajo la rúbrica de *The Chilean culturalist left* ("El arte de la fuga"), entre los que cabría citar el trabajo de autoras como Nelly Richard o Diamela Eltit, el grupo de críticos de ARCIS y yo agregaría en un lugar especial y diferente, la labor discursiva de Pedro Lemebel. Es esta última la que quiero visitar aquí.

Lemebel ha publicado: *Incontables* (cuentos, 1986); *La esquina es mi corazón* (crónicas, 1995); *Loco afán. Crónicas de sidario* (1996) y *De perlas y cicatrices. Crónicas radiales* (1998).[2]

Lo que Lemebel escribe, entonces, son sobre todo crónicas. Crónicas extraordinarias sobre la marginalidad social y sexual en el espacio urbano de Santiago de Chile. Crónicas sobre el placer y la violencia, el deseo, la fiesta, los espacios alternativos, la colonización de la vida, la saturación de la experiencia o su negación en los límites constrictores del mercado y el consumo o la falta de consumo.

Como sabemos, tanto Susana Rotker como Julio Ramos han propuesto que el lugar de la crónica en la historia literaria latinoamericana tiene que ver simultáneamente con la profesionalización del escritor moderno que la crónica hace posible y con la experimentación de nuevas formas de lenguaje y de experiencias que la urbanización y masificación de la vida generó en el continente a fines del siglo XIX y comienzos del XX.[3] Carlos Monsivais se ha referido a la crónica como un tipo de género mestizo, en donde el texto responde a su condición social sin vergüenzas o complejos estéticos pero a la vez sin restricciones utilitarias o programáticas. Un territorio ni puramente culto ni puramente popular, a caballo entre el periodismo y la democratización de la cultura y del proyecto de nación.[4] En palabras de Monsivais: "Todo está por escribirse, grabarse, registrarse. Entender, desplegar, reportear este nuevo país es primordial (...) Qué pueden informarnos crónica y reportaje de la situación actual? Por lo pronto, para citar a Valle Inclán, que el presente aún no es la Historia y tiene caminos más realistas" (citado por Egan, vol. 1, 99). La crónica decide entonces intervenir en ese espacio liminar entre las narrativas consolidadas y osificadas de la Historia Nacional y la evanescencia de la historia de la vida nacional cotidiana. O para decirlo en los términos de la teorización de los movimientos sociales en Alain Touraine, la crónica interviene al nivel de la lucha por la "historicidad" entendida como el "set of cultural models that rule social practices", es decir allí donde se disputa y produce culturalmente el sentido de la vida social a través de la codificación discursiva de la experiencia (citado por Escobar 71).

Lemebel define su crónica en algún momento como "la tentación de iluminar el suceso crudo y apagarle la luz a la verdad ontológica" (Blanco y Gelpí 94). Este gay saber o saber del gay se opone en tonos foucaltianos a otras formas más institucionalizadas: "Siempre odié a los profesores de filosofía, en realidad a todos los profesores. Me cargaba su postura doctrinaria sobre el saber, sobre los rotos, los indios, los pobres, las locas. Un tráfico [de discursos] del que éramos ajenos. Esa es la razón por la que mis escritos pasan siempre por medios masivos antes de transformarse en libros. Es una costumbre heredada de la dictadura". Algo así como "hacer grafitti en el diario" (Blanco y Gelpí 93-94).

La crónica entonces como una alternativa a dos formas de saber: el periodismo cotidiano y limitado y el saber académico sobre el otro y sus problemas.[5] La crónica asimismo como alternativa a un cierto saber literario: "Tal vez la crónica sea el gesto escritural que adopté porque no tenía la hipocresía ficcional de la literatura que se estaba haciendo en ese momento." La crónica entonces como desconfianza de la representación literaria y de "todos esos montajes estéticos de la burguesía", "un pasaporte para cruzar una frontera", el excedente de un recorrido, los desperdicios iletrados de una teoría (Blanco y Gelpí 93-97).[6]

La crónica finalmente como alternativa al saber-poder del pinochetismo —la dictadura revolucionaria chilena como lo ha llamado Moulián (*Chile actual* 146)— y al de sus secuelas, un saber otro que se opone a la mezcla de saber-poder dictatorial que concentró el monopolio jurídico, el del saber y el despliegue del terror.

Antes de pasar a examinar algunas crónicas en mayor detalle, me gustaría adelantar cinco hipótesis de trabajo:

Primera: aunque en un cierto sentido el mundo de Lemebel ha sido o está siempre en proceso de ser colonizado completamente por la lógica del mercado neoliberal, lo que él busca son los márgenes o bolsones de sentido que escaparían al menos parcial y provisoriamente al dominio de esa lógica.

Lo que Lemebel hace es resacralizar espacios que han sido no sólo desacralizados por el capitalismo neoliberal sino de hecho, y al menos en parte, separados de la producción capitalista del valor de la propiedad y el espacio. Allí donde el discurso neoliberal preferiría no entrar, allí donde pareciera que no hay valor posible de ser producido, en ese borde o frontera externa de los verdaderos lugares valorizados por el capitalismo se instala la prosa generativa de Lemebel y explora la producción de experiencias, el activo habitar de aquellos que viven en los márgenes.

Hipótesis segunda: paradójicamente Lemebel hace ingresar estos actores y estos lugares a una economía del valor, introduce una nueva mediación que los recupera y apropia como valores literarios y estéticos. Esto no es una acusación que denuncie esta mediación como una nueva fuente de alienación o plusvalía sino más bien la constatación de que la actividad literaria y más generalmente la producción de discursos participan del proceso general de la producción histórica del sentido.

En parte, la falta relativa de interés por definir el género al cual pertenecen sus escritos tiene que ver en Lemebel con una cierta resistencia a incorporar los actores y mundos que representa en ellos a esas economías conocidas de la discursividad literaria, a esas formas internalizadas e incorporadas que constituyen y limitan nuestras formas de percepción de la experiencia propia y de los otros en la forma de pactos narrativos que establecen claros límites entre la ficción y lo real.

Hipótesis tercera: la literatura, entonces, como la droga o el consumo de aparatos electrónicos irrumpe en estos espacios marginales y los reincorpora por otra vía al espacio general de la producción y circulación. Al hacerlo, sin embargo, incorpora dichos espacios a una narrativa (breve) de la historia que exige y produce respuestas, sentidos y reacciones. En su concisión horizontal y en su intensidad vertical, en sus cuatro páginas y veinte minutos, la crónica es capaz de producir una reflexión que dinamiza el cotidiano cultural de capas más amplias que aquellas élites que han tradicionalmente accedido a lo literario. En este sentido, los fugaces y poderosos encuentros de cuerpos marginales que caracterizan una parte importante de la poética de Lemebel reproducen al nivel del enunciado el encuentro discursivo de formas escriturales de origen diverso y a menudo opuesto que definen el lugar genérico de la crónica al nivel de la enunciación (oralidad cotidiana, periodismo, historia, literatura, antropología, etc.) De esta forma, la crónica de Lemebel se postula como *el otro narrativo* de cierta novela, de la misma manera en que José Joaquín Brunner describe a la novela como *el otro discursivo* de la gran sociología clásica "épica" o "sinfónica". Ocupada de los grandes procesos, de los macrorrelatos y las macrovisiones de la modernización, dice Brunner, la sociología podría estar "en vías de desaparición, ahora que los 'grandes relatos' parecen haberse desacreditado y las micro-representaciones de la vida cotidiana se hallan mejor servidas por los medios de comunicación" y la novela (31). Entre la literatura y la historia, entre la ficción por un lado y la sociología y la antropología por el otro, la crónica se propone dar cuenta discursiva de la emergencia de esos otros actores y experiencias cotidianas descuidados por los grandes relatos disciplinarios (sociológicos, antropológicos o literarios) sin caer en las formas épicas del distanciamiento ni en las codificaciones de lo cotidiano de la etnometodología o el relato etnográfico.[7]

Cuarta hipótesis: el lenguaje de Lemebel aunque estetizado como le corresponde a la definición genérica de la crónica contemporánea, guarda una estrecha relación con la localización vernácula del español chileno de clase media baja y baja. Esta modalización de su discurso por el chileno "roto", actúa como una resistencia a la presión homogenizadora del lector literario que busca siempre leer el texto como una manifestación más de lo ya visto, lo ya leído en tantas otras descripciones de los marginales urbanos en otras grandes ciudades. Este lenguaje marcado y localizado resiste entonces la pulsión de la percepción débil del otro, el otro siempre asimilable a lo ya conocido; defiende un sentido fuerte de Otredad localizada. Al mismo tiempo ese lenguaje chilenizado y popular local se halla en tensión creativa y productiva con el lenguaje estetizado más global o universal que lo envuelve, le da legibilidad y lo hace comunicable.

Quinta hipótesis: lo que distancia a Lemebel de otros esfuerzos por representar el espacio de lo local y marginal (en su caso, lo local-popular y marginal) es la fuerte insistencia de su prosa en la conexión sintomática que esas representaciones tienen con procesos de base económica y social. Lejos de dibujar un sistema formal y autónomo de estrategias retóricas, su discurso de la representación marginal se liga siempre a las condiciones históricas y materiales que hacen posible ese discurso y esa práctica de vida cotidiana marginales. Sintomático es en este sentido que ante la pregunta: "¿Hay algún fondo de ojo permanente en tus crónicas?" Lemebel responda inmediatamente:

> El golpe militar y sus golpecitos. Es un fantasma tenebroso que me ojea desde el pasado. Esa pupila sigue vigilante, amnistiando, perdonando, reconciliando el dolor tatuado en la memoria. Pero creo que te refieres al ojo descriptivo que paisajea mis crónicas, tal vez el ojo que recorta fragmentos de esta realidad consumada y consumida en la fragua visual de la TV. No sé. (Blanco y Gelpí 95)

Lo que me interesa es la certeza en adscribir el lugar central al golpe militar de 1973 y a sus secuelas como ojo estructurador de sus crónicas y a la vez una cierta resistencia o desgano a la hora de subsumir su trabajo bajo el tópico del *flaneur* moderno que repasa la ciudad en su paseo interminable en busca de la sensación y la experiencia. Es como si, simultáneamente a la resistencia al cliché vanguardista que intenta describir un proceso supuestamente global de la modernización, toda experiencia que la crónica de Lemebel recuperase tuviese su fundamento material firmemente asentado en el suelo histórico local que el 11 de septiembre marca en la historia chilena.[8]

La prosa de Lemebel es, de este modo, más compleja que este simple describir los márgenes como espacios rescatables al menos para la experiencia literaria del valor. Ella nos habla también e intensamente de la alienación, la injusticia y la violencia en espacios concretos. Por ello en uno de sus pocos intentos por definir la crónica señala: "metaforizo no sólo para adornar, más bien para complejizar el paisaje y el escenario del crimen. En este sentido mis crónicas podrían ser el boceto de tiza que marca un cuerpo en la vereda" (Blanco y Gelpí 95).

La esquina es mi corazón

> La esquina de la "pobla" es un corazón donde apoyar la oreja, escuchando la música timbalera que convoca al viernes o al sábado, da lo mismo (...) Un marcapasos en el pecho para no deprimirse con la risa del teclado presidencial hablando de los jóvenes y su futuro. (Lemebel, *La esquina* 16)

Quisiera concentrarme ahora en el libro *La esquina es mi corazón*, publicado en 1997. Lleva por subtítulo, a pesar de los veinte textos que lo componen, el de crónica urbana, así en singular, como marcando una voluntad de sentido global y unitario. En este libro la esquina aparece como el lugar de afectos, identificaciones y desidentificaciones. Como espacio y coyuntura, como acción en el tiempo y en el espacio en la que se cruzan y enfrentan trayectorias. La esquina entonces como encrucijada y sorpresa. Lugar en que se manifiestan pasiones, escenario de la expresión. Pero también como espacio de comunión y comunicación social, espacio generador de discursos y contradiscursos que buscan en sus formas de publicidad pobre de barrio, en el sentido post-habermasiano de publicidad y de esferas públicas alternativas, una forma de hacer política con el cuerpo, con las ganas y las frustraciones.[9]

La esquina entonces, también como residuo y resto en donde los discursos chocan y se dan vuelta, como accidentes que interrumpen el tráfico normal de la palabra oficial y la dejan en el chispazo de la colisión, invertida o trastocada. La esquina, por último, como colisión y colusión del lector que choca en su recorrido plácido por la ficción literaria con estas barricadas textuales que Lemebel levanta precaria y magistralmente para recordarle que hay otros actores ciudadanos, otros cuerpos y deseos, otras frustraciones. Estas crónicas se transforman así en pequeñas violencias armónicas de la retórica, si se me permite la expresión, que buscan siempre desnudar las grandes violencias de la represión de la sexualidad, la opresión ideológica y económica, las clases y la política en la "modernización bárbara" de la polis chilena.[10]

Quiero analizar tres de estas crónicas. Sin ningún ánimo de exhaustividad, espero poder sugerir de qué formas, procesos o con qué estrategias reconstruye Lemebel algunos de sus espacios de comunidad, alienación y violencia en el medio de la megalópolis chilena neoliberal. Debería empezar apuntando que las crónicas de Lemebel se escriben con una serie limitada pero inspirada de instrumentos. Si tuviera que nombrarlos diría que son: la voz, el ojo y el falo. Entre los tres dibujan las dinámicas sociales que pueblan el mundo urbano del cronista. A los instrumentos habría que añadir las dinámicas que privilegian. Entre ellas destaco una: cuando termina la descripción, cuando el discurso pasa de la referencialidad descriptiva a la ficcionalización, ésta, o sea la literatura, irrumpe siempre como violencia que interrumpe. Violencia que pone fin a las comunidades y comuniones, a los espacios utópicos y a las dinámicas de pluralización del mundo. Violencia que recuerda siempre que el mundo representado reconoce en la injusticia y la desigualdad su forma de estructuración primaria.

PRIMERA CRÓNICA: "COLEÓPTEROS EN EL PARAÍSO"

Para empezar me gustaría señalar claramente con esta crónica el límite expresivo e ideológico que acecha el proyecto de Lemebel o la forma que ese límite toma cuando de hecho se enfrasca en la utopización de los espacios residuales de la premodernidad en la modernidad neoliberal. Como los circos, las fiestas populares y los estadios de fútbol, que describe en otras de sus crónicas, las micros, los buses viejos y destartalados que hasta hace poco poblaban las calles de Santiago y ensucian ahora los aires de provincia, son aquí los protagonistas o más bien la ocasión espacial de esta historia urbana:

> Así, las micros se exilian en su desguañangada senectud. Buses aerodinámicos borran su carnaval ceniciento, trazan nuevas rutas sin riesgo y numeraciones codificadas que reemplazan la poética de los antiguos recorridos (*La esquina* 104).

Esta crónica sobre el viaje en esos viejos y destartalados buses santiaguinos es ideológicamente diferente a las mejores de Lemebel. Se tocan aquí esos límites en la forma de un cierto costumbrismo posmoderno que se solaza en el detalle pintoresco de aquel mundo que se extingue, como las crónicas que se multiplicaron en el cambio de siglo a comienzos del veinte, en todas las grandes ciudades latinoamericanas, a lamentar la desaparición del mundo de antaño frente a la irrupción de la barbarie popular y masiva. En este texto, aunque la simpatía y apertura hacia el mundo popular urbano estén como en todo Lemebel presentes, se hallan subordinadas al cronista-costumbrista que hace de los antiguos recorridos su propia poética de nuevos recorridos cargados de nostalgia y color local. Pero incluso aquí, preciso es notarlo, siempre por la vía de la ficcionalización de la violencia, el costumbrismo y la evocación del "brillo de la fiesta micrera" se interrumpen cuando irrumpe el accidente: "Todo es charco en la violencia del impacto. Todo es chispazo y ardor de huesos astillados" (102-103). Las canciones de la radio, la *performance* de los cantores populares, el sexo afiebrado del escolar que se deja sobar por el homosexual encandilado, la fiesta de la comunión popular llegan así a su fin. Como en la crónica del mercado persa de las pulgas, la entrevisión de un espacio popular plural en donde una cierta comunidad o coexistencia de elementos residuales y dominantes que escapa a la lógica excluyente del mercado neoliberal pareciera posible: "Entonces de compra y venta, el mercado popular traza su propia historia en la mezcla de retazos paleolíticos con la producción en serie de mercancías taiwanesas";[11] se desgrana, se desarma como visión en la violencia que regresa en la forma del robo en el mercado o el choque en la calle para recordarle al cronista y al lector que este espacio urbano está sobredeterminado por una ubicación histórica opresiva. El momento utópico termina así a menudo en Lemebel, en y con la violencia pautada desde el Golpe por sus golpecitos de violencia cotidiana.

Segunda crónica

Se trata de una crónica sobre los video —clips titulada "Barbarella Clip". Comienza, como muchos textos de Lemebel, constatando la degradación en el espacio del mercado de una experiencia supuestamente originaria y auténtica: la sexualidad.

> Quizas en la multiplicación tecnológica que estalló en las últimas décadas, la política de la libido impulsada por la revolución sexual de los sesenta perdió el rumbo, desfigurándose en el traspaso del cuerpo por la pantalla de las comunicaciones. Tal vez allí fue donde una modernidad del consumo hizo de la erótica un producto más del mercado. (57)

A partir de esta constatación de la sobrecodificación de la imagen sexualizada, de su neutralización publicitaria: "La empresa publicitaria exhibe el cuerpo como una sábana donde se puede escribir cualquier slogan o tatuar códigos de precios según el hambre consumista", dice con precisión (60). Lemebel puede postular su política de la resistencia del cuerpo marginal al embate neoliberal. No se trata tanto de cuerpos que se hallen siempre fuera del espacio de circulación del mercado, sino más bien de cuerpos y deseos que ocupan un lugar marginal, un lugar suplementario y descentrado: "Quizás en las plazas espinudas de la periferia (...) es allí donde todavía sobreviven jirones de sexo en las espinillas del pendex" marginal la modulación adverbial, el "quizás", advierte de la incertidumbre de lo utópico, de este hipotético "afuera" de un mercado aparentemente omnipresente y saturador de lo real. Tal vez allí, en esos cuerpos indóciles animados por el hambre, la droga, la falta de oportunidades, las ganas de venganza y de justicia, la apatía, se encuentren esos bolsones de resistencia popular con que han soñado los teóricos desde Foucault a Michel de Certau pasando por Josefina Ludmer.

Cuando la crónica avanza, el "quizás" se pierde en la certeza de la colonización del mundo de la vida por los aparatos publicitarios e imaginativos del mercado. El video-clip ensambla estereotipos de sexo y acción:

> Pasando la película del recital, los pendex, solitarios en el living de sus casas, resultan inofensivos frente al aparato. Neutralizada su transgresión de cuerpos deseantes, por la secuencia video. (63)

Pero este escamoteo del cuerpo encuentra, tal vez y a veces, su límite en el cuerpo popular, masivo y multitudinario del joven poblador de la marginalidad santiaguina. Hay pues todavía una última vuelta posible de la tuerca: el pendex ("pendejo", o sea joven) entonces "despegándose de la oscuridad, pide fuego para prender un pito y contesta algunas preguntas" (58). Si la oscuridad del cine apareció antes como el ambiente que hacía posible una cierta comunión de clases y sujetos heterogéneos bajo el manto del secreto y la pantalla, en una crónica genial ("Baba de caracol en terciopelo negro") en que un atónito Bruce Lee mira desde la pantalla el sexo oral de los supuestos espectadores para quienes el cine trasnacional deviene la ocasión de prácticas locales. Aquí, en "Barbarella Clip", la oscuridad es el trampolín desde el que salta el marginal con una llamarada que enciende la flama de una interacción diferente. Veámosla en esta larga cita:

— ¿Ves televisión?
— A veces, cuando no hay ná que hacer y gueá.
— ¿Qué ves?
— Video Clips, recitales y esa onda. ¿Querís una fumá?
— Ya. ¿Te calienta la tele?
— (Aspiración profunda) ¿Qué onda?
— Los videos porno, por ejemplo.
— Chiss, pero pa' eso tenís que tener un pasapelículas y una mina, y una casa, porque en los hoteles tampoco te dejan entrar por menor de edad.
— ¿Y cómo lo haces?
— ¿Qué?
— Eso.
— Cuando estoy muy verde, me encierro en el cuarto (...)
— ¿Te masturbas frente al espejo?
— ¿Qué onda?
— ¿Te ves?
— Claro. (...)
— ¿Te gusta mirarte?
— Bueno, igual paso con la pierna tiesa. Me dicen el pate palo.
— ¿Te gusta Madonna?
— (Chupada) Super rica la loca, si la tuviera aquí...
— Pero está en la tele.
— Sí, pero no se lo voy a poner a la tele.
— ¿Entonces?
— (Conteniendo el humo) sabís que de tanto hablar...
— ¿Qué?
— Se me paró el ñato, estoy duro. Mira toca.
— ...
— Apaga la grabadora y gueá.
     (Corte) (59-60)

Entre otras cosas, como el contraste ideológicamente construido entre experiencia mediada por la televisión y experiencia directa, lo que la cita dramatiza en forma humorística y sobrecodificada —véanse sino las pausas que sexualizan y socializan el diálogo: "aspiración profunda, chupada, conteniendo el humo"— es la posición de Lemebel respecto a la relación literatura-deseo. Si en el nivel más global, el otro interrumpe aquí el discurso literario de la crónica que aparece incorporando su propia insuficiencia como sucedáneo del sexo y lo real corporal, al nivel microantropológico de este *alter ego* del cronista, el discurso se interrumpe cuando este nuevo etnógrafo/ actor urbano de la marginalidad santiaguina, rompe la distancia con el objeto y acepta su llamada.[12] Cuando el ojo y la voz, los ojos y las voces logran reunirse en un cuerpo o unos cuerpos localizados en la conjunción sexual. Aquí reside el potencial performativo de los cuerpos y el deseo presente en algunos y sólo algunos de los textos de Lemebel. En su prefiguración de una forma de comunión posible fundada en una cierta comunidad de identificación que va más allá de las estratificaciones y las desigualdades sin por ello negarlas.[13]

La crónica de/en Lemebel funciona así como una reterritorialización, como un espacio de crítica y encuentro conflictivo en al menos dos niveles. De una parte, el discurso escrito es intervenido por una práctica que rearticula las distinciones (sujeto/objeto, etnógrafo/pendex) que fundan aquel. De otra, la crónica puede así en sus momentos más intensos generar la entrevisión de una sociedad más justa y menos escindida en donde los jóvenes populares de la gran ciudad latinoamericana puedan aspirar a algo más que a neoprén y pegamentos industriales.

TERCERA CRÓNICA:

Esa es, sin embargo, la utópica historia del futuro posible. Para la historia del presente hay que pasar a la crónica que cierra el libro y este ensayo. Se titula "Las amapolas también tienen espinas". En ella desarrolla Lemebel simultáneamente una metafísica del deseo homosexual en el anonimato de la gran ciudad y una suerte de elaborada poética de la escritura de la violencia urbana:

> La ciudad en fin de semana transforma sus calles en flujos que rebasan la líbido, embriagando los cuerpos jóvenes con el deseo de turno; lo que sea, depende la hora, el money o el feroz aburrimiento que los hace invertir a veces la selva rizada de una doncella por el túnel mojado de la pasión ciudad-anal. (123)

Esta pasión ciudad-anal nos habla del ojo desde el cual observa y vive Lemebel la ciudad. Creo no equivocarme al decir que le gustaría que nos refiriésemos a esa pasión, como una pasión ocular aunque el la nombre también "ojo coliza" y "flor homófaga".

Para decirlo brevemente lo que esta crónica pone en escena es la necesaria e inevitable y por ello poética violencia que separa a dos marginales en un crimen luego de unirlos en el coito. Como si se tratase de dos ceremonias complementarias que una lógica inexorable de la textualidad en Lemebel requiriese. La poética se completa sin embargo cuando esa lógica del discurso literario comparte su dominio con otra lógica social en la cual los actores no son más que peones secundarios y marginales, el desecho de todas las clases aquí sexuales y sociales que constituían el lumpenproletariado de Marx.

Para que la tensión nazca de la inevitabilidad social del destino trágico y no de la sorpresa efectista, Lemebel comienza anunciando el final: "La loca sabe el fin de estas aventuras, presiente que él después deviene fatal, (...) algo en el aire la previene pero también la excita (...)

En este ambiente el "ojo coliza" deambula "por calles mirando la fruta prohibida" "hiere la entrepierna, donde el jean es un oasis (...) su pupila aguja pincha ese lugar" (123-24).

El motor que propele y estructura es el deseo de aventura, el deseo como aventura:

> pareciera que el homosexual asume cierta valentía en esta capacidad infinita de riesgo (...) algo así como desafiar los roles y contaminar sus fronteras (...) conquistarse

uno de esos chicos duros que al primer trago dicen nunca, al segundo probablemente y al tercero, si hay un pito, se funden en felpa del escampado. (124)

Tras el coito y la iluminación viene la melancólica constatación de la ausencia, la comprobación de que esta historia no tendrá, cómo podría, un final feliz y satisfecho:

> pasado el festín, su cáliz vacío la rehueca postparto. Iluminado por ausencia, el esfínter marchito es una pupila ciega que parpadea entre las nalgas. Así fuera un desperdicio, (...) un molusco concheperla que perdió su joya en la mitad de la fiesta. Y sólo le queda la huella de la perla, como un boquerón que irradia la memoria del nacar sobre la basura. (126)

La poetización del espacio vacío, el del ano y el del sitio urbano eriazo "lleno de basuras y perros muertos" en que toda la acción acontece, termina no con el discurso melancólico de la falta sino con la instalación de la violencia que rige al mundo y estructura la ciudad. El homosexual atacado por este joven decepcionado y pobre que intenta robarle el reloj, cae víctima del falo convertido en puñal:

> se chupa el puñal como un pene pidiendo más (...) Como si el estoque fuera una picana eléctrica (...) calada en el riñón la marica en pie hace de aguante, posando Monroe al flashazo de los cortes, quebrándose Marilyn a la navaja Polaroid que abre la gamuza del lomo (...) La marica maniquí luciendo el look siempre viva en la pasarela del charco.... (127)

En esta escena de una inusitada y grotesca belleza, se juntan en la crónica de la violencia las violencias crónicas de la sociedad chilena, la tortura política *post* 73, su mercado de la fetichización y de las modas, su culto acrítico y banal de la imagen-país que Nelly Richard, Moulián y otros han analizado tan bien.[14] La lógica repito viene de afuera, la violencia no es aquí anecdótica sino estructural. Es la Historia chilena con mayúscula la que obliga al joven a "linchar al maricón hasta el infinito. Por todos lados, por el culo, por los fracasos, por los pacos [policías] y sus patadas (...) carnicerías del resentimiento social que se cobran en el pellejo más débil, el más expuesto" (128-29).[15] Ésta es la iluminación descarnada que la crónica de Lemebel alumbra cada vez que hace grafitti en el diario o en la radio o mira la televisión con gafas oscuras para que nosotros podamos ver la realidad más real. Situada entre la realidad y la ficción, entre la necesidad y la contingencia (necesidad de otro sentido y resistencia a las lógicas únicas de la racionalidad de los transformistas o transitólogos y a la del mercado neoliberal; contingencia que quiere ser más que la pura evasión-transgresión), la crónica de Lemebel forja un nuevo relato de la vida urbana cotidiana. Un relato para el cual la diferencia entre literatura y vida se diluye en el mismo momento en que ilumina la violencia que las constituye. Como Moulián, Lemebel nos recuerda que la agenda pública de la comunicación dominante sobre la delincuencia exije un reenfoque que la desplace del núcleo burgués de su discurso. Discurso que percibe esa violencia simplemente como amenaza a la seguridad de los privilegiados y que castiga a los pobres con el estigma de "la delincuencia virtual" (Moulián 134).

Notas

[1] Veánse Jorge Larraín Ibañez, *Modernidad, razón e identidad en América Latina* (169-183). Las obras relevantes aquí son: Morandé, Pedro. *Cultura y modernización en América Latina* y Cousiño, Carlos. *Razón y Ofrenda. Ensayo en torno a los límites y perspectivas de la sociología en América Latina*.

[2] Pedro Lemebel: "nace a mediados de la década del 50 [en Chile], escritor y artista visual. En 1987 con Francisco Casas crea el colectivo de arte 'Yeguas del Apocalipsis', que desarrolla un extenso trabajo plástico en fotografía, video, performance e instalación. Su trabajo literario va desde el cuento al manifiesto político, la autobiografía y la crónica. Y es especialmente como cronista que su obra se ha difundido masivamente", según reza la solapa de *Loco afán*. Ha publicado: *Incontables*, *La esquina es mi corazón*, *Loco afán. Crónicas de sidario* y *De perlas y cicatrices. Crónicas radiales*. Estos dos últimos proyectos contaron con el apoyo de becas del Fondo Nacional de la Cultura y las Artes en Chile.

[3] Véanse: Ramos, Julio. *Desencuentros de la modernidad en América Latina* y Rotker, Susana. *La invención de la crónica*. Ramos enfatiza, por ejemplo, que la crónica funciona como el campo de encuentro de la literatura hecha aquí voluntad de estilo es decir marcada como "especificación del sujeto literario a fin de siglo", con otros espacios no literarios que permiten demarcar y comprender el interior literario, ese estilo fuerte, como el adentro del campo (Ramos 111).

[4] Para la discusión del concepto de crónica y su evolución en Monsivais véase: Egan, Linda D. *Lo Marginal en el centro. Las Crónicas de Carlos Monsivais*.

[5] "temas como la pobreza, la homosexualidad, el sida, y otros, fetichizados por el tráfico intelectual o reducidos a temas de especulación periodística..." (Lemebel, en Blanco y Gelpí 97).

[6] Lemebel se refiere en las últimas alusiones a la influencia de la obra de Gilles Deleuze en sus crónicas.

[7] Dice Brunner: "Por su origen epopéyico y su insalvable sesgo épico, el sistema ideológico de nuestra disciplina [la sociología] se queda paralizado ante la falta de seriedad de lo contemporáneo; ante los juegos del poder; ante la ironía propia de todo lo descentrado, pluralista y diverso que hay en nuestra época y conciencias. A la sociología no le viene bien un mundo en que predominan los estilos de vida, las formas de consumo y no de producción, los travestismos y las parodias..." (31). Innecesario agregar que éste es precisamente el espacio en que se despliegan las crónicas de Pedro Lemebel.

[8] Lo que no quiere decir que este *ethos*/estereotipo homosexual de la aventura urbana a la caza de la experiencia única no se encuentre fuertemente presente en Lemebel. Se halla, sin embargo, subordinado a ese otro contexto y a esa otra visión.

[9] Véase Robbins, Bruce (editor). *The Phantom Public Sphere*. Especialmente los ensayos de Dana Polan, "The Public's Fear; or, Media as Monster in Habermas, Negt and Kluge" y Fredric Jameson, "On Negt and Kluge."

[10] La expresión "modernización bárbara" corresponde a Tomás Moulián, *Chile Actual*, 130.

[11] "bajo esta poética contorsionista del contrabando y la coima, se atenua el impacto neoliberal en los pobres. Se permea cierta justicia social...", "Como si esta arqueología del desecho, reflotara por un momento los ecos de la utopía en el avaluo de sus escorias" (*La esquina* 108-09).

[12] Beatriz Sarlo me sugirió una lectura diferente del diálogo que para ella recordaba en su formato más los interrogatorios policiales que la etnografía moderna.

[13] Como en su sagaz descripción de las Fiestas patrióticas, conviven allí las grandes determinaciones estructurales: "Como si el estado tratara inútilmente de reflotar en estos carnavales patrios, la voz de una identidad perdida entre las caseteras Aiwa" (*La esquina* 69); con los deseos a ratos y solo a ratos menos mediados del mundo popular: "estas fiestas son

así, un marasmo efervescente que colectiviza el deseo de pertenencia al territorio" (*La esquina* 68).

[14] Véanse: Nelly Richard, "El modelaje gráfico de una identidad publicitaria" y Tomás Moulián, *Chile actual*.

[15] Cabría aquí sugerir la influencia de una imaginería católica en Lemebel. En muchas de estas crónicas, en efecto, la trayectoria del protagonista en búsqueda de una comunión no mediada y total con el otro, termina en la violencia ceremonial de su crucifixión y en la expiación de pecados sociales por la vía material de un cuerpo sufriente.

BIBLIOGRAFÍA

Beasley-Murray, Jon. "El Arte de la fuga: Cultural Critique, Metaphor and History" Trabajo inédito presentado en LASA, 2000, Miami.

Blanco, Fernando y Juan G. Gelpí. "El desliz que desafía otros recorridos. Entrevista con Pedro Lemebel". *Nómada* 3 (1997).

Brunner, José Joaquín. "Sobre el crepúsculo de la sociología y el comienzo de otras narrativas". *Revista de Crítica Cultural* 15 (1997): 28-31.

Cousiño, Carlos. *Razón y Ofrenda. Ensayo en torno a los límites y perspectivas de la sociología en América Latina*. Santiago: Universidad Católica de Chile, 1990.

Egan, Linda D. *Lo marginal en el centro. Las crónicas de Carlos Monsivais*, Tesis doctoral, tres volúmenes. UC Santa Bárbara, 1993.

Escobar, Arturo. "Culture, Economics and Politics in Latin American Social Movements Theory and Research". *The Making of Social Movements in Latin America*. Arturo Escobar y Sonia Alvarez, eds. Boulder: Westview Press, 1992.

Larraín Ibañez, Jorge. *Modernidad, razón e identidad en América Latina*. Santiago: Andrés Bello, 1996.

Lemebel, Pedro. *De perlas y cicatrices. Crónicas radiales*. Santiago: Lom 1998.

_____ *Loco afán: crónicas de sidario*. Santiago: Lom, 1996.

_____ *La esquina es mi corazón: crónica urbana*. Santiago: Cuarto Propio, 1995.

_____ *Incontables*. Santiago: Ergo Sum, 1986.

Morandé, Pedro. *Cultura y modernización en América Latina*. Santiago: Universidad Católica de Chile, 1984.

Moulián, Tomás. *Chile actual. Anatomía de un mito*. Santiago: Arcis-Lom, 1997.

Ramos, Julio. *Desencuentros de la modernidad en América Latina*. México: Fondo de Cultura Económica, 1989.

Richard, Nelly. "El modelaje gráfico de una identidad publicitaria". *Residuos y metáforas. Ensayos de crítica cultural sobre el Chile de la Transición*. Santiago: Cuarto Propio, 1998. 163-77.

Robbins, Bruce (ed.). *The Phantom Public Sphere*. Minneapolis: University of Minnesota Press, 1993.

Rotker, Susana. *La invención de la crónica*. Buenos Aires: Ediciones Letra Buena, 1992.

III. La memoria escindida: quiebres y relatos

Desafiar a Walter Benjamin desde América Latina. De la "violencia" del discurso a unas "terribles ambivalencias" de la narración

Hermann Herlinghaus
University of Pittsburgh

De la recepción e interpretación de Walter Benjamin hablan, en el presente cambio de siglo, problemas tremendamente actuales. Las ideas del filósofo berlinés siguen vibrando de tal manera que se resisten felizmente a la pesadez de los aniversarios. Benjamin está presente en perspectivas variadas de los debates contemporáneos. Escenarios 'alternativos' de estos debates son una renovada autoconciencia modernista y diversas perspectivas de estudios culturales. Pero por debajo de los posicionamientos que tienen el mérito de ser convocadores, se dibujan otras lecturas, audaces e inciertas, las que todavía parecen dificultar la orientación. Antes de discutir la posibilidad de 'otras lecturas', dirigimos la mirada hacia lo que podría denominarse una nueva precariedad del discurso académico.

Nuestro interés busca afincarse en una discusión articulada desde América y de ahí formular una reflexión comparativa. Recordemos, para comenzar, una afirmación de Beatriz Sarlo que se entiende como balance crítico de una tendencia de recepción latinoamericana, especialmente argentina. Sarlo se dirige en contra de lo que llama 'normalización académica de la moda Benjamin', articulando un imperativo drástico: *Olvidar a Benjamin* (16). Ese imperativo tiene dos rasgos en términos de lectura inmediata. Primero confunde a los lectores, y al mismo tiempo parece optar por un enfoque duro. No se trata ahí de un imperativo retórico.

¿Olvidar a Benjamin? Por cierto, el debate argentino ha sido uno de los más vivaces. ¿Es sorprendente observar que Sarlo se dirige en contra de un 'snobismo académico' que en vista de los escenarios 'posmoderno' y 'posdictatorial' disfruta de la condición de un 'flaneurismo interpretativo' en tiempos de la omnipresente estetización urbana y urbanística del consumo, acompañada por una 'culturalización' de las mentalidades en las viejas facultades de letras? Lo que la autora critica es una reciente coyunturización de Benjamin que convierte las ideas del pensador alemán en recetas múltiples con las que se pretenden curar *impasses* de larga trayectoria. El categórico reclamo 'olvidar a Benjamin' se coloca por encima del problema –la problematicidad– de los criterios. Para Sarlo, el criterio reside en una especie de 'competencia verdadera, profunda' y textualmente consciente. Esto es, Benjamin debería ser 'justamente' interpretado o –lo que no es lo mismo– con justicia. Es aquí donde laten varias complicaciones. Nuestros comentarios proponen otra perspectiva crítica la que, en vez de 'olvidar a Benjamin', propone '*re-narrar a Benjamin*'.

Re-narrar a Benjamin presupone una serie de cuestionamientos, reformulando una perspectiva crítica 'dentro de la crítica'. Una interpretación 'justa' implicaría una lectura adecuada a costumbres en que se negocian normas prestablecidas con el fin de comprobar o reafirmarlas. ¿Hacer justicia a Benjamin de esta manera? ¿Cómo lograrlo sin incorporar las hegemonías referenciales con las que el discurso académico ha rodeado la obra de un intelectual cuyo pensamiento era casi imposible de clasificar y requería, por eso mismo, medida, conexión y categorías? Las cargas emotivo-críticas son grandes en el caso dado. Hay tiempos en que la crítica y el deseo del sufrimiento están íntimamente ligados. Ahí está, por ejemplo, la melancolía como estrategia crítica, y a la vez como fenómeno de una extraña solidaridad intelectual. Por lo tanto, la distancia entre los que hoy defienden, desde la academia, el nexo 'modernidad-melancolía', y el mismo Walter Benjamin, no es fácil de discernir. ¿Cómo historizar la subjetividad crítica? ¿Cómo discutir 'el tamaño' del (deseo del) sufrimiento? ¿Quién sufre melancólicamente, dónde y en qué escenario institucional o extrainstitucional, cuándo y con qué fin? En el caso de Benjamin, bien se puede hablar de una melancolía urgente y a la vez 'epocal', la que había nacido del fracaso de un moderno discurso racional y pacífico entre las dos grandes guerras de Europa. A la luz de los cambios del presente las preguntas continúan. Benjamin como objeto del deseo, como fetiche. O Benjamin quien, como interlocutor contemporáneo, relegaría la melancolía al archivo histórico de la modernidad. Las lecturas latinoamericanas se inclinan hacia Benjamin de distinta manera, pero el timbre de las preguntas se hace más aporético que en otras partes: "¿A qué regresa Benjamin, aquel berlinés de entreguerras, en el tren de una estación vacía, para descender sobre un neblinoso andén tan próximo a nosotros?" (Casullo 35).

Tal vez no se trata de rendir tributo al heroísmo de un intelectual quien había asumido la desheroización de la vida moderna a consecuencia plena. A lo mejor sería conveniente reflexionar hoy con una modestia que logre distinguir productivamente entre la fascinación por el nomadismo intelectual y la condición trágicamente precaria del nómada. La última es una de las consecuencias más radicales de la desterritorialización identitaria e institucional, diferente tanto de la idealización-individualización del héroe trágico como también de la 'dramática' problematización de los saberes académicos. Esto nos podría llevar a presupuestos de recepción dialógica según los que cierta identificación entre el intelectual alemán y los trabajadores académicos de hoy se hace desde un inicio imposible, ya que en el 'diálogo' late la historicidad de miradas que son epistemológicamente irreconciliables, aunque puedan establecer sus nexos conceptuales. Desde tal premisa la expectativa: ¿Cómo puede y debe hacerse justicia a Benjamin mediante una recepción 'adecuada' y 'competente'? adquiere tonos muy problemáticos. Y si se olvidara a Benjamin, tal como exige el imperativo anteriormente citado ¿quién estaría autorizado a resucitarlo?

Un cambio de matiz permite dar otra dimensión a las preguntas. ¿Es deseable hacer justicia a Benjamin? La duda remite, no a un voluntarismo de 'uso multivalente', sino a una problematización de los *fundamento(s) místico(s) de la autoridad*, subtítulo de un libro en que Jacques Derrida (1990) ha reinterpretado el ensayo *Zur Kritik der Gewalt* (1921/1986, "Sobre la crítica de la violencia"). Se trata de una lectura 'diferente' en donde el calificativo 'deconstrucción' no lograría rendir cuenta del potencial dialógico que permite revisitar, desde las páginas derridianas, el pensamiento de Benjamin. En su ensayo de 1921, Benjamin había agudizado un problema cuya discusión sería de envergadura 'posestructuralista'. Es el problema de la *'violencia del discurso'*, un problema que permitirá, en términos de Foucault, percibir el discurso como 'orden del discurso' (ordenación discursiva del mundo y lo cotidiano) que funciona a través de una 'arqueología de la violencia' propia y sutil, vinculada al poder actuante de las representaciones dominantes como 'costumbre'. En la percepción de Derrida, "el fundamento místico de la autoridad", recurrencia a una formulación de Montaigne y Pascal, marca un 'límite del discurso': aquel poder ('naturalizador') de 'costumbre' con que la autoridad se instala a nivel social, como normalidad de interpretaciones, como lengua instituida que a su manera participa en la institución de la ley y genera, de este modo, un silencio en la lengua misma (*Force de loi* 28). Benjamin había formulado su reflexión sobre los 'límites del discurso' como argumento contra aquella violencia que ordena aceptar una ley de representación bajo los auspicios de *Aufklaerung*, razón y objetividad. Esto es, su ensayo conlleva una determinada interpretación de la lengua (del origen) y de la experiencia de la lengua según la cual lo abominable (*das Boese*) irrumpe en la lengua a través de la representación. Anota Derrida: "*Zur Kritik der Gewalt* no es solamente una crítica de la representación como perversión y caída en pecado de la lengua, sino al mismo tiempo una crítica de la representación como sistema político de la democracia formal y parlamentaria. Visto de esta manera, el ensayo de 1921 es revolucionario en un sentido marxista y mesiánico: pertenece a aquella gran honda anti-parlamentaria y anti-ilustrativa en cuya superficie va a surgir el nazismo" (62). Con estas observaciones, Derrida se acerca a un timbre 'terrible' en el texto de Benjamin. El ensayo *Zur Kritik der Gewalt* termina heideggerianamente con la visión redentora de un *walten* (un 'estar efectuando') de una especie de 'contraviolencia'. Se trata de una violencia divina, violencia destructora de la representación y, a modo de redención, auténticamente (re)nombradora de los seres y las cosas. Dice Derrida que esta conclusión visionaria de Benjamin adquiere, a la luz de las justificaciones que el nazismo alemán daba a su barbaridad en el espacio público de entreguerras, un timbre "terrible, insoportable" (123).

Si hablamos de lo 'insoportable', lo 'terrible' lo ha sido con toda gravedad para el propio Benjamin. Pero hoy, retorizar lo históricamente soportado como insoportable no es suficiente. La búsqueda debería ir un paso más allá, arriesgándose hacia la pregunta de cómo las ambivalencias terribles de ese pensador nómada ayudan a ampliar las posibilidades de historización crítica del presente. Es el pensamiento de Benjamin que nos hace hablar de ambivalencias 'terribles' precisamente en su difícil potencial dialógico. Se trata de asumir lo terrible como posibilidad de pensamiento. La expresión 'ambivalencias terribles' permite dar relieve a la siguiente duda: ¿no es un presupuesto obsoleto querer hacer justicia a Benjamin hoy? Es posible que Derrida no tenga razón en subsumir al Benjamin rigurosamente autorreflexivo, a la 'gran onda' que en otros registros se ha llamado 'irracionalista'. Pero 'tiene razón' con respecto a una desidentidad necesaria. Necesitamos un modo de (posible) comprensión de Benjamin que implica la *desidentidad* entre los argumentos de los que trabajamos con las ideas del pensador y las visiones de él mismo. Evitar la identificación de las ideas posibilita hacerlas productivas, y muy probablemente dificulta la melancolía como actitud del crítico en el tardocapitalismo. Recién esta premisa nos acerca a aquellas necesidades de relecturas latinoamericanas que nos interesa discutir aquí. Y no se parece tratar siquiera de una 'recepción dramática', ya que los problemas planteados por Benjamin nos remiten hoy, más que antes, al peso de las banalidades y las rutinas, a la fugacidad de las esperanzas, a las ambivalencias de la memoria. Nelly Richard ha formulado en relación al contexto post-dictatorial de refiguración simbólica de la historia chilena: "Una mezcla de azares y necesidades terminó haciendo productivas varias referencias benjaminianas, pasando por 'las combinaciones, las permutaciones, las utilizaciones' de conceptos cuya pertinencia y validez 'no son nunca interiores, sino que dependen de las conexiones con tal o cual exterior' [...] Más que averiguar filiaciones teórico-conceptuales deudoras de alguna matriz de conocimiento, vale la pena dejarse sorprender por el itinerario de referencias semideshilvanadas que grabaron a Benjamin en las historias chilenas de la memoria y de sus tachaduras" (15). Optamos por una lectura 'desencantada' del propio Benjamin o, más modestamente, por una lectura diferencial de un pensador heterológico.

Las 'terribles ambivalencias' de Benjamin se aventuran hacia la productividad de las paradojas. "¿Cuándo hemos de enfrentar la necesidad de un pensamiento que indaga en la riqueza de las paradojas? Nos alcanza irremisiblemente cuando cabe descubrir las hondas contradicciones y dinamizar, a partir de allí, una situación que parecía carecer de sentido y de alternativas" (Walter 181). Situaciones de pensamiento y de movimiento histórico que 'parecen carecer de sentido y de alternativas' – allí residen nexos de implacable afinidad que hacen reaparecer a Benjamin en los heterogéneos tiempos latinoamericanos del presente. ¿No son precisamente las 'terribles ambivalencias' las que se hicieron productivas para un pensamiento crítico en escenarios periféricos de dictadura, post-dictadura y acelerada modernización neoliberal? La historia no se repite, pero recién la historicidad de las experiencias permite su comprensión. Pensar lo impensable y lo indecente en vista de constelaciones que parecen haberse vaciado de esperanzas y de esquemas críticos válidos, llenándose de paradojas y tragedias: aquí reside una de las pistas que permite recolocar el pensamiento de Benjamin en los escenarios críticos –en unos más que otros– de una heterogénea modernidad periférica, modernidad 'no-contemporánea'.

Es posible que haga falta otra aclaración. Cuando se habla de una comparabilidad de experiencias históricas distantes, no se piensa tanto en una solidaridad entre los que se sienten, antaño y hoy, duramente tocados por el destino del "ángel de la historia". Se trata de enfoques que de alguna manera desconfían del patetismo como herramienta crítica y conceptual para dedicarse a la pregunta: ¿cómo se hace productivo un doble desencanto periférico (con el discurso de la modernidad y con las 'propuestas' de la avanzada globalización)? Donde la experiencia de los cambios, las rupturas e interacciones culturales de los procesos de modernización violenta en el siglo XX deja de ser analizable en los términos representativos de unos saberes institucionalizados, ¿qué aprendizaje depara entonces la asunción de una paradoja? Nos referimos a la paradoja de que en determinadas situaciones históricas, pensar necesidades y valores de 'emancipación' conlleva una terrible cercanía entre este pensar y los mecanismos y las figuras de la 'dominación'. Una determinada 'historicidad viva' de Benjamin en los heterogéneos tiempos latinoamericanos del presente remite precisamente a ese nivel de experiencia: experiencia que ha enfrentado y vuelve a enfrentar la necesidad de asumir las dinámicas de la modernización (su nueva barbariedad) como prolegómenos culturales. Con esto se relaciona la tarea de 'buscar modernidad' en terrenos donde jamás se la esperaba encontrar. Repensar la modernidad como experiencia heterogénea en un marco de violentas modernizaciones en que lo político y lo mass-mediático interactúan en espacios irregulares, esto es donde en parte se desintegran o se truncan las tradicionales instituciones democráticas, marca una de las tareas que atraviesan las lecturas benjaminianas actuales desde América Latina.

No puede haber, desde luego, una trama de continuidad entre un pensar de Benjamin y sus resignificaciones que se observan en América Latina después de los años sesenta. Sin continuidad, y sin discontinuidad que algunos llamarían 'posmoderna', lo comparable se evidencia en términos de historicidad, necesidad de pensar experiencias de ruptura y de cambio desde un 'estar-siendo-en-la-historia', esto es, sin ilusión de autonomía histórica. Parece ser justamente esta 'pérdida', la experiencia benjaminiana de la pérdida de (un derecho instituido a) una crítica autónoma, que le hace opinar a la chilena Elizabeth Collingwood que los escritos de Walter Benjamin llaman, en los años ochenta y noventa, a un acercamiento radicalmente distinto (15). En el fenómeno de lecturas distintas, diferentes de las que se suelen hacer en Europa hoy, resuenan experiencias de violencia, inscritas en los procesos de la modernización, que por el lado intelectual se articulan en nuevas tensiones entre empobrecimiento cultural letrado, rupturas existenciales y horizontes críticos distintos. Dicho de otra manera: la dramatización del lugar intelectual entre catástrofe y esperanza no es una mera cuestión de aprendizaje, recepción teórica o incorporación académica, sino de unas profundas desproporciones históricas en el trabajo intelectual. Las perspectivas latinoamericanas de una modernidad heterogénea permiten rearticular una cara terrorífica de la modernidad que, mucho antes del fascismo alemán, ya se vislumbraba en la colonización del 'Nuevo Mundo' y que revelaría, bajo las dictaduras 'neoliberalistas' del Cono Sur, su aspecto más dramáticamente contradictorio. Cuando en los últimos decenios los cambios bajo signos neoliberales y autoritarios empujaban hacia una simultánea desintegración de varios sistemas de representación (la ilustración, la revolución, la democracia), la violencia de los cambios y la problemática de la 'violencia del discurso' se entrelazaban de manera difícil y sin regla. ¿Qué significa, a la luz de esto, reflexionar sobre un presente cuyas tendencias destructoras reaparecen como condición de posibilidad de la experiencia histórica? Acepción rigurosamente antihistoricista, pero orientada hacia una búsqueda de historicidad que enfoca el presente como momento y escenario de recuperación-acción de tiempos anacrónicos.

El ensayo *Zur Kritik der Gewalt* puede confundir a sus lectores de distinta manera. En él, la 'violencia' se ubica en el lado de los discursos. A pesar de la sugestividad del término 'violencia', resultaría más comprensivo hablar de una 'crítica del poder de la representación' y del 'poder del discurso'. Al mismo tiempo, conviene seguir indagando en el problema de la diferencia que aparecía vinculado, en el ensayo, con una mesiánica imagen utópica (era decir –un *walten*, un 'estar-efectuando', de una violencia alternativa, divina, capaz de '(re)nombrar' las cosas). Y nos encontramos hoy con la inmensa actualidad de la problemática subyacente: la problemática *modernidad y escritura(s)*. Esta problemática que está atravesada por la cuestión del poder de los órdenes discursivos, fundantes o normativos, se vinculaba en Benjamin con un miedo: el miedo de que el 'solipsismo' moderno, el que festejaba los regímenes del saber exclusivos y elitistas, sirviera sólo para olvidar y marginalizar al Otro cultural. Hoy nos alcanza un miedo muy parecido. En este sentido, *Sobre la crítica de la violencia* es una temprana crítica del *etnocentrismo discursivo* inherente en el discurso de la modernidad, que va a encontrar diversas otras articulaciones en Benjamin. Entre ellas, un ensayo tardío nos parece particularmente interesante: "El narrador" (1936/1973).

Las nociones 'narrador' y 'narración' no pertenecen a los conceptos que el pensador alemán perfilaba en sus grandes textos. Sin embargo y por debajo de sus conceptualizaciones centrales, ellos adquieren una importancia medular. "El narrador" es un texto 'abierto', subestimado no pocas veces, cuyos desafíos le preocupaban a su autor hasta el trágico año de 1940. Todavía en 1938, Benjamin le escribió en una carta a Karl Thieme que para él no existía un punto de fuga más certero de "las más divergentes de mis reflexiones que la integración de motivos del narrador, de la reproductibilidad técnica y de los pasajes" (1982, II-3, p. 1279). Estas palabras, formuladas desde sus trabajos de notas y cartas sobre el fenómeno del 'narrador', adquieren la envergadura de un balance, y todavía más, la envergadura de un proyecto. El 'narrador' en relación clave con "La obra de arte en la época de la reproductibilidad técnica" y "La obra de los pasajes", indica una acentuación de la problemática 'modernidad y escritura(s)' que se reconoce como interesante antídoto frente al ensayo "Sobre la crítica de la violencia". En "El narrador" se lee: "Cada mañana nos informa sobre las novedades del orbe terrestre. Y sin embargo somos pobres en historias notables. Lo cual viene de que ningún suceso nos alcanza sin estar impregnado de explicaciones. Con otras palabras: ya casi nada de lo que sucede favorece a la narración y casi todo en cambio a la información. Casi la mitad del arte de narrar consiste en mantener libre de explicaciones la historia que se reproduce" ("El narrador" 308). En la semántica subyacente, en la medida que 'explicación' conecta con lo que Benjamin ve de condición violenta en el 'discurso' como lenguaje representativo, el personaje conceptual del 'narrador' se va a convertir en una figura que ayuda a reformular la problemática de la relación entre habla, escritura y comunidad.

En el debate cultural latinoamericano de las últimas décadas se llega a reperspectivar la *narración* como matriz conceptual para comprender las dinámicas heterogéneas de la modernidad en el siglo XX. El desplazamiento del 'lugar epistemológico' es riguroso, y la narración reaparece en un lugar de suma ambivalencia: en el lugar conceptual que permite conectar los medios masivos cine, radio, televisión y video con los cambios de las sensibilidades y los imaginarios colectivos de las mayorías (Martín-Barbero/Herlinghaus 43-49). Con esto, la 'narración' marca un nexo clave en las nuevas reflexiones sobre la modernidad heterogénea. Usaremos, en vez de 'posmodernidad', el concepto de 'modernidad heterogénea' dentro del cual se perfila la noción de 'modernidad no-contemporánea' latinoamericana (Herlinghaus). Con esto indicamos que el debate latinoamericano ha asumido perspectivas problematizadoras de índole posmoderna desde premisas propias, las ha radicalizado, evitando el bloqueo de su potencial crítico que la 'posmodernidad legítima' ha enfrentado ante todo después de los cambios mundiales de 1989/1990. La recepción 'periférica' de Benjamin contribuye a la comprensión de necesidades 'diferentes' en términos de reflexión crítica de la modernidad. La preferencia posmoderna por las narraciones (las historias), distinta de la inclinación moderna hacia lo abstracto (la Historia), se va a reconocer como parte intrínseca de un concepto latinoamericano de modernidad no-contemporánea. Pero diferente del pluralismo posmoderno, aquí se enfoca la historia cultural del siglo XX a través de la "constitución de lo masivo desde las transformaciones en las culturas subalternas" (Martín-Barbero, *De los medios* 203).

El cuestionamiento de una ecuación subalternidad-minoritarismo alberga una de las pistas para discutir la historicidad del narrador benjaminiano. Dicho a modo de resumen de posiciones que exigen una discusión más extensa: en las relaciones entre lo masivo y lo subalterno, tal como aparecen historizadas en el concepto de "mediaciones", cristalizan *narraciones anacrónicas* de la modernidad latinoamericana a partir de las cuales el pensamiento heterológico cobra mayor sentido. Tales narraciones anacrónicas que se teatralizan en los cruces entre lo popular y lo masivo, "a medio camino entre un subdesarrollo acelerado y una modernización compulsiva", desplazan la problemática de lo moderno de la *fundamentación discursiva* de la cultura hacia la *imaginación narrativa* de la discontinuidad cultural e histórica en el mundo. Es aquí donde se radicalizan las reflexiones benjaminianas sobre 'el narrador'. A Martín-Barbero, esa radical re-imaginación de enfoques de Benjamin le sirve para hablar de 'mestizaje' en un sentido nuevo: "de objeto y tema el mestizaje pasó a ser sujeto y habla: un modo propio de percibir y de narrar, de contar y dar cuenta" (204) a plena luz de unos cambios contemporáneos. "Es como mestizaje y no como superación –continuidades en la discontinuidad, conciliaciones entre ritmos que se excluyen- como se están haciendo pensables las formas y sentidos que adquiere la vigencia de las diferentes identidades" de la modernidad latinoamericana (205). Tales identidades, 'identidades narrativas' para extraer un término de Paul Ricoeur que Hayden White asume, no obedecen a la 'Historia': se articulan a través de un mestizaje 'no-contemporáneo', esto es, anacrónico de 'historias' diversas. No se trata de una simple pluralidad de discursos y narrativas, sino de diferencias culturales de mayor envergadura. Y es a través de estas diferencias inscritas en la modernidad latinoamericana que la misma distinción benjaminiana entre 'novelista' y 'narrador' se hace repensable en términos de asimetrías culturales, asimetrías entre 'discurso' y 'narración' inscritas en la modernidad no-contemporánea. Lo que Benjamin no podía asumir, nos hace reconsiderar su conceptualidad: la manera insólita de historización de una *modernidad otra* en América Latina en que se inscribe también un acceso comunicacional a aquel problema de la violencia que le preocupaba al pensador alemán. De ahí, los nexos entre la historicidad moderna de las escrituras, los medios, la tecnología, y los imaginarios de 'soledad' y deseos de 'comunidad', van a adquirir relieves distintos y a la vez más nítidos.

Estas consideraciones nos llevan a un reacercamiento al ensayo "El narrador". La primera impresión que la lectura podría darnos es, en la línea trazada por Lukács para el desarrollo de la subjetividad, la de una histórica desaparición del 'narrador', portador del "lado épico de la verdad", como efecto del advenimiento de las sociedades industrializadas, urbanizadas y atravesadas por nuevos medios de comunicación masiva. El 'novelista' devendría el articulador por excelencia del 'desamparo trascendental' del individuo moderno: precioso sueño de aquellos individuos sumamente aproblematizados cuya condición era la de criticar la modernidad, siendo a la vez su élite más culta. Benjamin ya no soñaba este sueño, precisamente por familiarizarse con los condicionamientos culturales y mediáticos, 'terriblemente ambivalentes', de la subjetividad –las subjetividades– moderna(s). Por esto mismo, cabe repetirlo, trazaba hacia el final de su vida una red conceptual entre "El narrador",

"La obra de arte..." y "La obra de los pasajes", mapa que pudiera haberle dado, en circunstancias de vida e historia menos trágicas, el marco orientador para sus trabajos futuros. Si en la condición solitaria del individuo contemporáneo late la violencia de la moderna división entre 'Historia' e 'historias', el 'narrador' no puede estar muerto. Si un 'poder de violencia' habla de aquellas escrituras que fundamentan la Historia (con mayúscula), la 'narración' debería ser nuevamente liberada de su dictado. En la rehabilitación benjaminiana de la narración se esconde un timbre de antropología posmoderna. Queda obvio el cuestionamiento de la legitimidad de un determinado paradigma de autonomía: se pone en jaque el potencial 'emancipador' de aquellos discursos que 'agencian soledad'. Afirma Benjamin que al carecer de habilidad comunitaria, la escritura llamada tentativamente "novela", carece de algo fundamental: de sabiduría práctica.

El ensayo "El narrador" es un texto difícil y alusivo que dice mucho más de lo que dice. Sus párrafos más citados no ofrecen una referencialidad conclusiva, sino un mapa de problemas por explorar: "... el arte de narrar está en las últimas. [...] El narrador toma lo que narra de la experiencia; de la propia o de la que le han relatado. Y a su vez la convierte en experiencia de los que escuchan su historia. El novelista en cambio se mantiene aparte. La cámara natal de la novela es el individuo en su soledad, incapaz ya de expresarse ejemplarmente sobre sus deseos más importantes, sin consejo para sí mismo y sin poder ofrecer ninguno" (306). ¿No es que la distinción entre "novelista" y "narrador" traza una línea divisoria entre la experiencia moderna de la *soledad* del individuo reflexivo, y una condición de *comunidad narrativa* ligada a la herencia cultural de los narradores orales ("muendliche Erzaehler") los que se encuentran en caminos de extinción? Pero el texto vive menos de sus hipótesis afirmativas que de sus ambivalencias. De modo contrario, el propio Benjamin se habría apartado de uno de sus principios claves –la crítica del historicismo. Benjamin (re)introdujo el 'narrador oral' con propósitos que iban más allá del ensayo mismo. La aparente nostalgia del texto es una puesta a prueba de una mirada diferente. Benjamin, con nostalgia, escribe desconfiando de ella. Perfila dos *personajes conceptuales*, móviles y aporéticos: 'el narrador' y 'el novelista'. Escenifica un inusual encuentro entre ellos para desobjetivar sus 'papeles culturales' e indagar en su extraña y difícil afinidad. Tenemos aquí una dramatización, nietzscheana si se quiere, de la relación entre estos personajes la que permite trabajar la paradoja de una configuración personal-apersonal con el fin de pensar la diferencia entre ambos como un posible modus operandi de experiencias culturales anacrónicas y heterogéneas, experiencias que serían difíciles de juntar a través de la explicación. Si recordamos la reflexión de Deleuze y Guattari (¿*Qu'est-ce que* ...) sobre el estatus filosófico de los *personnages conceptuels*, consta que con un cierto tipo de 'personaje conceptual' se deshace el estatus del sujeto de la enunciación, estableciendo un nexo entre conceptualidad y dimensiones subconscientes y afectivas del pensamiento. Estos personajes 'habitan' espacios intermedios entre deseo racionalizador y fantasía conceptual. Pensar ahora en la *aporía* como (antigua) figura retórica, ayuda a percatarse de un 'suspenso': por un lado se alude a la 'insuficiencia' de un argumento del texto en cuestión –el supuesto reemplazo histórico del 'narrador' por el 'novelista'-, pero por otro lado la argumentación desiste de formular alternativas positivas. De este modo, el texto produce un asombro filosófico en el antiguo sentido de la aporía: se mantiene abierto a la duda. Por un lado, 'narrador' y 'novelista' tienen fundamentaciones 'irreconciliables', y por el otro lado la 'insuficiencia' de la supuesta pérdida (del narrador) es tal, que ese personaje generador de experiencias compartibles y memorias compartidas se nos hace cada vez más necesario: "el narrador es un hombre que da un consejo a quien le escuche" ("El narrador" 305). Esa facultad de 'dar consejos' precisa de la habilidad del asombro. "El cuento, que todavía en nuestros días es el primer consejero del niño [...] pervive secretamente en la narración. [...] El hechizo liberador del que dispone el cuento no pone a la naturaleza en juego de una manera mítica, sino que indica su complicidad con el hombre liberado. El hombre maduro siente dicha complicidad solo a ratos, a saber en la felicidad. El niño en cambio la encuentra por primera vez en el cuento; y le hace feliz" (324). Si el arte de narrar ha entrado en profunda crisis, la necesidad de disponer de narraciones compartibles va todavía en aumento. Benjamin percibe una amenaza y la resiste. Con la 'desaparición' del 'narrador' se perdería aquella facultad cultural que 'sabe establecer comunidad' por camino no especulativo, eso es, por camino de prácticas comunicativas e imaginativas que regulan la participación en un 'destino' común y que convierten la memoria viva (i. e. narrativa) en la fuente más importante de experiencias.

La ambivalencia productiva del ensayo habla del fenómeno de que Benjamin se hace acceso primero a una especie de fenomenología de la narración y, segundo, a la necesidad de repensar los nexos entre 'narrador' y las discursividades y medialidades históricas de la cultura. En las tensiones entre ambos niveles semánticos las que se quedan, por parte, sin articulación explícita, residen desafíos que se están asumiendo en la discusión sobre una 'otra modernidad' o, a la inversa, que la discusión latinoamericana estimula a enfrentar. Un autor como Jesús Martín-Barbero se afinca en sensibilidades post-benjaminianas de profundas discontinuidades culturales, y le concede un espacio nuevo al 'narrador', espacio intercultural por la 'no-contemporaneidad' de unos imaginarios 'contemporáneos'. Es aquí donde se reencuentran esquizofrénicamente (en sentido deleuziano) un 'narrador' que se ha desprendido de su condición antropológica primaria de una oralidad *face-to-face*, y un 'novelista' que ha migrado de su soledad metafísica para insertarse en el desorden mediático de la experiencia contemporánea. "Por más escandaloso que suene, es un hecho cultural insoslayable que las mayorías en América Latina se están incorporando a, y apropiándose de, la modernidad sin dejar su cultura oral, esto es no de la mano del libro, sino desde los géneros y las narrativas, los lenguajes y los saberes, de la industria y la experiencia audiovisual. Hablar de medios de comunicación en América Latina se ha vuelto entonces una cuestión de envergadura antropológica. Pues lo que ahí está en juego son hondas transformaciones en la cultura cotidiana de las mayorías, y especialmente en unas nuevas generaciones que saben leer, pero cuya lectura se halla atravesada por la pluralidad de textos y escrituras que hoy circulan. Lo que entonces necesitamos pensar es la profunda compenetración –la complicidad y complejidad de relaciones– que hoy se produce en América Latina entre la oralidad que perdura como experiencia cultural primaria de las mayorías y la visualidad tecnológica, esa forma de "oralidad secundaria" que tejen y organizan las gramáticas tecnoperceptivas de la radio y el cine, del vídeo y la televisión. Pues esa complicidad entre oralidad y visualidad no remite a los exotismos de un analfabetismo tercermundista sino a "la persistencia de estratos profundos de la memoria y la mentalidad colectiva sacados a la superficie por las bruscas alteraciones del tejido tradicional que la propia aceleración modernizadora comporta" (Martín-Barbero/Rey 34).

De ahí, las conclusiones pueden desplazar toda una serie de conocidos prejuicios académicos. Entre unos nuevos 'personajes conceptuales', como los del 'migrante' y del 'nómada', migrante entre medios diferentes y nómada en términos de autoridad cultural, se están dibujando contornos de un destino post-benjaminiano del 'narrador'. Deleuze y Guattari, en sus reflexiones sobre 'nomadología' (1980), han preferido no dedicar atención al 'narrador'. Sin embargo, éste se asemeja al personaje del 'nómada' y bien podría concebirse como el nuevo ser desterritorializado (y reterritorializador) por excelencia. En América Latina abundan los ejemplos de esa especie de nuevos narradores interculturales, ambiguos y culturalmente versátiles: en la prosa de los cronistas marginales y en el testimonio, en escrituras femeninas 'post-identitarias' que performativamente re-narran condiciones 'no-discursivas' del sujeto otro, en la telenovela, en las canciones populares, en el cine, y en los fantasmas que atraviesan los sueños cotidianos. Incitan a un desplazamiento de mirada al mostrar que la interrogación benjaminiana se formularía hoy como interés por la condición migratoria y esquizofrénica del 'narrador' y, al mismo tiempo, por un traumático e intermedial destino del 'novelista'. El 'narrador' no se pierde. Se problematiza por camino de 'ambivalencias terribles' que marcan su otra historicidad cultural, la que le inserta en las experiencias de miedos y esperanzas que hoy atraviesan los escenarios de la avanzada globalización. Se trata de un narrador que no necesariamente cumple con el enigmático juicio de Benjamin: "El narrador es la figura en la que el justo se encuentra a sí mismo" (332). Sin embargo, es un narrador que sabe manejar (los deseos hacia) la 'comunidad'. ¿Pero de qué comunidad es posible hablar hoy? La relación narrador-comunidad señala una poblemática que no ofrece una simple resolución a la pregunta por los valores positivos y emancipatorios. Incita a redirigir la mirada cuando se trata de descifrar los campos de batalla culturales, los campos en que las identidades se teatralizan y se deshacen. Un conocido escepticismo de una buena parte de la crítica cultural frente a la 'narración', el que late también en América Latina, está dificultando la comprensión historizadora de las constituyentes de identidad.

La problemática del *narrador* permite reacentuar un concepto de narración que marca una distancia frente a aquella tendencia que suele sacrificar la comprensión de la narración como heterogénea práctica cultural, simplemente al confundirla con los conceptos 'escritura' y 'discurso' o al remitirla a una oralidad premoderna. Hemos optado por una conceptualidad de narración que no es la que Lyotard usaba metafóricamente en su crítica de las 'grandes narrativas'. Más allá de esto, nos parece que la crítica antihermenéutica que Derrida había formulado en relación con un supuesto 'fonocentrismo' de la escritura (*De la grammatologie*), tesis según la cual la 'voz' se convierte en los textos escritos en un criterio de verdad trascendental, ha dificultado reflexionar sin prejuicios sobre el estatus que el concepto de la narración puede adquirir en los estudios culturales hoy. Lo que Derrida cuestiona, la nostalgia hermenéutica por una 'voz' de autor en medio de la cultura letrada, la que incorpora el criterio central de interpretación, es algo bien distinto de una 'voz de narrador' que domina y comunica saberes comunes, reconocibles y re-narrables, como práctica cultural. Por eso, las mencionadas asimetrías entre 'discurso' y 'narración' tienen tanto que ver con las dinámicas culturales concretas como con hegemonías epistemológicas que la academia maneja.

El escritor Alfred Doeblin, uno de los interlocutores de Benjamin en los años veinte y treinta, había empleado el término de 'trabajo colectivo' para referirse a relaciones entre 'narrador' y público en el contexto de una revitalización (anacrónica) de la 'narración épica' bajo los signos de la modernidad. Esta expresión permitía percatarse tempranamente de aquel problema que, en el transcurso del sigo XX, y lejos de desaparecer con los apogeos de la cultura letrada, se ha ido refigurando dentro de diversas arqueologías mediales —el problema de una peculiar habilidad social de la narración. 'Trabajo colectivo' puede significar, yendo más allá de Doeblin, trabajar desde y hacia imaginarios colectivos con fines de 'crear comunidad'. Se trata de un problema y a la vez de un fenómeno que atraviesa las nuevas hegemonías culturales operadas por las dinámicas de la globalización, y que adquiere una especial relevancia para comprender el cambiante estatus político-cultural de los márgenes de estas hegemonías y de las fuerzas alternativas frente y en medio de ellas. El problema de la 'presencia' de un narrador que sabe generar comunidad, se ha complejizado con los desarrollos de los nuevos medios de la comunicación. Pero no ha desaparecido. En otras palabras: el 'narrador' puede estar ausente, y sin embargo se 'prolonga' por medio de prácticas e imaginarios de re-narración, fragmentadas y recicladas muchas veces, las que forman una constituyente clave de los mapas identitarios de hoy. Si recordamos, con Benjamin, un aspecto de 'violencia' que caracteriza las hegemonías de la modernidad, éste consiste en la tendencia de la cultura legítima de 'expropiar' las narraciones —tendencia a desplazarlas por el estatus cultural que adquieren los textos escritos y de esta manera desprenderlas de lo que agencian de experiencia viva y de sabiduría práctica. Se trata de una histórica 'des-socialización' de experiencias narrativas, vinculada también a su asimilación 'transculturadora' por las escrituras especializadas la que, hoy en día, se torna nuevamente problemática. Esto vale, desde luego, también para los escenarios culturales norteamericanos y europeos. Y se torna particularmente problemático desde enfoques que piensan y viven la modernidad de otra manera. La recuperación epistemológica y cultural de la narración está íntimamente ligada a los conceptos de una *otra modernidad*.

El desafío parece residir en un reclamo de insertarse en las 'terribles ambivalencias' que hemos discutido. Nos remiten a un campo de reflexión, menos cómodo y espectacular que el que se prefigura por órdenes discursivos especializados y legitimados por los poderes de la explicación, que conecta con lo opaco de las luchas culturales. En medio de estas luchas, la 'narración' dista de proveer un terreno seguro en términos de diferencias críticas y alternativas prácticas. Incita más bien a aventurarse hacia la pregunta ¿dónde y cómo se (re)constituyen aquellas autoridades culturales y aquellos medios y lenguajes desde los que proyectos narrativos se dejan convertir en proyectos sociales? Otra formulación diría: ¿Es posible, en las condiciones del presente, diseñar y armar proyectos de cambio y de justicia social sin convertirlos en narrativos? En este marco de problemas, la cuestión de la autoridad narrativa se hace particularmente brisante. No puede tratarse de una autoridad vertical, sino siempre compartida, o sea, no puede ser meramente regulada desde las normas y los órdenes del 'discurso'. En este sentido, una formulación de Benjamin no designa más que la recuperación epistemológica de un terreno, terriblemente ambiguo, cuya politización queda por debatirse: "La gente no se deja decir nada, pero se deja contar todo ..." A través de la 'narración', problemas estratégicos de las prácticas culturales se hacen reformulables como praxis política.

BIBLIOGRAFÍA

Benjamin, Walter. *Gesammelte Schriften*. (Escrituras en colección). Band II-3. Frankfurt: Suhrkamp, 1982.

_____ "Critique of Violence". *Reflections. Essays, Aphorisms, Autobiographical Writings*. Peter Demetz, ed. Nueva York: Schocken Books, 1986. 277-300.

_____ "El narrador". [1936]. *Revista de Occidente* 129 (diciembre 1973): 301-33.

Casullo, Nicolás. "Walter Benjamin y la modernidad". *Revista de Crítica Cultural* 4 (Santiago, noviembre, 1991): 35-39.

Collingwood-Selby, Elizabeth. *Walter Benjamin. La lengua del exilio*. Santiago: Arcis-Lom, 1997.

Deleuze, Gilles y Felix Guattari. *¿Qu'est-ce que la philosophie?* Paris: Éditions de Minuit, 1996.

_____ y Felix Guattari. *Mille plateaux*. Paris: Éditions de Minuit, 1980.

Derrida, Jacques. *Force de loi. Le 'fondement mystique de l'autorité*. Paris, 1990.

_____ *De la grammatologie*. Paris: Éditions de Minuit, 1967.

Doeblin, Alfred. "Der Bau des epischen Werks". *Schriften zur Aesthetik, Poetik und Literatur.* Erich Kleinschmidt, ed. Olten-Freiburg, 1989.

Herlinghaus, Hermann. *Modernidad heterogénea. Descentramientos hermenéuticos desde la comunicación en América Latina*. Caracas: Ediciones del CIPOST, 2000.

Lukács, Georg. *Die Theorie des Romans* [La teoría de la novela]. Darmstadt-Neuwied, 1971.

Martín-Barbero, Jesús. *De los medios a las mediaciones. Comunicación, cultura y hegemonía*. Barcelona: Ed. Gustavo Gili, 1987.

_____ y Germán Rey. *Los ejercicios del ver. Hegemonía audiovisual y ficción televisiva*. Barcelona: Gedisa, 1999.

_____ y Hermann Herlinghaus. *Contemporaneidad latinoamericana y análisis cultural. Conversaciones al encuentro de Walter Benjamin*, Madrid-Frankfurt: Iberoamericana-Vervuert, 2000.

Richard, Nelly. *La insubordinación de los signos. Cambio político, transformaciones culturales y poéticas de la crisis*. Santiago: Editorial Cuarto Propio, 1994.

Ricoeur, Paul. *Soi-même comme un autre*. Paris: Éditions du Seuil, 1990.

Sarlo, Beatriz. "Olvidar a Benjamin". *Punto de Vista* 53 (noviembre 1995): 16-19.

Walter, Monika "Regreso de Walter Benjamin a los tiempos del sur ...". *Contemporaneidad latinoamericana y análisis cultural. Conversaciones al encuentro de Walter Benjamin*. Jesús Martín-Barbero y Hermann Herlinghaus, eds. Madrid–Frankfurt: Iberoamericana–Vervuert, 2000. 175-82.

White, Hayden. *The Content of Form. Narrative Discourse and Historical Representation*. Baltimore-Londres: The Johns Hopkins University Press, 1987.

Memoria insumisa.
Notas sobre ciertas posibilidades críticas del arte latinoamericano

Ticio Escobar

La impugnación de las utopías y el descrédito de los grandes relatos de emancipación universal, así como la expansión de representaciones impulsada por los mercados globales, han promovido la emergencia de conceptos lánguidos y figuras desganadas. Sin embargo, el espacio abierto luego del supuesto "fin de la historia" terminó revelando un escenario poblado de violencia y de conflicto, de nuevas amenazas y antiguas injusticias remozadas. La apertura de esa escena oscura y turbulenta, intensa de nuevo, ha provocado diversas situaciones. Por un lado, la crítica cultural requiere conceptos que parecían ya enterrados detrás de los lindes de un siglo demasiado largo. Por otro, el arte, mezclado en gran parte con aquella crítica, vuelve a recuperar intenciones políticas y afanes contestatarios a los que creía haber renunciado.

Esta ponencia quiere reflexionar acerca de algunos de aquellos conceptos y de estos afanes y analizar ciertos desafíos que plantean unos y otros en el medio de una escena desencantada. Lo hace considerando específicamente el arte latinoamericano, aunque algunas de sus conjeturas puedan ser aplicadas a otros ámbitos. Y avanza particularizando: arranca de un horizonte globalizado, recala en el arte de América Latina, especifica el caso del Paraguay e ilustra sus posiciones apoyándose en la obra concreta de Osvaldo Salerno, un artista paraguayo.

I. Relatos

Las dos paradojas

El arte moderno ha crecido perturbado por un profundo conflicto. Por un lado, el proyecto de la modernidad privilegia la autonomía del lenguaje; por otro, se muestra responsable de la emancipación universal. Esta contradicción entre la forma (separada de lo real) y los contenidos (comprometidos con la historia) simultáneamente ha generado tensiones fecundas y conducido a callejones sin salida. La autorreferencia, emblema de la modernidad estética, obliga al arte a volverse sobre sí y dedicarse al funcionamiento de sus propios signos, mientras que la utopía ilustrada lo fuerza a descentrarse, ocuparse de la realidad, actuar sobre ella y cambiarla. La tensión entre la soberanía del lenguaje y las urgencias de la historia constituye tanto un resorte fundamental del dinamismo moderno como un motivo constante de culpa y desasosiego. Por un lado, esta oposición se vuelve un escollo permanente para un pensamiento que no admite incoherencias y pretende explicarlo y resolverlo todo. Por otro, deviene fuente de figuras potentes que, aunque antagónicas entre sí, conforman el núcleo de los afanes modernos.

La llamada posmodernidad sufre otra contradicción, no menos grave. Por un lado, quiere refutar los fundamentos heredados de la tradición metafísica, su propia tradición (ideas de totalidad, emancipación, razón universal, sujeto, etc.). Pero, por otro lado, en cuanto aún no ha podido establecer un soporte propio, trastabilla si no puede sujetarse de ciertos conceptos provenientes de aquellos grandes relatos. Es decir, la posmodernidad quiere rematar una vieja empresa ilustrada: la de terminar de disolver los núcleos metafísicos que lastran su derrotero. Pero vacila en trance de hacerlo: sabe que esos meollos apretados garantizan su estabilidad y apuntalan el camino oscuro del sentido. Esta paradoja original se complica y multiplica porque el escenario posmoderno ha levantado las fronteras que acotaban muchos terrenos diferentes. En este nuevo espacio, promiscuo, indiferenciado, es difícil distinguir lo que corresponde a la práctica artística y lo que pertenece a la teoría. Pero también es problemático discriminar géneros artísticos y parcelas disciplinarias. Y dado que aquel escenario parece no tener límites y se niega a mostrar un más allá de sí, la propia crítica de la posmodernidad constituye uno de los principales fenómenos posmodernos. La confusión entre los intereses hegemónicos y los contrahegemónicos pone en jaque a la teoría y le obliga a malabarismos conceptuales: debe asumir que toda disidencia puede ser asimilada por un sistema que engorda con las discrepancias y vuelve rentable la diferencia. Una obra subversiva puede ser, también, la forma oficial del capitalismo posmoderno, dice Connor (141). Esta ambivalencia dota de notable flexibilidad al sistema. Y le otorga ventajas: a diferencia de la modernidad, que abomina de las paradojas, la posmodernidad saca partido de ellas: las celebra a veces como un principio confuso que complejiza la lectura de una realidad a punto de desvanecerse. Por eso, las acciones subversivas del arte ya no pueden basarse en la enunciación de la denuncia y la diferencia sino en operaciones rápidas que desorientan el rumbo marcado por la rentabilidad tardocapitalista. Deben ser encaradas a partir de posicionamientos múltiples y cruzados, de negociaciones; de estrategias retóricas que asuman la ambigüedad y obtengan beneficios de sus confusiones tantas.

Una de esas estrategias consiste en la desconstrucción de ciertos conceptos ya citados[1] (emancipación, universalidad, etc.), términos invocados tantas veces a pesar de sus sospechosos pasados metafísicos. La desconstrucción trastorna el curso de estos conceptos mediante la discusión de sus fundamentos universales. Pero, al colapsar sus orígenes, sus cimientos y sus destinos trascendentales, permite que se manifiesten conflictos, incoherencias e inestabilidades que complejizan el alcance de los mismos y les otorgan un dinamismo inesperado. Delatora de contingencias e incrédula de soluciones definitivas, la desconstrucción precipita juegos de lenguaje que dinamizan las cuestiones sin declararlas clausuradas. A partir de estas maniobras, términos como "identidad", "arte latinoamericano" y "utopía" adquieren nuevas posibilidades de sobrevivencia. Desprovistos de recaudos trascendentales, estos conceptos recobrados sirven más para complejizar el análisis que para revelar verdades finales. Desencastrados de sus modelos binarios y sus sentidos fijos, ellos pueden asumir sus recodos oscuros, sus silencios y sus paradojas. Y pueden negociar mejor en torno a los sentidos que circulan en un escenario anestesiado por la sociedad de la información y domesticado por los mercados globales. Por eso, las mejores posibilidades contestarias del arte actual se basan en el intento de trabajar las fisuras, los cruces y los pliegues, así como en los de recobrar las rugosidades y los espesores, en el centro de una superficie nivelada por la performatividad tardocapitalista.

En pos de los objetivos ya nombrados (dirigidos a analizar las nuevas posibilidades contestatarias del arte), esta ponencia busca cruzar ciertos (vergonzantes) dilemas de la modernidad con ciertas (celebradas) contradicciones posmodernas. Y lo hace considerando la reformulación de viejas antinomias tercamente presentes en un tiempo equivocado: identidad-diferencia, universal-particular y centro-periferia.

Identidades en tránsito

Sustancias, construcciones

Parece extraño que el tema de la identidad vuelva a presentarse con tanta insistencia en el debate crítico contemporáneo. Aunque teóricos, *marchands*, artistas y curadores declaren su hastío creciente ante esta cuestión, ella vuelve a aparecer en las agendas de los encuentros de críticos, en los temas de las grandes exposiciones y en el interés de los creadores. Y digo que parece extraña esta porfiada permanencia, o este regreso constante, del tema de la identidad porque han perdido vigor y convicción —han perdido poder— los grandes conceptos que lo legitimaban (Nación, Pueblo, Clase, Territorio, Comunidad, etc.).

Es evidente que la persistencia de este tema revela su complicidad con ciertos asuntos que siguen pendientes en los enrarecidos aires contemporáneos. Pero también asume la conciencia de que más han cambiado las maneras de tratar las cuestiones que las cuestiones mismas. Quizá uno de los mejores aportes de la crítica de la modernidad constituya esta ocasión de repensar lo mismo desde la nueva posición en que se encuentra hoy la cultura empujada por la globalización mediática y económica y el avance de las tecnodemocracias. Es cierto que lo repensado acerca de la identidad dio frutos por demás diversos, pero, si por razones de mejor exposición quisiéramos hallar alguna coincidencia, podríamos encontrarla en torno al cambio del concepto de identidad-sustancia por el de identidad-constructo. Las nuevas identidades no sólo aparecen desprovistas de espesor metafísico; también lo hacen despojadas de su halo épico. Ya no existen identidades esenciales; pero tampoco existen ya identidades-motores de la historia o responsables de sus grandes causas. Las identidades registran el reconocimiento que hace un individuo o un grupo de su inscripción en una red imaginaria que lo sostiene (el reconocimiento de su pertenencia a un armazón de sentido). Ahora bien, las redes, los armazones, se levantan en diversos niveles: la región, la ciudad, el barrio, la religión, la familia, el género, la sexualidad, la raza, la ideología, etc. Por eso, las referencias de la práctica individual o colectiva, los lugares de la memoria, se sitúan en dimensiones que no pueden ser clausuradas en torno a una sola cuestión y que constantemente se superponen en varios estratos vacilantes.

Cartografías

Desde la especificidad de lo cultural latinoamericano se divisan otros asuntos que explican la vigencia del tema identitario.[2] El mismo concepto de "lo latinoamericano" implica una disputa en torno a la cuestión de lo propio y lo diferente. Cuestión enrevesada: en cuanto supone registros conceptuales diversos y en la medida en que repercute sobre distintos niveles e involucra reflejos y juegos de miradas (la de uno que se cruza con la del otro), este conflicto se abre a malentendidos y yerros considerables. Quizá el término "identidad" encuentre en esos deslices una ocasión de zafarse de sus compromisos metafísicos y abrirse a consideraciones plurales y cruzadas que introduzcan la incertidumbre en su adentro compacto y enriquezcan su presencia inevitable.

Ciertos equívocos que surgen en torno al concepto de identidad derivan de los cambios que el mismo sufre en su extensión. Por un lado, la reconfiguración de los mapas del poder mundial desorienta la marcha de un esquema basado en referencias territoriales. Por otro, la zozobra de las macroidentidades y la emergencia de nuevos sujetos identitarios definidos desde proyectos sectoriales y variables, desplaza el formato "universalista" de identidad y promueve lecturas parciales y provisorias.

En relación al primer punto, ya se sabe que terminada la guerra fría, la globalización informática y la consolidación de los mercados supranacionales requieren un reordenamiento de fuerzas a nivel mundial. Este cambio demanda a su vez la reformulación de ciertos términos del régimen anterior. Por eso, zafados de sus propias etimologías geopolíticas, muchos conceptos se han vuelto metáforas de una nueva y fluctuante retórica planetaria: Europa es el logotipo de un "primer mundo" que incluye Estados Unidos y Japón; así como Asia y América Latina son insignias de un "tercer mundo" que involucra grandes poblaciones de inmigrantes ubicadas en los Estados Unidos y Europa. Es difícil, por eso, fijar en clave territorial el perfil de las identidades. Y sólo movido por razones políticas o en sentido retórico cabe hablar de una "identidad latinoamericana", término que remite enseguida a la necesidad de nuevas aclaraciones. (¿Existe una identidad que cubra todo el mapa de América Latina y, dentro de ella, subidentidades regionales, nacionales, comunitarias y sectoriales que vayan marcando subdiferencias específicas en un orden lógico cuantitativamente decreciente?).

Esta cuestión desemboca en el segundo punto: la depresión de las grandes identidades basadas en asentamientos fijos, en categorías clasistas o en proclamas universales permite divisar el surgimiento de las llamadas "pos-identidades", colectivos autoafirmados en torno a demandas sectoriales diversas (feministas, gays, lesbianas, minorías raciales, étnicas o religiosas...). Este modelo entiende la identidad más como tarea histórica que como cifra de atributos intrínsecos y, para hacerlo, privilegia el momento de la diferencia sobre el de la unidad. En este mismo sentido debe ser considerada la importancia que concede nuestro tiempo a la constitución de las identidades individuales así como a la revalorización del cuerpo y la memoria personal, las autobiografías y la cotidianeidad.

Acerca del Otro

Las identidades han perdido así no sólo sus fundamentos, sus aires heroicos y sus referencias territoriales sino también sus grandes formatos. Sin embargo, los desarraigos de sus enclaves locales, así como las menguas y fragmentaciones de sus talantes, no significan el archivo de la problemática de las grandes colectividades y los territorios. Hay cuestiones identitarias —como la participación democrática y la integración regional— cuyo análisis requiere encuadres mucho más amplios y precisa la articulación de demandas sectoriales que, disociadas, podrían en extremo dispersarse. Así como hay problemas cuyo tratamiento exige la consideración del territorio: las demandas culturales de pueblos indígenas basadas en el derecho a las tierras tradicionales; la descentralización administrativa de lo cultural, la aplicación de políticas culturales a nivel de integración regional (caso Mercosur), la producción simbólica de municipios y otras entidades locales, el desarrollo de prácticas culturales que involucran temas ambientales, etc.

Creo que el malentendido mayor que promueve el concepto de identidad surge del hecho de que el mismo es pronunciado a partir de posiciones y supuestos distintos. Enunciada desde el discurso del centro (el llamado "primer mundo"), la periferia (o "el tercer mundo") ocupa el lugar del Otro. El Otro significa la inevitable espalda oscura del Yo occidental: el reverso de la identidad original. Ambos términos son considerados como momentos absolutos: no pueden ser intercambiados porque la relación que los enfrenta es esencialmente asimétrica (Y si ocurriera una inversión simple en el contexto de ese esquema, "¿quién sería entonces el Otro?", pregunta Coronil (26)). Es decir, el Otro no representa la diferencia que debe ser respetada sino la discrepancia que debe ser enmendada; no actúa como un Yo ajeno que interpela equitativamente al Yo enunciador: se mueve como el revés subalterno y necesario de éste. Vista desde esta perspectiva, la identidad sería atributo del centro; la otredad, cualidad de la periferia. La porfía de este esquema hace que, aunque proclame el centro el derecho a la diferencia multicultural, el arte latinoamericano sea valorado en cuanto expresivo de su alteridad más radical: lo exótico, original y *kitsch*, lo alegremente entremezclado con la tradición indígena y popular, etc. Del macondismo y el fridakahlismo al nuevo estereotipo del híbrido latinoamericano que usa pinturas corporales bajo camisas de Versace (falsificadas, claro) y levanta instalaciones con residuos de ritos enigmáticos y fragmentos de su miseria ancestral, transita una amplia gama de nuevos exotismos, ansiosos del gesto más pintoresco y la más típica seña para cosificar al Otro enunciándolo desde afuera. Por otra parte, a veces los propios artistas latinoamericanos especulan con esta demanda turística de identidad y ponen en escena los clisés de su diferencia: actúan de diferentes según los guiones del *mainstream*. Este modelo no permite concebir la identidad como contrapartida de la diferencia sino como cifra de autoconciliación, de mismidad ejemplar consumada (o consumable, al menos). En contra de tal modelo, se entiende la identidad como producto de construcciones alternativas o meta de proyectos diferentes. Desde muchos lugares de América Latina se proclama la identidad tal como se declara un derecho, se sostiene una posibilidad de autoafirmación o se defiende la memoria particular y el propio sueño.

Esta misma pluralidad de posiciones desde las cuales el tema de identidad es enunciado constituye un cierto resguardo contra un tratamiento esencialista del tema. Por otra parte, ciertas confusas notas de las identidades latinoamericanas no encajan fácilmente en los esquemas de una lógica de la identidad. El fárrago de tiempos y dioses simultáneos, diferentes; la promiscuidad de razones y mitos enredados y el embrollo de tanta memoria distinta y mezclada no se compadecen con el todo coherente en cuyos términos se concibe el modelo metafísico de identidad. En este sentido Vila dice que América Latina es un continente "desidéntico" cuya realidad constituye un malentendido semántico y cuyos discursos circulares y míticos, inexactos, perturban el ideal de transparencia racionalista ("Sobre desidentidad"). Por eso, si correspondiere hablar de "identidad latinoamericana" no cabría entender este término como expresión de unicidad, sino como escenario común de diferentes procesos de autoafirmación, cuya única oportunidad de trazar un perfil propio, o de conservarlo, estará dada por su resistencia a ser identificados en el discurso uniformador de la Razón. Este gesto tiene una dirección política: significa la posibilidad de afirmar posiciones propias; significa la disputa por el sentido y la memoria, la apropiación o la adulteración de las señales hegemónicas en función de proyectos diferentes. Y esa dirección remite a otro problema que será tratado bajo el siguiente título: la necesidad de articular miradas de conjunto por encima de las diferencias identitarias.

La vacilación de los universales

Contingencias

La crítica de los fundamentos universales fomentó la emergencia de nuevos sujetos sociales e identidades culturales. Pero, tanto como la diversidad, promovió el surgimiento de tendencias, como la del multiculturalismo norteamericano, que terminan sustancializando el momento de lo particular y trabando los mecanismos de la cohesión social. Al celebrar en abstracto el momento de lo diverso, estas tendencias promueven la dispersión y atomización de las demandas minoritarias, comunitarias o sectoriales. E impulsan el hecho de que los nuevos sujetos se constituyan al margen de un proyecto de conjunto y terminen, una vez más, excluidos y discriminados.

Fiel a su breve tradición, el guión posmoderno vacila. Es verdad, por un lado, que los programas particularistas de emancipación han movilizado la sociedad civil con sus demandas sectoriales. Pero también es cierto, por otro, que el hecho de esencializar la diversidad puede llevar a neutralizarla y puede, además, constituir ocasión de nuevos sectarismos y autoritarismos varios. Los intentos de argumentar en pro de la diferencia sin invocar fundamentos universales ni justificaciones racionales, ha abierto una escena de posiciones distintas y bien divulgadas. Baste recordar el pragmatismo de Rorty, que propugna un amplio consenso como sucedáneo de la universalidad. O el desconstrucionismo de Derrida, que introduce insidiosamente lo "indecidible" y lo contingente en el curso de grandes conceptos correspondientes al modelo occidental de democracia (véase Chantal Mouffe (comp) *Desconstrucción y pragmatismo*). Y basten, a título de ejemplo, citar, rápidamente, dos propuestas para sortear la esencialización de lo universal. Laclau (*Emancipación y diferencia*), por una parte, sostiene que el fundamento de lo universal debería ser transformado en un lugar vacío, vacante; disponible para el juego de diversas formas discursivas. Es decir, un espacio que sólo pueda ser ocupado de modo político y contingente por una variedad de fuerzas sociales; un horizonte abierto de posibilidades que escapa a la idea de clausurar la sociedad en torno a una visión sustantiva del bien común. Para Jacques Rancière, por otra parte, la verdad de un universal implica una construcción discursiva y práctica: antes que derivar de un fundamento, deviene resultado contingente de luchas y negociaciones.

La necesidad de replantear sobre bases más complejas, la relación entre las particularidades y los universales exige, pues, concebir ambos términos no como referentes autónomos ni como momentos de una relación bipolar sino como fuerzas variables cuyo interjuego moviliza negociaciones, supone reposicionamientos, implica conflictos no siempre resueltos y desemboca en soluciones provisionales, inesperadas. Pero la escena confusa, fecunda, en donde actúan esas fuerzas requiere la mediación de políticas culturales, instancias públicas ubicadas por encima de las lógicas sectoriales. Estas mediaciones deben no sólo garantizar la diversidad sino propulsar condiciones aptas para la confrontación intercultural; y deben alentar la posibilidad de que los derechos de las identidades no interfieran las miradas de conjunto. Miradas que permitan construir proyectos compartidos por encima del inmediatismo de las demandas particulares y que puedan coordinar discursos y prácticas disgregadas sin sustantivizar la totalidad ni arriesgar las diferencias.

La desconstrucción del vínculo universal-particular, plantea un desafío a los artistas: los diferentes individuos y sectores que recuerdan, imaginan y movilizan su tiempo desde los juegos de la forma. Ellos tienen la posibilidad de re-presentar estéticamente ese tiempo desde distintos lugares, a partir de memorias diferentes (contradictorias muchas veces) y en pos de rumbos diversos (muchas veces divergentes). Y tienen la necesidad de hacerlo renunciando a los universalismos de signo totalitario; pero también, tratando de impedir la dispersión de las identidades que contraría una visión histórica compartida y traba el desarrollo de políticas articuladas. De esa posibilidad dependerá que la cuestión de las identidades no desemboque en los nuevos particularismos mesiánicos y los nacionalismos fanáticos que irrumpen hoy como reacciones ante los procesos desidentificadores que promueve la globalización.

Los otros centros

En los ámbitos del arte latinoamericano, la oposición entre lo particular y lo universal se plantea también a través del enfrentamiento entre los arrogantes modelos de la metrópolis y las sumisas versiones o las insolentes apropiaciones de los márgenes. La dialéctica centro-periferia, encargada de esta cuestión espinosa, si bien ha aportado argumentos fecundos y contribuido a impulsar el debate, ha terminado muchas veces por empantanarse. Es que, mientras la hegemonía cultural suponga la administración del sentido, las cifras de la periferia serán transcriptas siempre desde el lugar del centro. Y así enunciada desde afuera, aquélla será entendida no como lo diferente sino como lo adulterado. Y sólo podrá adquirir legitimidad asumiendo la posición del forastero, de quien ha quedado fuera del centro y es identificado en cuanto ejemplar exótico que satisface la necesidad occidental de alteridad. Pero, según fue sostenido más arriba, el mismo término "occidental" ha devenido una metáfora de poder más allá de las analogías cartográficas que estaban en su origen; de hecho, en el paisaje global, más que concentrarse, las decisiones políticas se diseminan: el poder ya no se localiza en estados nacionales sino que se propala a través de una retícula planetaria tramada por circuitos multinacionales y sistemas tecnológicos de comunicación. Esta uniformada urdimbre involucra obviamente los terrenos del símbolo: sus mallas trenzan las producciones culturales, y por ende artísticas, con las convincentes razones de la performatividad del capitalismo posindustrial.

El mapamundi global estorba el uso de estrategias basadas en la polaridad absoluta adentro-afuera. Resulta difícil divisar un más allá de esta extensión ilimitada. Resulta casi imposible marcar un centro e imaginar las confines y los márgenes de este horizonte demasiado vasto que no permite divisar un exterior. "Simplemente", dice Burgin, "no existe un estar fuera de las instituciones en la sociedad occidental contemporánea" (192). Y, en el mismo sentido, Tagg afirma que la estructura tardocapitalista ofrece múltiples puntos de entrada y espacios de contestación, y lo hace no precisamente en los márgenes. Y esto porque "el significado no existe fuera de esa estructura" (5). Por eso, no resulta ventajoso al arte latinoamericano interiorizar un modelo de identidades basado en el binomio centro-periferia, cuyos términos se hallan trabados en una oposición definitiva y esencial. Y no le conviene hacerlo porque ese registro tiende a reproducir la asimetría del vínculo y a legitimar la exclusión que resulta de él: lo periférico significa lo intruso, lo que ha sido expulsado o crecido extramuros y lucha porque su habla, remedada de la lengua "occidental", sea reconocida por las instituciones del centro. Y éstas se muestran encantadas de hacerlo porque cada vez más dependen de esa otra voz, distinta, distante. La mercantilización cultural del capitalismo tardío exige que éste renueve sus productos alimentándose de alteridades: lo auténtico y lo original, lo étnico, lo popular, son explotados comercialmente detrás de los pasos de una cultura que avanza celebrando la hibridez y aplaudiendo el pastiche.

No siempre, por eso, irrumpir en los circuitos del centro, o ser aceptado en ellos, significa un triunfo de la alteridad. A menudo se sostiene que, dado que la dominación cultural se basa en la supresión del otro haciéndolo invisible y acallando su voz, entonces la resistencia de ciertas formas del arte subalterno debería basarse en la lucha por ocupar un lugar ostensible en las vitrinas metropolitanas. En contra de esta posición, teóricos como Connor afirman que la economía global depende cada vez más de formas mercantiles visibles, es decir de la publicidad, y "cada vez menos del intercambio de bienes reales e incluso de servicios. Bajo estas circunstancias, la visibilidad y autopropaganda se han convertido en una exigencia del mercado más que en un modo de liberación" (141). Baudrillard califica como "obscena" la visibilidad desmesurada promovida por "el éxtasis de la comunicación". "La obscenidad", dice, "comienza precisamente donde ya no hay más espectáculo, más escena, cuando todo se convierte en transparencia y visibilidad inmediata, cuando todo está expuesto a la luz...inexorable de la comunicación" (130).

De modo que, aunque luchar por hacer visibles y audibles las expresiones diversas puede corresponder a estrategias que busquen poner en escena la diferencia, también puede significar la aceptación complaciente de las reglas del juego hegemónico. Por eso, la autoafirmación y el potencial de disenso del arte latinoamericano no dependen tanto de la conquista de los terrenos metropolitanos por parte de sus producciones o de la graciosa aceptación que haga el centro de ellas: dependen de complicados procesos de construcción de subjetividades, de diversas estrategias de lenguaje, de apuestas de sentido apoyadas en la memoria (particular, global) y abiertas a la experiencia (universal, local). Dependen de transacciones, negociaciones, desplazamientos y forcejeos jugados sobre el horizonte de lo hegemónico y formulados a partir de demandas propias. Dependen, en fin, de intentos de contestar, desde cualquier sitio, los estereotipos oficiales de la cultura del consumo y el espectáculo. Así, ya no es relevante que las diversas posiciones sean enunciadas desde tal o cual lugar de un sistema supuestamente conformado por un foco irradiante de poder y por suburbios retirados; lo importante es que ellas, localizadas a lo ancho de una superficie geográficamente indiferenciada, sean capaces de abrir o preservar espacios de disenso y crítica, de poesía.

Las formas alternativas del arte contemporáneo —las que afirman sus identidades propias o levantan propuestas progresistas— son aquellas que, independientemente de su emplazamiento topográfico, se muestran capaces de desobedecer el curso estandarizado de códigos regidos por la mercantilización global de la cultura. Encarar el (no) lugar del enigma y el decir del silencio; hurgar los rebordes del pliegue, sin intentar desdoblarlo; recuperar el espesor de la memoria, sin buscar agotarla; pueden llegar a constituir gestos más radicales y transgresores que la denuncia o la exposición de la diferencia. Es que la puesta en escena de la disidencia es fácilmente expoliable por un sistema omnívoro que se nutre de toda disparidad y que reutiliza el antagonismo como combustible, acicate o antídoto. Y que, para hacerlo, debe no sofocar la divergencia sino administrarla: domesticarla en términos de consumo fácil y renta segura. Desprovisto de sus aristas, sus dobles fondos y sus tapujos, desnudo, transparentado, el conflicto es obscenamente exhibido —en escaparates, pantallas o discursos oficiales— como una anécdota neutral, sustraída a cualquier posibilidad de práctica: más allá del alcance del último afán.

II. Notas sobre el caso paraguayo

El Paraguay Eterno

El régimen militar de Alfredo Stroessner se desarrolló en el Paraguay desde 1954 hasta 1989 a través de expedientes que articulaban el autoritarismo, la corrupción y la represión en un aparejo bien ajustado y por demás eficiente. Aunque la dictadura careció de lo que hoy llamaríamos "políticas culturales", logró constituir, a lo largo de tantos años, un modelo cultural oficial. Un esquema declamatorio y epicista, jerárquico e intolerante, oscurantista. Un discurso elemental pero enérgico que tanto proclamaba su adhesión a las modernas utopías desarrollistas como invocaba su filiación con los rancios mitos del nacionalismo militar. Toda tensión y toda diferencia quedaban erradicadas de ese mundo congelado, idéntico a sí mismo, resguardado de los haceres transgresores del deseo y la memoria.

Los afanes críticos del arte, cuando los hubo, se dirigieron a anteponer al dogma oficial formas capaces de nombrar los conflictos y destrabar, así, el hechizo inmovilizador del mito de "El Paraguay eterno con Stroessner" (consigna propagandística utilizada por el régimen). A las señales unívocas emitidas por la

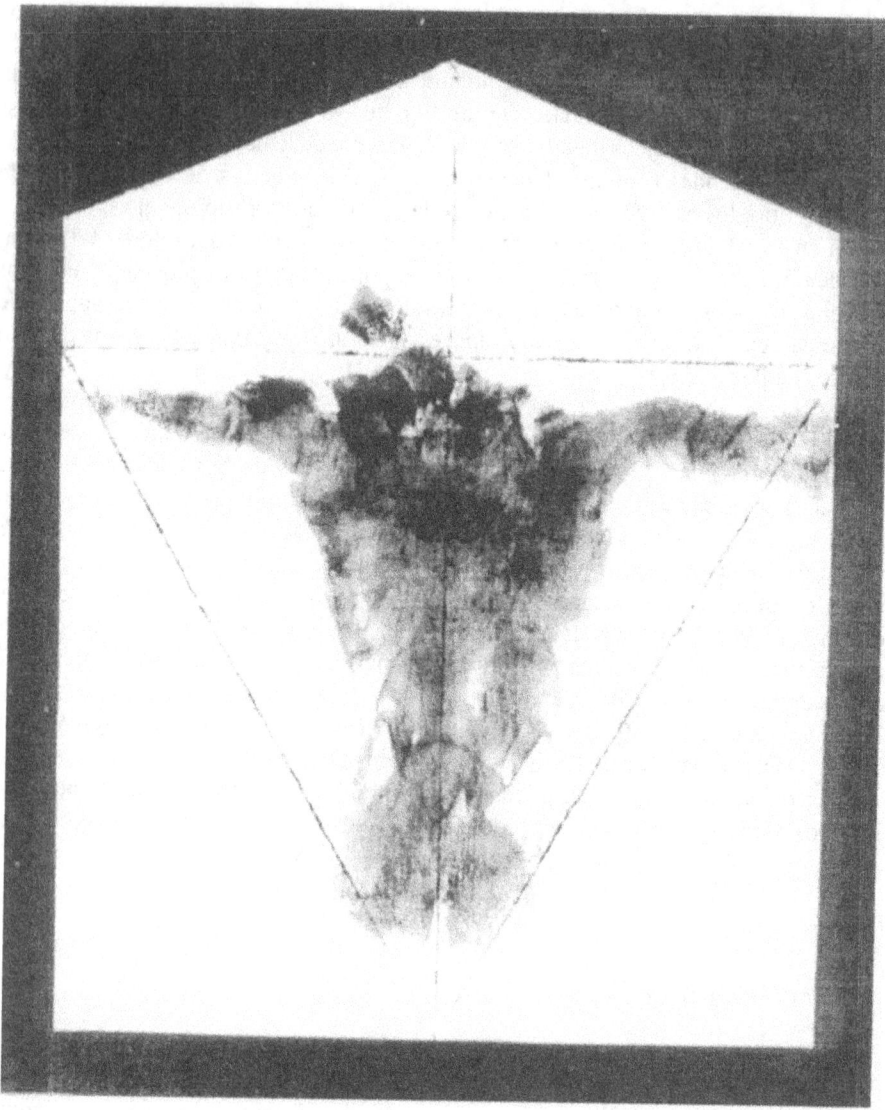

Imagen 1, *Anverso* corresponde a un díptico. Técnica: impresión directa de sogas y de cuerpo humano sobre papel. Medidas: 105 x 105 cm. cada pieza. Osvaldo Salerno, 1983.

dictadura, muchas propuestas artísticas opusieron la polisemia de sus mensajes sesgados. Al margen de la cultura hegemónica y a contrapelo del sentido único por ella marcado, ciertas prácticas y discursos lograron constituirse en una alternativa contestataria importante. Y lo hicieron no tanto mediante proclamas y denuncias cuanto a través de la puesta en escena del conflicto y la diferencia. El hecho mismo de que, para burlar la censura y nombrar lo silenciado, los artistas tuvieran que recurrir a figuras oscuras y lenguajes cifrados promovió la emergencia de metáforas cuyo devenir retorcido remitía a lecturas complejas y realidades paralelas, incompatibles

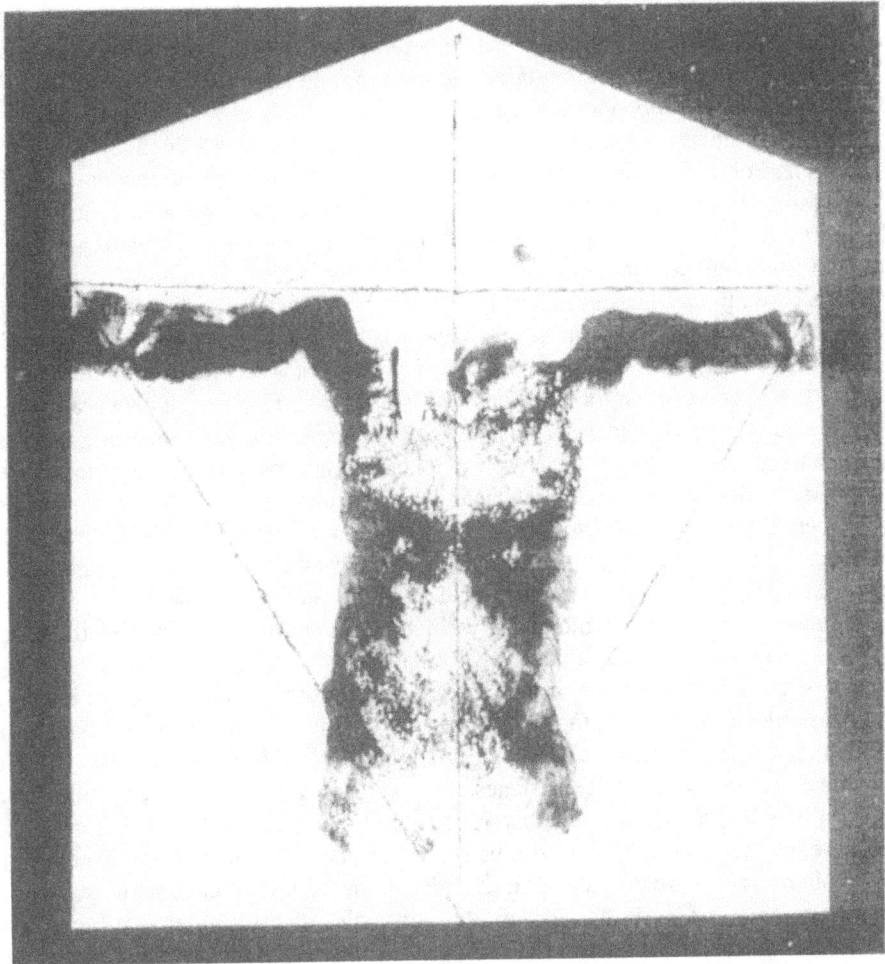

Imagen 2, *Reverso* y corresponde a un díptico. Técnica: impresión directa de sogas y de cuerpo humano sobre papel. Medidas: 105 x 105 cm. cada pieza. Osvaldo Salerno. 1983.

con el orden estable y jerárquico propuesto por la cultura oficial. Los entumecidos imaginarios colectivos, las satisfechas sensibilidades, se vieron muchas veces turbados en su sosiego, y en sus contornos rasgados, por retóricas provocativas, capaces de desestabilizar las representaciones del sistema. Y capaces de imaginar la dictadura como una instancia vulnerable a los embates de la historia, como un momento transitorio y transformable.

Transiciones

Una vez derrocado Stroessner, se abrió el período de la llamada "transición hacia la democracia" coincidente, en muchas notas suyas, con el de las posdictaduras militares del Cono Sur Latinoamericano (Brasil, Uruguay, Argentina y Chile). Los aparatos del terrorismo estatal fueron desmontados, cesó el tiempo del miedo y la represión y se abrió una escena nueva de libertades civiles desconocida en el Paraguay desde casi siempre. Fueron removidas, así, muchas de las trabas que estorbaban las direcciones más cuestionadoras del arte.

Paradójicamente, esas direcciones comienzan a entibiarse y declinar durante la transición. Por un lado, la pérdida del impulso crítico expresa el desencantado clima de la posmodernidad de los años '80: el abandono de las utopías emancipatorias y el descrédito de las vanguardias mengua el entusiasmo y promueve la emergencia de una atmósfera nublada, lánguida en sus aires y en sus formas, fláccida. Por otro, este menoscabo de los entusiasmos corresponde a una circunstancia creada por la propia caída de la dictadura: había terminado la saga de la resistencia y comenzado un episodio más basado en negociaciones y transacciones que en gestas heroicas y grandes causas. Libres de sus graves compromisos con la historia, eximidos de misiones radicales, desorientados en un paisaje desprovisto de contrastes definitivos y horizontes totales, los discursos críticos del arte pierden razones e impulsos y ceden terreno ante el avance de códigos desganados y retóricas neutrales, ante figuras demasiado livianas, incapaces de asumir simbólicamente el infortunio recién pasado y de contrarrestar la imaginería de un quehacer político concebido en formato publicitario. Incapaces de proponer nuevas apuestas de sentido ante los clisés de una transición que, si bien condena los horrores de la dictadura y celebra la pluralidad, lo hace mediante el discurso banal de las democracias globalizadas.

Debe considerarse además que la transición promovió un cierto aflojamiento de los lazos colectivos. El estatuto de "opositor al sistema" había significado una cifra de identidad compartida, sostén de una tradición cultural de resistencia que exhibía siempre el sentido solidario de sus afanes. La apatía de la posdictadura debe entenderse también en clave de una cierta crisis de identidad que afectó a diversos sectores de artistas e intelectuales al ver diluirse los contornos que acotaban ámbitos de cohesión y marcaban territorios comunes. Es que, al derrumbarse, la dictadura había arrastrado consigo referentes identitarios fuertes ante los cuales diversos sujetos culturales se autorreconocían (y se autorrepresentaban) como adversarios. Cuando se diluye el pacto opositor que los unía, ciertos sectores de artistas e intelectuales ven desdibujarse los lindes de aquel terreno compartido, sede de la cohesión: de la identidad instituida en cuanto conducta contradictatorial. Condicionada por aquellos desencantos y estos trastornos, decae la producción artística: declina la cultural en general. Las tendencias contestarias no parecen dispuestas a elaborar simbólicamente el oscuro tiempo recién cerrado: no tienen mucho tiempo y no tienen tantos ánimos de hacerlo. Se ven, por eso, incapaces de contrarrestar la expansión avasallante de la banal cultura globalizada. Y no pueden constituir una alternativa a las retóricas blandas de una "transición hacia la democracia" que estandariza la memoria y neutraliza los dramas del presente convirtiéndolos en clisés publicitarios.

Las nuevas identidades deben asumir, pues, otros desafíos. Si la crítica de la dictadura exigía oposiciones definitivas y tajantes, las tendencias contestarias que comienzan a definirse a mediados de la década de los años '90 actúan en una escena dispuesta a concertar intereses divergentes y negociar conflictos. Y de hacerlo según libreto determinado en gran parte desde la alianza de la política y los mercados y en clave de espectáculo iluminado por los *spots* de la modernidad publicitaria. Un espacio que, poco propicio para ser refutado en cifra de una sola oposición fundante, exige posturas plurales, menores: configuraciones subjetivas parciales, más definidas a partir de la diferencia que de la identidad.

La desmemoria

Pero las estrategias retóricas y los presupuestos conceptuales emergidos durante los años 90 son diferentes a los que emplearan los artistas durante la dictadura. En aquel entonces, se impugnaba un sistema en nombre de un proyecto totalizador y emancipatorio; un contrasistema. Por más oblicuas que hayan sido las tácticas expresivas de oposición al régimen, giraban ellas en torno a un eje binario que oponía "dictadura" y "antidictadura" como términos de una disyunción absoluta. Ahora, las nuevas propuestas de contestación, debaten los argumentos ambiguos de un sistema que debe conciliar el poder heredado de la dictadura con las exigencias nuevas de la globalización neoliberal en versión periférica. Un sistema que ha promovido el juego casi irrestricto de libertades formales conservando el esquema de la hegemonía anterior. Maquillado por la modernidad publicitaria y uniformado por las razones del consumo, el modelo cultural de la transición se presta poco a ser impugnado en clave de una oposición fundamental y concluyente y se abre a discusiones ramificadas y a disputas parciales, a escarceos menores, apostados siempre sobre la posibilidad de un acuerdo negociado.

Es que la "transición a la democracia" transcurre en un tiempo contradictorio que superpone expectativas nuevas y nuevas frustraciones: que combina la expansión de libertades formales con la corrupción, el fortalecimiento institucional con la zozobra económica y la violencia social. La transición transcurre en un tiempo equívoco: por un lado, se ha cerrado el ciclo de la modernidad artística y habilitado un capítulo de haceres vacilantes y metas desencantadas; por otro, por debajo de estos aires lánguidos se revelan los fantasmas de una fase alegremente sepultada.

Y se revelan demasiado pronto. Apenas dejan margen a la memoria para volverse sobre hechos muy recientes y en seguida trivializados por la historia oficial y sus compromisos globales. Apenas dejan trecho para asumir el duelo; para reinventar el recuerdo y administrar las formas necesarias del olvido, para situar el intervalo. Uno de los desafíos más importantes para la imagen crítica del momento: enfrentar los discursos culturales de un pacto de gobernabilidad interesado en disimular su filiación con la dictadura y su sujeción a los grandes mercados, empeñado en maquillar las cicatrices de la memoria. De acuerdo al guión que provee la industria de la imagen, la "transición" no niega los males de la dictadura: los convierte en clisés abstractos, los banaliza. No niega la memoria: registra sus momentos como eventos mediáticos. No se opone al conflicto y la diferencia: intenta gerenciarlos de acuerdo a las racionalidades instrumentales de la publicidad comercial y el hacer político. Racionalidades cuyos ámbitos se tocan entre sí y a menudo se confunden: el desaforado electoralismo que sacude esta escena crispada acelera la mercantilización del ámbito del poder y promueve retóricas empaquetadas según la lógica del *marketing*.

Ya quedó señalado que el desafío que enfrentan las formas críticas del arte radica en enfrentar las figuras conciliadoras y utilitarias que promueve el oficialismo de la transición; despabilar la memoria adormecida, recobrar la intensidad de una historia desdramatizada y una sensibilidad deserotizada por las narraciones consumistas y los prototipos de la información serial. Este disenso asume la forma de cuestionamientos plurales y posiciones transitorias que estorban una visión dicotómica del conflicto e impiden una conciliación definitiva de sus términos: ya no se trata de derrocar el régimen oponiéndole la imagen invertida de un contra-régimen; se busca cuestionarlo desde adentro sobresaltando sus representaciones tecnologizadas y su versión satisfecha de la historia; destrabando sus códigos fijos para fundar la pausa que requiere el brillo esquivo de la palabra.

La inquietud

El replanteamiento crítico de la imagen —ocurrido, según queda señalado, a apartir de los años '90— presenta signos diversos. Por un lado, respira los aires finiseculares y utiliza con ganas los recursos de las poéticas tardomodernas: los modos de la cita y el fragmento, la puesta en escena del simulacro, la complacida aceptación de la hibridez transcultural, el reciclaje de la imagen masmediática, etc. Y lo hace asumiendo ciertos grandes temas que reflota el presente apurado: los derechos de la diferencia cultural (y la fuerza de su presencia), la confrontación entre lo público y lo privado, el replanteamiento de la subjetividad y la emergencia del deseo y la memoria; de nuevos registros basados en la sexualidad, el cuerpo y la historia cotidiana. Por otro lado, las nuevas propuestas contestatarias acusan la presencia de inquietudes de índole política; de preocupaciones que parecían canceladas, como las que surgen ante los estereotipos mediante los cuales la transición quiere administrar la memoria y, así, escamotear sus vínculos con el tiempo anterior nombrándolo como si le fuera extraño.[3] O bien, la que se afirma ante la corrupción institucional, la violencia, el ecocidio y la miseria, que han aumentado durante los gobiernos de la transición. O, por último, el recelo ante la expansión avasallante de la alianza política-mercado sobre los terrenos de la cultura.

Para ser expresados, esos afanes intensos requieren un espesor dramático y un sentido visceral, narrativo y directo que parecía hace tiempo agotado. En pos de ellos, acorralan las metáforas hasta el límite de sus últimas posibilidades: la de nombrar lo real encubierto por los estándares de la cultura globalizada. Es que ahora la retórica tiene un sentido diferente: no buscan sus tropos burlar la censura o refutar el sentido inequívoco impuesto por el régimen sino recuperar el espesor y el drama de los lenguajes domesticados, hacer un espacio al silencio y al enigma; a la oscura complejidad que precisa la forma para exponer la realidad desde el rodeo y la falta. También la disidencia tiene un sentido diferente: ya no pretende redimir la historia rectificando el rumbo equivocado sino inquietar los escenarios de la representación colectiva; remover el curso prefijado de su memoria para que el cuerpo social pueda reconocerse en los símbolos que produce y no sentirse colmado en ellos.

III. MEMORIA Y SILENCIO.
(El caso de la obra de Osvaldo Salerno)

La obra de Osvaldo Salerno, artista paraguayo nacido en 1952, ilustra bien los intentos actuales de reformular las posiciones críticas del arte. Durante la dictadura

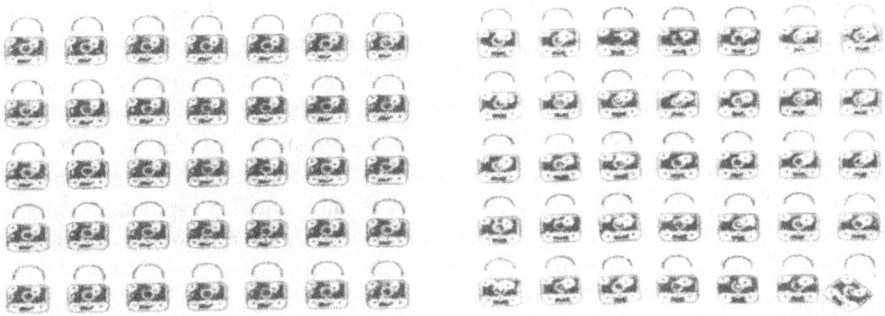

Imagen 3, *Composición* y corresponde a una impresión de piezas metálicas sobre papel, de 50 x 50 cm. cada una. Osvaldo Salerno, 1974-1994.

trabajó el tema de la tortura y la opresión, de la censura, la violencia y el miedo. Durante la transición, el artista trabaja obsesivamente la cuestión de la memoria. A las operaciones complacientes y encubridoras de la historia oficial opone la memoria construida con residuos y pliegues, con silencios, con el recuerdo de ficciones, con la esperanza de un porvenir que pueda apelar a otras evocaciones. Estas maniobras demandan no sólo la mención de la memoria sino su ejercicio y, por eso, requieren a veces la intervención de la experiencia personal en el grave transitar de la historia colectiva. Salerno parte del rescate de las propias imágenes: vuelve sobre obras anteriores; recuerda algunas y olvida otras. Y esta selección implica de por sí un trabajo de corte y sutura que discute un modelo completo y archivable de memoria. Dislocar los estándares de la transición supone la posibilidad de elaborar una memoria del proyecto; de trabajar la experiencia propia y la historia en función de un horizonte deseado. Quizá fuere ésta la forma de la utopía contemporánea. A ella apunta Salerno furtiva, obsesivamente, a través de obras que evocan y olvidan, que adulteran, que callan. Y que, al hacerlo, quieren estropear la previsibilidad y el sosiego de la memoria pactada. En este texto se analizarán cinco obras suyas que ilustran y condensan este intento de recordar un futuro más dignamente habitable.[4]

El conjuro (la conjura)

Luego de veinte años de haber realizado la obra *Composición* en su versión primera, Salerno vuelve sobre ella en un gesto que debe ser entendido como puesta en acto de la memoria, entendida ésta como construcción y abierta, por eso, tanto al recuerdo como al deseo. Impreso en 1974, el grabado narra la desventura de una secuencia matemáticamente ordenada de candados que se ve bruscamente rota al zafarse la última pieza. A partir de la presencia dura y cerrada, represora, del candado, la obra maneja el motivo de la ruptura como gesto emancipatorio que trunca el sistema, como metáfora de transgresión e invocación de libertad. En 1994, Salerno vuelve a esta obra como vuelve la memoria sobre un hecho o un objeto anterior que quiere reinscribir en su presente. Para reinscribir un dato previo, la memoria actúa recortando o deformándolo, retocando, tergiversando o repitiéndolo. En este caso, Salerno interviene su recuerdo reiterando lo que ya estaba reiterado, multiplicando obsesivamente el número de candados en una cantidad tal que la obra debe convertirse en un políptico para poder albergarlos. El artista busca, así, no sólo recalcar un expediente de la memoria que puede representar infinitas veces el mismo suceso, sino repetir el retórico conjuro de la imagen. Es que, una vez derrocado el gobierno autoritario de Stroessner, el artista advierte que, casualmente, el número de candados corresponde a los años de duración de ese transcurso sombrío: el último marca el del derrocamiento del tirano. Entonces, Salerno juega con este hecho de azar y lo presenta como si hubiera constituido un augurio o una fórmula mágica capaz de aventar los anuncios sombríos de barbaries nuevas[5] tal como, supuestamente, exorcizara las adversidades de la dictadura anticipando su caída.

Pliegues

En 1995, el artista realiza dos dípticos: *Plegables II* y *Wage die Stille*,[6] que suponen una vuelta sobre la obra *Plegables* realizada en 1982. Como en otras obras anteriores, este giro supone no sólo una reflexión sobre la memoria sino un acto de memoria. A diferencia de su primera versión, realizada en papel, ésta se presenta confeccionada en tela de algodón: ahora los números que ordenan los casilleros vacantes (los trazados por los pliegues), no se encuentran impresos sino calados y minuciosamente bordados. Pero los guarismos apenas sirven para sistematizar la disponibilidad de estas extensiones expectantes, que hasta el pliego vacío precisa ser clasificado cuando aguarda recibir la escritura. En el primer díptico, esa escritura no acude a la cita y condena al pliego a quedar permanente e inútilmente habilitado. En el segundo, Wage die Stille, después de aparecer con profusión, las palabras son socavadas e invertidas por ese pliego impaciente que rasga y desdobla sus planos.

Nelly Richard sostiene que la transición ha uniformado y vuelto pasivo el recuerdo: el desafío ante este hecho surge "de la necesidad de recobrar la palabra después de los estallidos de la dictadura que casi privó a la experiencia de los nombres disponibles para comunicar la violencia de su mutilación". Ahora bien, termina preguntando, "¿dónde grabar lo más tembloroso del recuerdo si ya no quedan superficies de reinscripción..?" (*Residuos y Metáforas* 27ss.).[7]

Paralelamente a otras interpretaciones, es posible leer el díptico *Plegables II* como metáfora de tal superficie en blanco: como puro soporte marcado y habilitado para la reescritura: la escritura que busca recobrar la palabra y reponer los nombres olvidados. Si el discurso oficial busca desplegar la historia aplanando el campo de las representaciones, la resistencia a sus programas niveladores quiere plegar: marcar el doblez, el intersticio del frunce; quiere replegarse: volver sobre sí y recordar los relieves que borró el planchado. Estas obras, que el autor se empecina en seguir llamando "grabados", se presentan como "plegables", es decir, como plano desdoblado pero dispuesto a volver a ser doblado; a recuperar un adentro y un detrás, una profundidad que albergue lo que está debajo del silencio y permita que éste resuene; que tiemble, como quiere Nelly Richard.

Cada una de las piezas que compone el díptico titulado *Wage die Stille* se compone de dos entretelas sobrepuestas. Como el anterior, este díptico desenrolla verticalmente sus pliegos pero, a diferencia de los de aquél, estos se muestran repletos de caligrafías, cuya presencia trastorna el sosiego de los planos. Por una parte, cada lado del díptico se enfrenta al otro y lo contradice invirtiendo el sentido de lo en él escrito (o bordado).

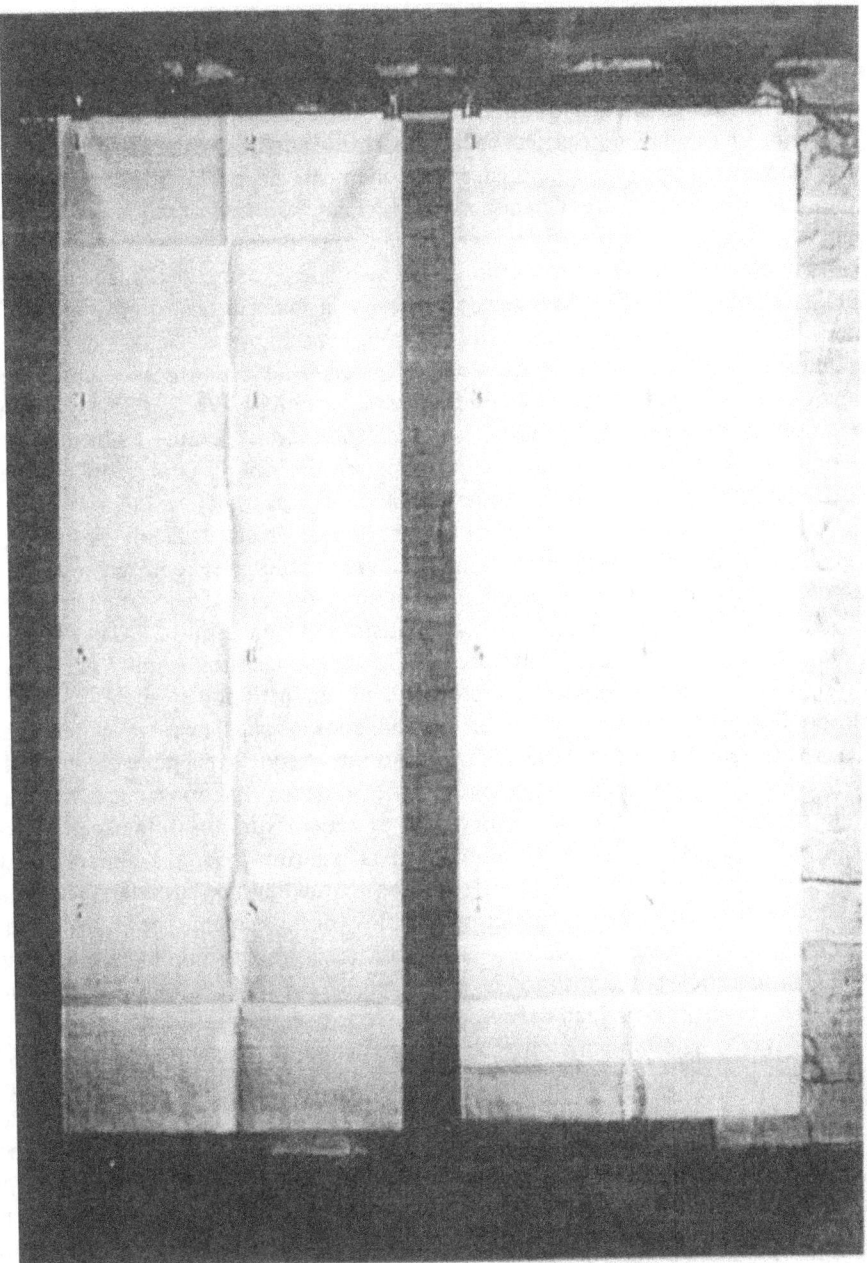

Imagen 4. *Plegables II*. Técnica: tejido de algodón plegado y bordado. Medidas: 240 x 280 cm. Osvaldo Salerno, 1995.

Por otra, la frase de Augusto Roa Bastos bordada (escrita en ambas) se ve en uno y otro lado agredida por un gesto que despelleja y rasga la superficie de la entretela delantera, como intentando deshacer lo consignado. Aquella frase ("Salí del encierro oliendo a intemperie") emerge a medias de la materia desollada del papel, del adentro carcomido que aprisiona las palabras. O que las guarda: quizá la amenaza provenga de afuera, del acto violento que descorteza el papel y busca arrancar las palabras.

Para confrontar entre sí los dos dípticos (*Los Plegables* y *Wage die Stille*), vuelvo a recurrir a un estudio sobre crítica de la transición, en este caso, uno de Hugo Vezzetti que, referido a la situación argentina, es cómodamente aplicable a los otros países del Cono Sur latinoamericano. Citando a Freud, el autor sostiene que los deslices de la memoria (la falta y el exceso de recuerdos) se corresponden: lo que es amnesia en un nivel, en otro resulta ser un recuerdo tan intenso que es como si el suceso estuviera siendo todavía vivido: la inmediatez de su presencia anularía, así, la distancia mínima que requiere el tramitarlo. Ante esta disyunción, Vezzetti propone que, más que como facultad, la memoria sea entendida como correlato de construcción: un esfuerzo trabajoso y permanente que incluye la elaboración estética (8 y ss.). "Sólo una escena de producción de lenguajes", aporta acá Nelly Richard, "permite tanto quebrar el silencio traumático de una no-palabra cómplice del olvido como salvarse de la repetición maníaco-obsesiva del recuerdo" (46).

Trabajar en esa escena permite a Salerno presentar sus espacios ya vacíos, ya saturados, pero disponibles siempre para albergar diferentes representaciones del pasado, tanto como actuaciones presentes y libretos pendientes aún de ser interpretados. La obra *Plegables II* descubre desnudo, blanquísimo, el lugar esquivo de la inscripción; la obra *Wage die Stille* lo muestra abarrotado de manuscritos. Ahora éstos ya no corren sobre el papel sino sobre entretelas. Y al ver sustituido su suelo de origen y transgredido el material de su oficio (al ver cambiados los papeles, valga la literalidad), la escritura debe responder ahora a los desafíos nuevos que le propone el lienzo. Por eso los signos no están dibujados o impresos sino bordados. Laboriosamente bordados. Afanosamente: como trabaja la memoria al reconstruir los retazos de signos deshilachados. Más que actuar como trazos inscritos sobre la superficie, los manuscritos atraviesan ahora el soporte. Buscan confundirse con su materia enredando los hilos en la trama de la tela. Quieren hilvanar lo evocado e intentan después retenerlo, ajustando, cosiendo, rematándolo. Y haciéndolo así, producen relieves, marcas que abultan la superficie como costurones. Como cicatrices que, para reinscribir la lesión, han debido invertir la cavidad del surco y convertirla en piel resaltada.

Los afanes que implica este trabajo niegan cualquier tratamiento del recuerdo como mero acto de inercia: aunque se encuentren repetidas tantas veces, las escrituras no aparecen empujadas mecánicamente por los síntomas de los recuerdos trabados: se presentan convocadas por una faena ansiosa, deseante. Por eso, la obsesión de esta escritura no es compulsión automática: es obstinación, pasión, contumacia. Y, por eso, lo callado del lienzo no apaña un vacío: pliega una amenaza. La que representa lo omitido, quizá: Foucault convierte el pliegue, *le pli*, en metáfora del límite que marca el dominio oscuro de lo Otro, lo exiliado del reino del discurso.

El castigo

La instalación titulada *La pileta* (1997) se desarrolla a partir de un lienzo blanco sumergido en un largo recipiente cargado de agua. La pieza se encuentra bordada con un aforismo del escritor paraguayo Augusto Roa Bastos: "Salí del encierro oliendo a

Imagen 5. *La Pileta*. Instalación compuesta por una caja de madera y plástico llena de agua en cuyo fondo se encuentra desplegado un tejido de algodón bordado. La escena se encuentra iluminada con bombillas de luz incandescente. Medidas: 10 x 1 x 2 m. Osvaldo Salerno, 1997.

intemperie", el mismo que el artista utilizara en la obra *Wage die Stille* y que utiliza en diversas obras suyas. La frase se encuentra cargada de connotaciones políticas referidas a la dictadura, que el escritor, como tantos artistas paraguayos, sufrió en forma de persecuciones y destierros. Después de la reclusión de la cárcel y el claustro, espera, quizá, la asfixia de otros miedos, así como en el fondo del calabozo, aguardaba desguarnecida, la libertad más radical: la imposible.

Repetida obsesivamente, la frase se vincula a la idea represiva de un texto escolar obligado a ser manuscrito mil veces como castigo. O es contradicha por un doble encierro que la acorrala y hunde en el fondo de un estanque sin salidas, como hundían los torturadores de la dictadura a sus víctimas en la pileta del suplicio (Intentaban forzarlos, así, a revelar la palabras escritas en el reverso, guardadas en los pliegues; no siempre lo conseguían).

Bordada una y otra vez, la misma frase deviene, a su pesar, ornamento realzado; banal referencia a la manualidad más inocente. Plegado, dispuesto pulcramente de acuerdo a un espacio rectangular y alargado, el lienzo sugiere ahora un sudario pero también un mantel demasiado blanco de recuerdos zurbaranescos. Pero en el contexto de la poética de Salerno, ya lo sabemos, el pliegue y el doblez, así como la vuelta de la hoja o la tela sobre sí, aluden a la blancura expectante del soporte. Y mentan aquel otro esquema que, trazado en secreto por los pliegues, aguarda una escritura nueva. O espera acoger el recuerdo que reflote desde el fondo de una historia que no puede ser olvidada. Quizá el recuerdo de una escritura usurpada: el artista parte no sólo del discurso de Roa sino de la propia caligrafía del escritor que hace suya; que reescribe con su letra y reitera con obsesión a través del bordado. Que ahoga y silencia las palabras contraescribiéndolas en blanco. Una vez más, el escrito ha sido traicionado, adulterado en su destino de aforismo, convertido en gala del lienzo elemental o atavío del último paño. Una vez más, el texto se vuelve ilegible. Y demanda una reinscripción que trastorne el registro de la escritura y presente a ésta en clave fantasmática. En clave de imagen que regresa borrada, mojada.

Los no-retratos

Otra obra de Salerno, *El álbum* (1997) también escenifica una disputa en torno al espacio de la memoria. Su propuesta integra un gran álbum de fotografías, dispuesto dentro de una urna de cristal sobre una peana, y una proyección de video que registra el hojear incesante de sus páginas en blanco. Estas no están en verdad en blanco, sino ilustradas con trozos de lienzos vacantes que ocupan el lugar destinado a la imagen. Salerno había encontrado un antiguo álbum de fotografías cuyas hojas, mediante pequeños cortes manualmente biselados en su superficie, estaban preparadas para exhibir los retratos familiares. Ahora esos retratos han desaparecido: fueron retirados no se sabe por qué y el álbum se encuentra vacío. Y, en vez de reponerlas o colocar en sus lugares otras imágenes, el artista instala silencios, vacíos, pausas. Instala una escena abierta, infinitamente disponible en su blancura o sellada en su mudez radical: la escena de quienes no tienen nombre ya (o todavía), la de quienes no tienen cuerpo ni rostro y no pueden, por eso, ser retratados: la de los desaparecidos durante la dictadura larga, quizá.

Imagen 6, *Album*. Album fotográfico intervenido con trozos de tejido de algodón bordados. Medidas: 50 x 32 x 6 cm. Osvaldo Salerno, 1997.

Los ámbitos de la cultura tardomoderna se encuentran hoy tan atiborrados de sonidos, de imágenes, de palabras, que los flujos simbólicos que éstos cargan mal pueden ya circular y renovarse y terminan sobrepuestos entre sí y en gran parte trabados. La densidad de estos enredos promiscuos no permite divisar lo que los propios signos señalan, como no permite oír lo nombrado el alboroto de las voces encimadas. "Atrévete al silencio", proponía el artista en una obra anterior citando a Heidegger. En ésta, el *horror vacui* que promueve este álbum despoblado demanda resignificaciones, nuevos lances que sacudan el lenguaje y remuevan las costras de sus mensajes prefijados. Su (des)lectura incita nuevos trabajos de construcción de la memoria: empeños que se opongan tanto al discurso oficial que a ésta niega como al que la banaliza en términos publicitarios y convierte en estereotipos sus trances más graves. Este libro descarnado, baldío, aguarda un signo que marque, que rasgue las telas y libere la densidad que tapujan ellas. Y esta esperada señal se cierne no sólo sobre el ámbito abierto de la memoria social sino sobre los recodos íntimos de la subjetividad: los álbumes son asientos del recuerdo personal, registros que, corroídos continuamente, exigen una y otra vez ser completados.

El tema de esta paradoja de la memoria —que congela la continuidad mediante la reiteración de un gesto inútil, necesario— es reforzado mediante la proyección del video, que desarrolla la imagen sin fin de la mano del artista hojeando el álbum ciego. Y haciéndolo en un movimiento que, por carecer de finalidad, ocurre fuera del tiempo. Es decir, requiere otro tiempo: el que rige la inscripción espectral del recuerdo y avanza a contramano, a destiempo. Por eso puede negar la memoria fotográfica, que detiene la duración en una imagen. Pero también puede refutar la memoria oficial, que desdramatiza el suceso fijándolo en un solo tiempo, transcurrido ya. Y que pide, entonces, pasar la página: exige borrón y cuenta nueva. (En el Paraguay se llama "política del opa-rei" [8] la táctica utilizada por el gobierno de la transición para "blanquearse"; es decir, para legitimarse disimulando su vinculación histórica con la dictadura, presentada ésta como una etapa definitivamente cancelada).

Pero un libro que se muestra en blanco (aunque no lo esté en realidad) y que nunca termina de ser hojeado (aunque se empecinen en callar sus folios tantos); un libro así no permite que sus hojas terminen de ser pasadas, porque en el trámite de serlo, remiten ellas a otras idénticas en un movimiento infinito que impide cancelar etapas. Tampoco autoriza este libro borrones y nuevas cuentas, porque no puede borrarse el espacio en blanco (ni puede, por eso, ser "blanqueado"). Y no admite la anotación de cuentas nuevas, porque el signo que rasgase sus cuartillas desoladas despertaría las tantas cuentas pendientes, las que permanecen anotadas en las incisiones del papel, en los intersticios y reveses de las telas blancas. Un libro repleto y callado no podría más que ser inscrito por un pliegue o un pequeño corte o por el recuerdo de figuras demasiado fuertes como para poder ser asentadas.

Todos los otros nombres

La obra *Casi todos los nombres* (abril de 1999) ocurre en el umbral del grabado y el objeto, en los lindes de la instalación. Consiste en siete pañuelos ubicados en un sobre de plástico que pende de la pared e implica una inesperada, oscura, cita de los *Interruptores de luz eléctrica* de Oldenburg. Cada una de las piezas se encuentra

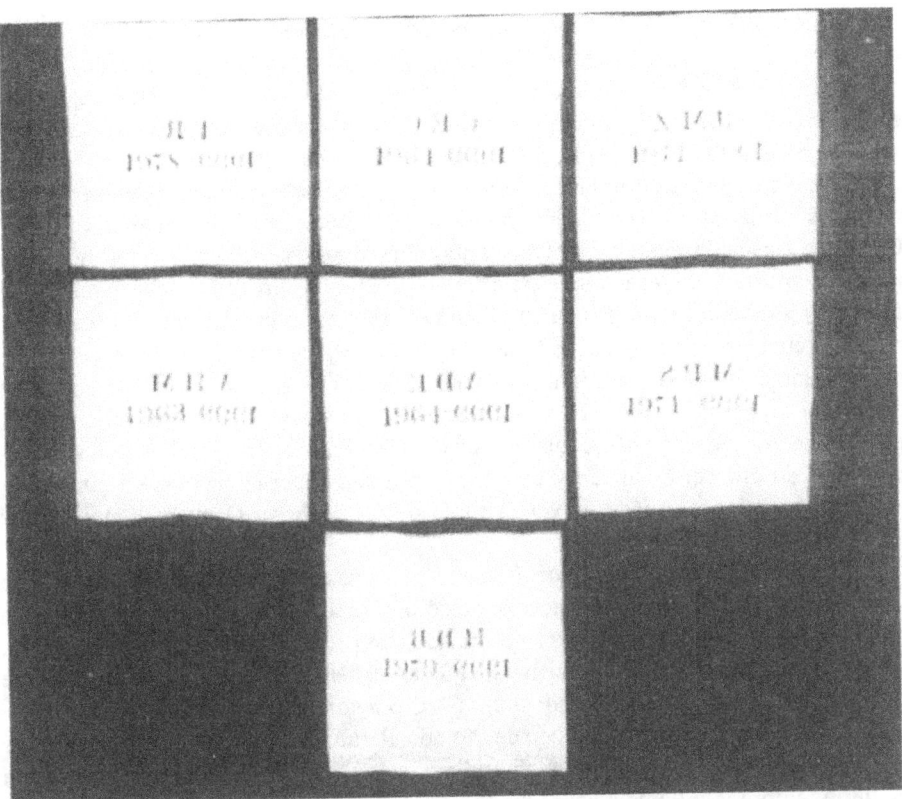

Imagen 7, *Casi todos los nombres*. Técnica: pañuelos bordados expuestos en estuches de plástico. Medidas: 160 x 160 x 10 cm. Osvaldo Salerno, 1999.

bordada —como lo están o lo estaban ciertos pañuelos personales— con las iniciales de una persona diferente y la firma del artista.

Cualquier acercamiento a esta obra, casi testimonial en su planteamiento, exige por lo menos una rápida referencia de lo ocurrido últimamente en el escenario sociopolítico del Paraguay. Apoyado por poderosos grupos económicos, facciones de partidos políticos tradicionales y sectores de la población rural (desesperados éstos ante la apremiante situación económica de la posdictadura), el movimiento fascista liderado por el General Lino Oviedo había tomado el gobierno estatal en agosto de 1998 al asumir la presidencia el Ing. Raúl Cubas. El nuevo régimen, cuya acción apelaba tanto a un vigoroso aparato de *marketing* publicitario como a sus vínculos con la mafia regional, la fuerza bruta y el terrorismo de Estado, llevó al país a una situación de crisis que estalló con el asesinato del vice-presidente, el Dr. Luis M. Argaña, opositor a Oviedo. Pues bien, este magnicidio, ejecutado directamente desde las órdenes del máximo poder (Oviedo-Cubas) desató la furia ciudadana. Las movilizaciones de estudiantes, campesinos y trabajadores, hombres y mujeres indignados, costaron muchas vidas a la sociedad civil (la represión policial fue brutal) pero produjeron la caída de gobierno fascista. "Los sucesos de Marzo", como se llamó este momento intenso, fueron rápidamente asumidos por el discurso publicitario de los medios masivos y sometidos al formato liviano del espectáculo.

Realizada casi sobre los hechos que nombra y de los cuales fue partícipe el autor de la obra, *Casi todos los nombres* propone una lectura más intrincada de aquellos sucesos demasiado inmediatos, demasiado lejanos ya, como para que puedan ser desplegados y expuestos como extensión llana y transparente. La obra presenta siete pañuelos bordados con las iniciales de los manifestantes que cayeron en la Plaza del Congreso asesinados por las fuerzas fascistas. Las letras aparecen invertidas: buscando negar la injusticia de esas muertes, el artista tuerce la dirección del lenguaje y lo fuerza a regresar los nombres que ha fijado en las lápidas de lienzo plastificado. La retórica actúa como la magia: presiona el significante y asigna a la forma encomiendas que rebasan sus cargos y sus funciones; pero al hacerlo así descubre nuevos accesos de lo real nombrado. Y si no logra cambiarlo a través de los lances del lenguaje, puede al menos trastornar la lectura de sus infortunios, reinscribir el luto y la victoria, recuperar su espesor aplanado y conectarlo con una experiencia que, en cuanto los comprende mejor, sí puede mover el curso de los hechos. O intentar moverlo, al menos.

La construcción de la memoria no encuentra sosiego, no puede recalar en una obra consumada. Y no puede hacerlo, no sólo porque supone un proyecto abierto a distintas direcciones, sino porque ve cambiados los propios materiales con que opera. La lista de los muertos por el fascismo no puede ser cerrada. Cuando Salerno concibe esta propuesta, la misma lleva por título *Siete paraguayos*, pero, desgraciadamente creció el número de fallecidos luego de titulado el trabajo (murieron otros estudiantes y campesinos que se encontraban malheridos e internados). Entonces, el artista cambia de título la obra y la llama *Casi todos los nombres*. La abre así no sólo a nombrar a los muertos que llegaron después sino a los que estaban antes. Bajo esta nueva denominación está citando ciertamente aquella obra de Saramago que opta "por la subversión individual contra la opresión de las autoridades catalogadoras, por el desorden de la vida contra el desorden de la muerte" (Perrone-Moisés). Y esta cita le permite esquivar mejor la estandarización de los registros burocráticos y la anestesia de la información regida por el mercado. La obra *Casi todos los nombres* propone contraescribir los nombres de quienes avanzaron a contramano del régimen dictatorial y su continuación disimulada. Estos nombres no pueden ser almacenados, convertidos en dato abstracto de fichas, padrones o placas de bronce administrados por el poder político o la modernidad publicitaria. No pueden ser escritos en superficies que, carentes de espacios en blanco y de pliegues, se muestran incapaces de anotar la cicatriz, de acusar el revés y el corte; la oscura densidad del otro lado. Su resignificación constante necesita el contrapunto de la inversión, el reflejo y la pausa; demanda el relieve y la sombra del bordado.

Asumir la historia dura del Paraguay e imaginar rumbos posibles que hagan de su devenir un quehacer compartido exige un espacio vacante para la acción simbólica: una oquedad en donde opere el deseo, una escena en donde actúen los recuerdos de uno y de todos. Afirmada entre la etapa compacta de la dictadura y el período vacilante de la transición, la obra de Osvaldo Salerno puede dar pistas acerca de esa utopía: de ese no lugar y ese destiempo que precisa la memoria tanto para asentar lo sucedido como para habilitar nuevos protocolos para glosas, erratas y reinscripciones. Y para dejar, en ambos casos, los márgenes, las entrelíneas y los blancos que demanda cada nombre para no ser archivado.

Notas

[1] El término "desconstrucción", utilizado con mucha libertad en este texto, obviamente está basado en Derrida. Y se beneficia, por ello, de la deliberada equivocidad que tiene en el autor citado. Esta oscura maniobra resulta, por cierto, más útil que clara. Encara misiones solemnes (problematizar la metafísica del sujeto, de la razón totalizadora, de la verdad, etc), pero lo hace más a través de juegos retóricos que de intentos de derribar grandes relatos y sustituirlos por otros.
[2] Utilizo el neologismo "identitario", acogiéndome a los beneficios de cierta tradición afirmada en la escena teórica latinoamericana. Supongo que su empleo obedece más a razones estilísticas que semánticas: mitiga el uso excesivo del término "identidad", falto de sinónimos suficientes en casi todas las lenguas que lo emplean.
[3] Los gobiernos del General Andrés Rodríguez y de los ingenieros Juan Carlos Wasmosy y Raúl Cubas, que siguieron al del General Stroessner, mantuvieron el sistema de corrupción que se había consolidado durante la dictadura en el Paraguay; el último de ellos comenzó a entronizar un modelo fascista que se frustró con la renuncia de Cubas ocurrida el 27 de marzo de 1999 a partir de fuertes presiones ciudadanas y en el contexto de una importante crisis política. El pasado político del actual presidente, Luis González Macchi, está reconocidamente vinculado con la dictadura de Stroessner.
[4] Los comentarios de estas obras fueron en parte extraídos de: Escobar, Ticio. "La escritura ausente". Texto de presentación del catálogo de la exposición de Osvaldo Salerno titulada *La Cicatriz*.
[5] Durante ese tiempo se encontraba ya definido el siniestro proyecto fascista del General Lino Oviedo. Poco tiempo después Oviedo intentó un golpe revolucionario y se consolidó luego como hombre fuerte de la escena política paraguaya. Las posibilidades del retorno a una dictadura militar de ultraderecha parecían entonces bastante fundadas.
[6] La frase, tomada de Heidegger, significa "atrévete al silencio". El hecho de que Salerno mantenga la versión original de ciertas expresiones extranjeras que utiliza como título manifiesta en parte la intención de presionar el lenguaje, de mortificarlo constriñéndolo a transitar terrenos poco familiares y a revelar nuevas cuestiones desde esa marcha forzada.
[7] La autora se refiere específicamente a la "transición" chilena pero sus reflexiones sobre la memoria oficial son perfectamente extrapolables a un análisis de este tema en el contexto de la posdictadura paraguaya.
[8] El término guaraní *opa rei* (se pronuncia "oparei") significa "fin fácil" y se refiere en general a los hechos que terminan irresponsablemente, sin esfuerzo ni compromiso, sin memoria.

BIBLIOGRAFÍA

Arditi, Benjamín. *El reverso de la diferencia. Identidad y política*. Caracas: Nueva Sociedad, 2000.
_____ "La dimensión política de los Universales". *Correo de Última Hora*. Asunción, 13 de diciembre de 1997.
Baudrillard, Jean. "El éxtasis de la comunicación". *La Post-Modernidad*. Hal Foster y otros. Barcelona: Kairós, 1985.
Burgin, Víctor. *The End of Art Theory*. Londres: Macmillan, 1986.

Connor, Steven. *Cultura posmoderna. Introducción a las teorías de la contemporaneidad*. Madrid: Akal, 1996.

Coronil, Fernando. "Más allá del occidentalismo: hacia categorías geohistóricas no imperiales". *Casa de las Américas*. (La Habana, enero-marzo 1999): 21-50.

Escobar, Ticio. "La escritura ausente". Texto de presentación del catálogo de la exposición de Osvaldo Salerno, *La cicatriz*. Madrid: Edición Casa de América, 1999.

Laclau, Ernesto. *Emancipación y diferencia*. Buenos Aires: Ariel, 1996.

Mouffe, Chantal (comp.). *Desconstrucción y pragmatismo*. Buenos Aires/México/Barcelona: Paidós, 1998.

Ranciére, Jacques. "Política, identificación y subjetivización". *El reverso de la diferencia. Identidad y política*. Caracas: Nueva Sociedad, 2000. 145-52.

Richard, Nelly. *Residuos y metáforas. Ensayos de crítica cultural sobre el Chile de la Transición*. Santiago de Chile: Editorial Cuarto Propio, 1998.

Saramago, José. *Todos los nombres*. Madrid: Alfaguara, 1998.

Tagg, John. "Posmodernism and the Born-Again Avant-Garde". *Block* (1985-6): 3-7.

Vezzeti, Hugo. "Variaciones sobre la memoria social". *Revista de Crítica Cultural* 17 (Santiago de Chile, noviembre de 1998):

Vila, Cristián. "Sobre desidentidad latinoamericana: la disimilación". *América Latina. Continente fabulado*. Rebeca León, comp. Santiago de Chile: Dolmen Edic., 1997.

El drama y sus tramas; memoria, fotografía y desaparición

Nelly Richard
Revista de Crítica Cultural, Chile

1. Al ponerle fin a la dictadura militar, la transición chilena conjugó sus fórmulas de democratización institucional con un régimen intensivo de neoliberalización económica que uniformó así un paisaje donde los acentos de lo político-ideológico se disolvieron en la masa de lo publicitario y de lo mediático. Los acuerdos entre consenso y mercado instrumentalizaron ese pacto de neutralización y desactivación de lo social, a través de varios mecanismos de ocultamiento del conflicto encargados de producir la apariencia de una sociedad translúcida, sin asperezas ni rugoridades de códigos.[1] Una hegemonía tecno-instrumental que sólo sabe de formas lisas, de significaciones vaciadas de antagonismos, de representaciones sin dobleces figurativos, redujo y tradujo las ambigüedades simbólico-expresivas de lo social a la transcripción numeraria de sus estadísticas del consumo.

Uno de los principales agentes de la desimbolización histórica del recuerdo de la violencia dictatorial fue la televisión. El régimen televisivo de las políticas comunicacionales de la transición resultó culpable de obliterar la materialidad experiencial del recuerdo; de censurar sus mutilaciones biográficas, sus catástrofes de la subjetividad, sus desconexiones afectivas. Más insidiosamente, las tecnologías audiovisuales de la escena mediática consagraron el olvido gracias al triunfo retiniano de la superficie como zona de impresiones livianas que celebran la fugacidad del cambio y de la sustitución. El ideal de "sociedad transparente" que la tecnicidad de los medios operacionales proyectó sobre el escenario de la posdictadura en lo social, lo político y lo comunicativo, aplanó el relieve y la densidad simbólico-narrativa de los relatos de la memoria para que ningún avergonzante residuo histórico accidentara las superficies donde se luce diariamente la espectacularización de lo transitorio y de lo desechable.

¿Cómo oponer a la nivelación de signos de este paisaje sociocomunicativo de la transición la visualidad crítica de un arte de la posdictadura que densifique las trazas del recuerdo, que impida que esas trazas sucumban a los efectos de borradura de la memoria que agencia el programa neoliberal y sus diagramas de una visualidad transparente?

Es desde esta pregunta que quisiera analizar algunos aspectos de la obra del artista chileno Carlos Altamirano porque me parece que su obra se presta, ejemplarmente, a una reflexión que concierne tanto a *los dilemas de la representación* (¿cómo recordar el pasado convulso y sumergido: mediante qué lenguajes?) como a *las tensiones críticas entre memoria e indiferencia* (¿cómo desafiar la insensibilidad de los medios que anestesian cotidianamente la mirada?) en un paisaje de la posdictadura mediatizado por infinitas técnicas del olvido. Sólo pretendo dejar aquí instaladas algunas preguntas que, según creo, suscita la obra de Altamirano en torno al problema del recuerdo histórico, sabiendo a la vez que al restringirme a esas preguntas, seré injusta con la pluridimensionalidad creativa de una obra que invita generosamente a realizar muchas otras operaciones de lectura.[2]

2. En Noviembre de 1996, Carlos Altamirano expone en el Museo Nacional de Bellas Artes de Santiago de Chile una obra titulada "Retratos". La obra consiste en una franja mural de varias imágenes impresas en un mismo soporte gráfico computarizado. Las imágenes provienen de distintas fuentes iconográficas (la visualidad urbana, el arte, la publicidad, la historia política, la actualidad nacional, los manuales escolares, las fotos de album, etc..) que se yuxtaponen en una continuidad fragmentada. La serie de estas imágenes a color es interrumpida regularmente por los retratos en blanco y negro de detenidos desaparecidos, señalados como tales por los datos de sus fichas de identificación.

Primer efecto: al incorporar a su exposición del Museo Nacional de Bellas Artes la memoria de los desaparecidos, Altramirano transgrede —escénicamente— la consigna del olvido que el pacto transicional mantuvo sobre el duelo en suspenso. Altamirano lleva los retratos de los ausentes a hacerse presentes en un sitio de neutralidad institucional que la obra *interviene* con la contingencia política de su referencia a la temática de los derechos humanos. El primer rotundo efecto de visibilidad que genera la obra de Altamirano consiste en armarles una escena a estos retratos de la memoria desprovistos de representación, en ponerlos en escena: en restituirles la notoriedad de presencia (artística) que les robó la técnica de la desaparición política. Muchas de las secuencias de imágenes que incluyen los retratos de desaparecidos llevan la referencia fotográfica del marco dorado de los cuadros de museo: el encuadramiento de los marcos dorados (símbolo de autoridad de la memoria institucionalizada de la tradición museográfica) compensa, metafóricamente, la desautorización del pasado de las víctimas a la que el presente oficial de la transición fue condenando la memoria que ocupa ahora el sitio de honor tan largamente negado. Digamos, entonces, que la obra de Altamirano les da a los retratos de los desaparecidos la oportunidad solemne de testimoniar fotográficamente su pasado de víctimas, y que lo hace insertando —solemnemente— su imagen en el paisaje de olvido que busca diariamente conjurar ese pasado con múltiples efectos de borramiento y vaciamento tecnológicos. Además, al documentar la imagen de los N.N con las señas de identidad del desaparecido que identifican cada retrato, la obra de Altmirano corrige la violencia desindividualizadora del anonimato de la supresión de los cuerpos salvando cada sujeto (ya no intercambiable) de la masa indiferenciada de los sin nombre.

3. El blanco y negro fotocopiado de los retratos de desaparecidos nos trae una evidencia: nos dice hasta qué punto estos retratos de desaparecidos ya no combinan con nada en medio del cromatismo exacerbado de una festividad publicitaria que los sumerge diariamente en una total anacronicidad de signos. La tecnicidad pobre del retrato en fotocopia de los desaparecidos parecería confesar el pretérito visual de una cierta incompetencia de lenguaje que termina de inactualizar el drama lentamente

contenido en el rigor ético de su blanco y negro. Los retratos en blanco y negro de los desaparecidos nos hablan entonces de la *fijeza,* la *tristeza* y la *pobreza* de sus medios de existencia, al cifrar la miseria histórica de su condición de víctimas en el grano casi borrado de la fotocopia.

Estos retratos fijos son retratos de detenidos-desaparecidos, pero son también retratos "detenidos": retratos congelados en el presente continuo de una muerte en suspenso. La fijeza y la detención de estos retratos de la memoria contrastan con la velocidad cambiante del flujo electrónico al que remite la secuencia formada por el resto de las imágenes sacadas del mundo de las comunicaciones. Y sin duda que ese contraste no enseña a ver mejor el ritmo y la cadencia con que el mercado audiovisual y comunicativo de la transición chilena ha desalojado de sus deslizantes pantallas de vidrio toda huella de memorialidad, todo sedimento opaco. La globalización comunicativa del capitalismo intensivo aplaude el valor-circulación de estos nuevos signos que lo recorren todo sin adherirse a nada, gracias a la plasticidad de un movimiento que va "de una forma a otra sin pasar por el sentido" (Baudrillard, *La transparencia del mal* 78). Imágenes sin fondo ni trasfondo que fluyen gracias a una estética de la transitoriedad, hecha para disolver el volumen de la temporalidad histórica en la simultaneidad y contiguidad del *flash* noticioso.

La obra de Altamirano sugiere el conflicto entre la huella fotográfica de los desaparecidos (una huella que se encuentra ella misma, por el desgaste de la fotocopia, en permanente trance de desaparición) y las múltiples tecnologías del olvido reflejadas por el brillo multicromado de la piel del *scanner.* Esas tecnologías ocupan el *ver* para transparentar la mirada hasta designificar el recuerdo: hasta dejar que su nudo de violencia pierda toda gravedad de sentido. La obra contiene esa tensión entre *la opacidad de la traza de la posdictadura* y *los brillos del campo de visión del mercado de la transición* que niegan la sombra que proyecta sobre ellos la memoria como resto abyecto del milagro neoliberal.

Pero los retratos fotocopiados de los desaparecidos que comparecen en la obra de Altamirano, si bien arman contraste —referencialmente— con las demás imágenes de la serie que pertenecen dominantemente al Chile de la desmemoria, reciben el mismo tratamiento impreso que el resto de la franja computarizada. Esto quiere decir que recuerdo y olvido, memoria y desmemoria, comparten aquí un mismo lenguaje visual que mezcla los retratos de los desaparecidos con aquellas otras imágenes que utilizan vorazmente la sintaxis gráfico-publicitaria de la contemporaneidad mediática transicional. Los retratos fotográficos de los desaparecidos —hechos de fotocopias *refotografiadas*— son alineados por la obra en *equivalencia de signos* con las demás imágenes que comparten la lengua uniforme de la gráfica computacional: aquella lengua del diseñador profesional que sirve a las estrategias de consumo del mercado de la modernización neoliberal. La materialidad de los soportes de inscripción llamados por la obra a resignificar el recuerdo es la misma que la que destruye cotidianamente la simbólica de la memoria. ¿Es posible que el arte solidarice afectivamente con el dolor contenido en la memoria de los desaparecidos, si los significantes técnicos de la obra poseen la connotación ideológico-social de la misma borradura mercantil que ha hecho desaparecer su recuerdo? ¿Qué ocurre con esta complicidad idiomática entre los *significantes de la memoria,* los *medios del arte* y las *tecnologías del mercado?* ¿Puede haber rescate y salvación del recuerdo si es el lenguaje desmemorializante del consumo (aquí figurado por las técnicas publicitarias) el encargado de trasladar ese pasado desfigurado al soporte cosmético de la actualidad neoliberal? ¿Puede la memoria de los vencidos ser narrada en la lengua de actualidad de los vencedores (la del mercado: de la industria publicitaria y de la mediatización operacional) sin que lo triunfalmente saturador de ese recurso traicione el valor expresivo de las roturas y huecos de la significación producidos por la violencia del pasado?

Al dejar caer la mención fotográfica a la fotocopia de los retratos de desaparecidos en una franja de imágenes digitalizadas, la obra de Altamirano inscribe el estatuto de lo *fotográfico* (el retrato fotográfico como emblema político de la desaparición de los cuerpos) en un paisaje *post-fotográfico* que consagra la desaparición semiótica de lo real. La fotografía, la imagen fotográfica, tiene por característica el distinguirse de las demás imágenes debido a su naturaleza analógica: una naturaleza que la hace capaz de certificar la existencia de su referente. Los rasgos analógicos (demostrativos, referenciales) de la fotografía explican su importancia estratégica en el caso de tiempos y seres desaparecidos, ya que la fotografía funciona como una *prueba de existencia* en la recordación del pasado. "La foto", dice Roland Barthes, registra mecánicamente lo que no podrá repetirse existencialmente" (Barthes, *La chambre claire. Note sur la Photographie* 15; la traducción es mía). Esta prueba de existencia se recarga de emblematicidad en el caso de la desaparición pública debido a que la fotografía, más que ninguna otra técnica, se encuentra indisociablemente ligada al desaparecimiento del cuerpo vivo y del tiempo vivo cuya muerte queda paradojalmente consignada en el recuerdo de lo *ya sido*. La fotografía crea la paradoja visual de un efecto-de-presencia que se encuentra técnicamente negado por su congelamiento en tiempo muerto. Esta paradoja destemporalizadora es la que lleva la fotografía a ser frecuentemente percibida y analizada (desde Barthes hasta Derrida) en el registro de lo fantasmal y de lo espectral, ya que ella comparte con fantasmas y espectros el ambiguo y perverso registro de lo presente-ausente, de lo real-irreal, de lo aparecido-desaparecido.

Los retratos que los familiares de los desaparecidos llevan adheridos al pecho en su cruzada de la memoria son portadores de esta ambigüedad temporal que pone en tensión fotográfica *lo que todavía es* y *lo que ya no es*, suspendido entre vida y muerte por la indeterminación de la huella que, en el para-siempre de la memoria técnica, mantiene la presencia del cuerpo eternamente dividida entre "pérdida" y "resto" (Soulages, *Esthétique de la photographie* 115), tal como ocurre con los mismos desaparecidos. Mientras la técnica fotográfica retiene siempre la huella de lo desaparecido (de los desaparecidos) por su vinculación documental con el cuerpo del referente, la imagen numérica es capaz de desplazar y simular ese referente a través de múltiples artificios semióticos que ya no requieren de una presencia viva para duplicar lo real.

El filósofo francés Jean Louis Déotte lee la obra de Altamirano como un signo de "ingeniosidad estético-política" que le permite "luchar contra la desaparición mediante la desaparición" (Déotte, "El arte en la época de la desaparición" 14). Según Déotte, la obra de Altamirano logra forzar la mirada sobre un doble acontecimiento: por un lado, *el recuerdo de las identidades desaparecidas* cuya fotografía (referenciada en el mural bajo la imagen del retrato fotocopiado) llama la atención sobre los cuerpos ausentes-presentes y, por otro, *el saber de la desaparición del referente* consignado en la obra por la ocupación del código numérico de la imagen digital. Siguiendo esta argumentación, el drama de la obra de Altamirano se jugaría en la trama visual de aquel conflicto que opone, por un lado, la fotografía del recuerdo de la violencia histórica que se hace al mismo tiempo recuerdo histórico de la fotografía (de la fotografía como antigua técnica de proclamación existencial de la presencia del referente) en un mundo donde lo fotográfico ha sido ya suplantado por los actuales simulacros de la era de la desaparición y, por otro lado, los códigos informáticos de simulación de lo real que, según Baudrillard, insisten ellos en "borrar la oposición de la presencia y de la ausencia".[3] Déotte nos sugiere que la obra de Altamirano lleva a los desaparecidos a ser mucho más que los simples testigos mudos de la desaparición de la imagen-referente en el contexto hipermediático de nuestra contemporaneidad visual: los llevaría a denunciar ese contexto y a resistirse a su artificialización de la huella, desde el recuerdo manifiesto de su anterior estado biográfico tramado por la fotografía.

Sin embargo, la tensión crítica, señalada por Déotte, entre *lo desaparecido* (los cuerpos, el recuerdo y la fotografía) y *la desaparición* (la puesta en obra de su reemplazo por un medio que destituye la presencia) no está materialmente activada en la obra, ya que la traducción fotográfica de la fotocopia de los desaparecidos se opera en el mismo sistema de abstracción numérica cuyo código digitalizado uniforma el soporte de las demás imágenes. Esta uniformidad del soporte que lleva desaparición y recuerdo a compartir un mismo registro post-fotográfico, desdramatiza, a mi modo de ver, la vibración existencial de lo *ya no* y de lo *todavía* que sigue latiendo en el temblor de la fotocopia. Al traspasar los retratos fotocopiados de los desaparecidos a un sistema de reproducción gráfico-publicitario, la obra tiende a desespecificar la materialidad del valor de *desgaste* que retiene el significante fotocopiado como un valor de *peligro* y *amenaza* ya que testimonia una progresiva eliminación de las trazas que finaliza en la consunción del recuerdo.

Lo fotográfico es el vibrante testimonio de la presencia-ausencia del cuerpo de lo desaparecido. ¿Puede lo fotográfico resistirse a los efectos post-fotográficos de supresión de la brecha entre original y traducción, entre memoria y recuerdo, si la materialidad de la obra que lo recoge opera y consume a la vez la traducción-traición de la traza? ¿Pueden aún *vibrar* el recuerdo y su oscurecimiento, si la visualidad plena y plana del soporte que los narra no registra ningún accidente de textura cuya precariedad física sea capaz de contradecir la perfección del código con algo tembloroso?

4. Todo juega convergentemente en la obra "Retratos" para sugerir la intercambiabilidad de los signos y de las miradas del espectador a lo largo y ancho del recorrido por la sala de exposición debido a que la franja no tiene ni comienzo ni final y que cualquier orden de lectura es entonces posible y debido, también, al ordenamiento involuntario de los retratos que interrumpen la franja. La obra trabaja con esta permutabilidad de los signos que el autor redistribuye a través de la misma mecánica del *zapping*, que "nivela los códigos y desjerarquiza los marcos ideológicos" (Ferrer, *Los retratos de Altamirano* 39) bajo efectos de pura serialidad distributiva, sin que ninguna posición de voz o marcación de estilo busque transmitir un juicio sobre las cosas o expresar algún conflicto de subjetividad o representación. Esta

serialidad distributiva de las imágenes de la obra ilustra el relativismo de mercado que caracteriza un mundo de fragmentos en que todas las opciones de la diversidad coexisten entre sí sin verse nunca confrontadas a polémicos enfrentamientos de valores.

Digamos que la franja de Altamirano simula los efectos de permutación y conmutación de los signos del mercado capitalista, al exacerbar el poder diagramativo de una tecnología visual que luce la fantasía —omnimanipuladora— de sus dispositivos de montaje que recortan, fragmentan y editan un heterogéneo mundo de imágenes que abarca desde la noticia de la coronación de la representante chilena de Miss Universo hasta el recuerdo de los desaparecidos de la dictadura. En ese sentido, la obra "Retratos" de Altamirano reproduce el cinismo de los procesos de *igualamiento del valor* que mezclan todo con todo, sin que ningún entrechocamiento de sentido eche a perder el funcionamiento regular de la serie. La obra incorpora la memoria de los desaparecidos a este despliegue operatorio de inagotables combinaciones sintácticas que hacen convivir entre sí imágenes contrarias, sin que estas imágenes tengan la oportunidad semántica de dramatizar ninguna de sus antinomias de postura.

Pero, ¿basta con que una obra ilustre el código del pluralismo —espectacularizando sus efectos visuales— para que el arte levante sospechas críticas sobre el invisible trabajo de indiferenciación de las diferencias que realiza el mercado? ¿Basta con llevar al paroxismo de la hipervisibilidad el funcionamiento de un código que permuta significantes y significados sin discriminación de rangos ni jerarquías, para someter a crítica su ley de desjerarquización del valor?

5. La proliferación de los lenguajes visuales (publicitarios o televisivos) en las sociedades mediáticas, consagra la soberanía de la mirada junto con el proceso que lleva "la imagen a convertirse en la forma final de la reificación mercantil" (Debord). En estos paisajes de saturación icónica, hace falta detener "el torbellino de la información donde todo cambia, se intercambia, se abre, se derrumba, se hunde, se ahonda, se levanta, se expande y finalmente se pierde al cabo de veinticuatro horas" (Virilio, *El arte del motor* 63) para convertir la mirada en una zona de desciframiento crítico. Y así lo hace la obra de Altamirano al detener ese torbellino en un recuadro mural que inmoviliza las imágenes, que opera una pausa reflexiva que contrasta con la velocidad del flujo mediático. La obra desacelera el flujo de circulación de las imágenes, interrumpe su compulsiva movilidad para que la *dispersión en el espacio* se vuelva *concentración en el* tiempo, y se opone así a la veloz entrega comunicativa de un sentido que el mercado quiere pasajero y desechable. Pero estos flujos de circulación de las imágenes que saturan la actualidad produciendo una sobremultiplicación de lo visible deberían ser interrumpidos por algo que sea lingüísticamente refractario a su hegemonía de códigos: algo opaco que altere sus brillos, algo accidentado que logre rasgar la superficie del mercado de las imágenes y su lisura operacional con hendiduras simbólicas por donde se expresen lo mutilado, lo extraviado, lo sumergido, lo que se deja apenas entre/ver: "la mediación trunca, fallida, suspendida, de lo que no admite lo visual, de lo que no soporta visión. De lo que no llega a escena o imagen" (Casullo, "Una temporada en las palabras" 28).

Frente a la neoestetización banal de lo real, producto de estas visualidades transparentes, el arte debe rearticular *políticamente* la mirada para que la relación con las imágenes sea *intensiva* y *problematizadora* a la vez; es decir, atenta a los dobleces (pliegues y sombras; torceduras) de un campo de visión que no puede agotarse en lo mostrable, que debe frenar la pulsión de ver que consume todo lo diverso en el espectáculo de la diversión. El arte debe tratar de desuniformar la percepción social para reafectivizar el recuerdo; de producir rupturas de tono y quiebres de expresión que disocien la lógica de imperturbabilidad de la serie que produce la anestesia; de restituirle al recuerdo toda su fuerza crítica de dislocación de la subjetividad y la experiencia mediante nuevas conexiones intensivas entre texturas, marcas y acontecimientos.

La obra de Carlos Altamirano tiene el indiscutible mérito de abrir un escenario de contradicciones productivas para dos de las preguntas más cruciales sobre recuerdo y desaparición que se instalan en la posdictadura: ¿cómo reinscribir la memoria en un paisaje transicional de múltiples borraduras donde las estéticas críticas deben combatir tanto las teconologías del olvido como el pluralismo de la indiferencia? ¿Cómo rearticular una *política de la traza* que lleve lo borrado de la representación, lo sumergido en lo irrepresentable, a producir sombras de duda en medio de tanta visibilidad satisfecha?

Notas

[1] Vale la pena subrayar cómo el sorpresivo arresto del ex dictador Pinochet (en 1998, en Londres) hizo estallar la zona de acumulación de lo no-dicho en cuyo silencio se habían depositado los reclamos y frustraciones de la transición chilena. La explosión noticiosa del caso Pinochet provocó un espectacular "retorno de lo reprimido" que hizo saltar todo el aparato retórico de moderación y resignación de la transición que, hasta entonces, había bloqueado el trabajo activo de una memoria de la posdictadura. Dicha noticia permitió que se diseminaran, a lo largo y ancho del cuerpo social, los flujos de expresividad contestataria que habían sido obstruidos por la pragmática de los cálculos oficiales durante los años de gobierno de la transición en Chile.
[2] Para una lectura exhaustiva de la obra a la que me refiero aquí, ver: *Retratos de Carlos Altamirano*, con textos de Fernando Balcells, Rita Ferrer, Justo P. Mellado, Roberto Merino y Matías Rivas.
[3] En el espacio hipermediático de la virtualidad y de la simulación, "la presencia no se borra ante el vacío, se borra ante un redoblamiento de presencia que borra la oposición de la presencia y la ausencia". Jean Baudrillard, *Las estrategias fatales* (8).

BIBLIOGRAFÍA

Balcells, Fernando; Rita Ferrer; Justo Pastor Mellado; Roberto Merino y Matías Rivas. *Retratos de Carlos Altamirano*. Santiago: Ocho Libro Editores, 1997.
Barthes, Roland. *La chambre claire; note sur la Photographie*. Paris: Gallimard, 1980.
Baudrillard, Jean. *La transparencia del mal*. Barcelona: Anagrama, 1991.
_____ *Las estrategias fatales*. Barcelona: Anagrama, 1991.
Casullo, Nicolás. "Una temporada en las palabras". *Confines* 3 (Buenos Aires, 1996):
Déotte, Jean Luis. "El arte en la época de la desaparición". *Revista de Crítica Cultural* 19 (Santiago de Chile, 1999).
Ferrer, Rita. *Retratos de Carlos Altamirano*. Santiago: Ocho Libro Editores, 1997.

Soulages, Francois. *Esthétique de la photographie.* Paris: Nathan, 1998.
Virilio, Paul. *El arte del motor.* Buenos Aires: Manantial, 1996.

… IV. Ciudad y violencia: modelo para armar

Violencia en las ciudades.
Una reflexión sobre el caso argentino

Beatriz Sarlo
Universidad de Buenos Aires
Punto de Vista

Hechos rojos

En los últimos meses, los medios de comunicación argentinos informaron, entre otros, de los siguientes hechos: un estudiante universitario secuestró a su novia, compañera de estudios, la condujo al sótano de la facultad y allí, esgrimiento un arma, amenazó con matarla y con matarse; en la fiesta de fin de curso de un colegio secundario privado, los guardias de seguridad de la discoteca castigaron a unos muchachos que estaban provocando a otros, la gresca se generalizó y hubo treinta heridos, algunos graves; un trío de delincuentes asaltó un banco, tomó rehenes, la policía intervino torpemente y estos resultaron muertos; una pareja castigó a su hija de tres años hasta matarla y los vecinos estuvieron a punto de lincharlos; los pasajeros de un ómnibus suburbano liquidaron a garrotazos a un delincuente que intentó asaltarlos armado con un chuchillo; un ciclista le partió una botella de cerveza a una joven señora que cruzaba una avenida céntrica a las ocho de la noche, con su hijita en brazos; dos borrachos adolescentes atropellaron y dieron muerte a tres amigas, un sábado a la noche; un chico de seis años que jugaba en el pasillo de una villa miseria murió impactado por un proyectil durante un enfrentamiento entre bandas de narcos; dos ladrones organizaron un *raid* por los barrios de Buenos Aires, tomaron media docena de rehenes y terminaron muertos por la policía con cuarenta tiros; un kioskero, un almacenero, un farmacéutico, un carnicero, mataron a tiros a un/unos delincuentes que quisieron asaltarlos; varios jóvenes delincuentes, en apariencia drogados, mataron a tiros a un kioskero, a un almacenero, a un farmacéutico a quienes estaban asaltando. Todos los días hay robos, atracos, accidentes callejeros, violencia armada en las villas miseria y también en los barrios ricos; en el centro de la ciudad, a la salida de las discotecas, los clientes se pelean a golpes casi todas las noches; en las cárceles, casi un tercio de los internos tiene HIV por las violaciones y el consumo de drogas; más de la mitad de los que salen en libertad vuelven a delinquir en los dos meses siguientes; se venden permisos de salida de delincuentes presos por homicidio; los motines en las cárceles son tan habituales como las agresiones de las barras brava durante los partidos de fútbol; los estudiantes secundarios son regularmente asaltados, cerca de las escuelas, por otros chicos, muchas veces conocidos de sus víctimas; después de las doce de la noche casi nadie toma un taxi por la calle temiendo ser despojado por el propio chófer.

La lista de los casos de violencia urbana es prácticamente infinita. Alimenta un sentimiento de inseguridad colectiva que se ha convertido en una pasión: la pasión del miedo como organizadora de la relación con el espacio público.

Imaginario de la violencia urbana

Trataré de explorar las dimensiones culturales de este problema. La primera y más obvia: ni Buenos Aires ni el conurbano que la rodea son, como Caracas, Bogotá, ciudad de México o San Pablo, territorios homogéneamente violentos. En gran parte de la ciudad, todavía se puede viajar por transporte público a altas horas de la noche sin que indefectiblemente se protagonice un episodio de riesgo. No es indispensable asegurar vigilancia privada en la mayoría de los barrios relativamente céntricos, ni es indispensable desplazarse en caravana fuera del límite urbanizado. De las ciudades latinoamericanas que conozco, Buenos Aires sigue teniendo una seguridad razonable. Sin embargo, la violencia ha aumentado y, aunque esto no es cuantificable, tanto como la violencia ha aumentado la sensación de inseguridad.

Este fue el tema número 1 o número 2 en las elecciones presidenciales de octubre de 1999 y la sospecha de que uno de los candidatos (una mujer) no iba a poder resolverlo eficazmente decidió decenas de miles de votos en su contra. Esto sucedió porque la sensación de violencia no se mide en referencia a la de otras ciudades latinoamericanas, sino que se la compara con la experiencia histórica de buena parte de este siglo en Argentina. La violencia se lee en relación con las expectativas de seguridad.

En los recuerdos del pasado reciente también podría encontrarse un hilo que conduzca a los años de la dictadura donde se vivió la paradoja de una máxima inseguridad jurídica junto con una relativamente baja tasa de pequeños crímenes urbanos. Mientras la dictadura asesinaba por decenas de miles, las ciudades estaban ordenadas por el Estado autoritario. Para quienes no estaban en el foco de una represión que, en la mayoría de los casos significaba muerte o tortura, Buenos Aires era una ciudad que sus habitantes adultos percibían como segura. Era oscuramente enemiga, en cambio, de los grupos juveniles, permanentemente hostilizados no por la delincuencia, ni por sus propias reyertas, sino por la policía.

Ahora bien, el deterioro de la seguridad urbana se ha acentuado. Sus efectos en el imaginario no son políticamente controlables ni se pueden refutar con estadísticas de la represión ejercida entre 1975 y 1982 que costó miles de vidas. Los efectos imaginarios son eso: una configuración de sentidos que se tejen con la experiencia pero no sólo con ella. Por diversas razones, la ciudad de la transición democrática, la ciudad de los últimos casi veinte años, es percibida como más insegura que la ciudad controlada por un Estado terrorista.

Así las cosas, no se trata de demostrar que el imaginario se equivoca. Dentro de las posibilidades de lo imaginario no figura la de equivocarse: el imaginario trabaja con figuraciones no falseables, lo cual no quiere decir que sean equivocadas siempre. Con el imaginario no se discute. Tratemos de entenderlo.

Experiencias de ciudad

No voy a referirme a las experiencias *de la* sociedad sino a cómo se experimenta hoy el hecho de vivir *en* sociedad, a partir de dos aspectos. Uno: las transformaciones urbanas que tuvieron lugar en las grandes ciudades argentinas en las últimas décadas. El otro: la descomposición del tejido de relaciones que sustenta la experiencia concreta (no el modelo teórico) de lo social.

En cuanto al primer aspecto: las grandes ciudades argentinas, en especial Buenos Aires, pero también Rosario, fueron construidas en un lapso relativamente corto. Son ciudades del siglo XIX y, dentro del siglo XIX, ciudades de sus últimas décadas.[1] Las elites que orientaron su construcción sostuvieron, con todas las contradicciones del caso, un ideal de ciudad relativamente homogénea, no porque las clases sociales debían mezclarse invariablemente en cada uno de los puntos de la trama urbana, sino porque ésta debía ofrecer una distribución equitativa de espacios y equipamientos: parques, escuelas, hospitales, bibliotecas (que luego la iniciativa privada completó con teatros, cines, centros comerciales, y la iniciativa pública con clubes deportivos o sociales y asociaciones barriales). Buenos Aires fue concebida de este modo: los grandes parques que bordeaban la costa del río, al este y al norte, tendrían su contraparte y su espejo en los parques del sur; y, con el mismo afán regularizador, se procedió a distribuir escuelas primarias y secundarias y hospitales. La especulación capitalista con la tierra urbana, que proporcionó negocios enormes, debió prosperar en este marco, en conflicto pero también dirigida por él.

La ciudad creció con este ideal homogéneo nunca realizado plenamente pero origen, al mismo tiempo, de muchas intervenciones urbanas. Aunque la división entre sur y norte siempre fue una división entre ricos y pobres, la movilidad social inducía al cruce de esa frontera de clase. Y, para quienes no la cruzaban, la ciudad de los menos ricos era, de todos modos, una ciudad habitable y razonablemente equipada. El *downtown* cultural y comercial era una zona transclase, característica que se acentuó definitivamente durante la primera década peronista, pero que no fue únicamente su producto. Llegar a ese centro era relativamente sencillo por el transporte público.

Esta ciudad es la que hoy ha entrado en crisis. Las diferencias entre norte y sur son dramáticas tanto en seguridad, acceso a servicios y posibilidades de disfrute. El único tramo nuevo de subterráneo que se ha construido en los últimos veinte años en Buenos Aires, se extiende, por dos kilómetros, en la zona norte donde viven las capas medias acomodadas. La ciudad ha sido entregada sin ningún recaudo a las megainversiones capitalistas y los barrios del norte concentran servicios, transportes, mejores escuelas, calles más limpias y mejor seguridad privada y pública.

Aunque la prensa dramatice la inseguridad en que viven los vecinos afluentes, sin duda es en los sectores más deteriorados de los barrios donde la delincuencia y la droga se constituyen como problemas permanentes. Es allí donde también se extiende el territorio de una policía sospechada de corrupción. Rodeando a esta ciudad transformada, el Gran Buenos Aires ofrece un patético y grotesco entramado de villas miseria y barrios pobrísimos, viejos barrios obreros consolidados donde hoy campea la desocupación y franjas enormes de nuevas urbanizaciones cerradas (los llamados *country-clubs* y barrios privados que son la versión tercermundista de los suburbia norteamericanos). En las urbanizaciones del Gran Buenos Aires la violencia es un dato cotidiano ineliminable. Allí está la "maldita policía" que, en los últimos años, no sólo fue incapaz de cumplir sus funciones sino que estuvo vinculada a asesinatos y, de sus filas, salieron cómplices de los atentados a los edificios de la comunidad judía y al asesinato de un periodista.

La sociedad se desvanece

El otro dato del problema, sin duda más complejo que su dimensión urbana, es la atenuación de la idea de pertenencia a una sociedad. Cuando tanto los sectores populares como las capas medias (por razones diferentes y desigualmente fundadas) sienten que el Estado ha dejado de darles la seguridad que, por definición, le toca garantizar, se debilitan los motivos de pertenencia que, en la tradición filosófico-política y sus narraciones fundadoras, sustentan el contrato de producción de lo estatal. En la narración hobbesiana,[2] los hombres entregan una parte de su soberanía, de su derecho natural, precisamente para evitar la guerra de todos contra todos. El príncipe garantiza la paz; en esa garantía y en la entrega contractual que la hace posible, los hombres evitan la guerra de todos contra todos, la desconfianza extrema que origina violencia y pueden vivir como miembros de un cuerpo social.

La violencia urbana da la idea, e impulsa la experiencia, de que el Estado no está en condiciones de garantizar esa paz entre los miembros de la sociedad. La circulación y venta clandestina de armamento, la debilidad o la corrupción de las fuerzas policiales, el desorden de la represión cuando reprime casi siempre excediéndose, son factores del naufragio sufrido por una sociedad que llega a sentir que el Estado ya no puede sostenerla. No se necesita ser filósofo de la política, para experimentar la idea de que el contrato originario (que como toda narración subsiste como mito) está fisurado y que el Estado, pese a los reclamos y pese a las intenciones de los gobernantes, no está en condiciones de hacer aquello para lo cual fue instituido.

En este marco, proliferan los violentos armados para la autodefensa o las iniciativas barriales para que se les reconozca a los vecinos el derecho de organizarse en defensa propia, lo cual implicaría inducir a un estado de guerra de ciudadanos contra ciudadanos. Estas presiones encuentran poca resonancia política, pero su existencia en el nivel cultural y su poder de movilización, incluso para causar muerte, indican un escenario donde la sociedad queda debilitada.

Pero hay otra dimensión de esta debilidad, que tiene poco que ver con transformaciones en la noción política de Estado. La sociedad ha estallado en escenarios.[3] La idea clásica de sociedad presupone una escena única y nacional. Así fueron las sociedades modernas, consolidadas incluso por la fuerza que unió territorios y culturas diferentes y que destruyó resistencias. La globalización y la desterritorialización de las culturas (la cultura mediática es, en un aspecto por lo menos, una cultura desterritorializada) pone en cuestión la idea de una comunidad atenida a un territorio, a una lengua y a ciertas tradiciones. Si, por un lado, los últimos años del siglo XX han visto la persistencia, más allá de todo límite aceptable, de identidades fuertes y agresivas (el último caso fue el de la guerra en Kosovo para la expulsión o la liquidación física de los albano-kosovares), por otro lado, dentro de territorios nacionales cuyas sociedades parecían relativamente estabilizadas en el siglo XX, se producen fisuras que afectan profundamente los sentidos de pertenencia.

Esas fisuras no son sólo efectos del imaginario mediático o del imaginario cultural. Michel Maffesoli se ha referido al debilitamiento de los lazos que definieron la pertenencia a una sociedad "moderna", y la emergencia de configuraciones "de proximidad", inestables pero intensas, que cambiarían como las formas de un caleidoscopio, aunque sus miembros inviertan en ellas una alta afectividad. Estas "nebulosas afectivas" también pueden persistir en el tiempo (es el caso de las deportivas) y provocar identificaciones más fuertes que las societales (*Les temps* 112 y ss.). Néstor García Canclini ha subrayado la relevancia de la figura del consumidor, definido en relación con el mercado y no con otras instituciones de ciudadanía, como articulador de identidades de nuevo tipo (*Consumidores y ciudadanos*). La transformación de los lazos sociales modernos y la implantación de formas de reconocimiento propias de escenarios reducidos, menos universalistas y más específicos culturalmente, caracterizados por una fuerte carga emocional, es bien evidente en las sociedades latinoamericanas pero también en las europeas.

A estas transformaciones se agregan las fisuras y conflictos que rodean a las comunidades de nuevos migrantes. A diferencia de los inmigrantes europeos de comienzos de siglo, las nuevas migraciones son de orígenes diversos. Algunas configuran comunidades perfectamente estabilizadas (como la de los coreanos en Buenos Aires), otras son las víctimas de procesos aún más expulsivos en sus lugares de origen (como es el caso de paraguayos, peruanos y bolivianos). Las diferencias culturales son enormes: mientras los hijos de los coreanos ingresan a las mejores escuelas públicas respondiendo a una demanda familiar altamente competitiva e integradora, los migrantes latinoamericanos ocupan el lugar más miserable dentro de la ancha base de viejos y nuevos pobres. Por razones bien evidentes, esta franja de migrantes no encuentra motivos de integración a la sociedad adonde llegan y son, generalmente, despreciados y considerados una competencia desleal en el mercado de trabajo. El racismo de un lado y el particularismo cultural del otro acentúan la extrema debilidad de los lazos sociales comunes.

Paisaje después del ajuste

Las transformaciones económicas de los últimos quince años en América Latina (lo que se llama el "ajuste") impulsan en la misma dirección. Argentina había sido un país de casi pleno empleo hasta los años ochenta; la parte que correspondía a los asalariados en la riqueza había crecido constantemente, también hasta que comenzó a reducirse desde mediados de los setenta.

Para quienes forman parte de la masa de desocupados y subocupados, estabilizada en alrededor del veinticinco por ciento (sin seguro de desempleo), la idea de que la sociedad es un espacio donde hombres y mujeres no están inevitablemente destinados a la frustración y al fracaso es débil y remota. Más bien, su experiencia señala lo contrario: que sólo excepcionalmente el fracaso puede evitarse. Sus lazos sociales también son débiles y remotos (no existen, por ejemplo, y probablemente no puedan existir, asociaciones de desempleados). En sus barrios, la sociedad es el pequeño grupo de pertenencia, sea cual fuera su configuración: familias ampliadas, comunidad religiosa, grupo juvenil que ya no encuentra incentivos en la institución escolar o ha sido expulsado de ella.

Para los sectores populares el espacio social se ha fragmentado, además, por otras razones suplementarias. Se han reconfigurado las ciudades, divididas por barreras culturales intimidatorias y, naturalmente, por las diferencias en los consumos materiales. La crisis de seguridad afecta e inmoviliza a quienes viven en barrios populares, obligados a garantizar, en todo momento, una presencia en sus casas para evitar depredaciones y robos, y condenados al aislamiento en viviendas donde el equipamiento cultural es mínimo. La movilidad en el tiempo de ocio se reduce y, en consecuencia, también se achican las posibilidades de contacto con otros niveles y consumos sociales. Pero las causas de esta fragmentación serían en cualquier caso transitorias si no estuvieran potenciadas por otras disposiciones de carácter más estable. O si ellas mismas no generaran disposiciones estables.

En este paisaje estallado, la violencia urbana no es sorprendente sino previsible. Sus razones no son mecánicamente económicas, sino de la cultura desagregada que se produce en un medio donde el horizonte de expectativas es precario. Los pobres no salen a delinquir. Los que salen a delinquir son los que viven en una cultura desestabilizada, entre otros factores, por la desocupación y la pobreza. La violencia no está, por supuesto, ligada sólo al delito. Hay violencia en el fútbol, en las diversiones de fin de semana, dentro de las familias, contra las mujeres y los niños, en el trato diario en la calle y entre bandas de adolescentes o de jóvenes.[4] En un clima de hostilidad, se ha generalizado la violencia armada allí donde, hace pocos años, sólo era excepcional.

Los intérpretes autorizados

Para decirlo brevemente, la crisis económica y la redistribución regresiva del ingreso suceden en un período de crisis cultural y debilitamiento de las instituciones que, tradicionalmente, eran las dadoras de legitimidad y poseían autoridad reconocida. La crisis de legitimidad de toda autoridad, que afecta a las escuelas y las familias, incide de modo particularmente intenso allí donde el tejido social ya se ha debilitado por las causas estructurales ya señaladas.

En este marco, las nuevas formaciones culturales, especialmente las del espacio audiovisual, ofertan los sentidos que no pueden ser encontrados en otra parte o que no son aceptados ni creíbles si vienen de otra parte (de la escuela, del sindicato o de la política, por ejemplo). No se ha producido, simplemente, una crisis de interpretaciones, sino más bien un cambio vertiginoso de los lugares desde donde pueden darse interpretaciones autorizadas.

Dos emisores se salvan de la desconfianza general y mantienen o renuevan su autoridad: las iglesias y sus pastores, y los medios de comunicación, en especial algunos periodistas. Sobre los primeros no voy a extenderme, salvo para señalar que operan allí donde se han retirado otras instituciones de la modernidad. Los estudios de campo muestran de qué modo en barrios obreros donde existió una red densa de asociaciones (barriales, políticas, sindicales) las sectas fundamentalistas hoy son un nudo de contactos sociales, especialmente para aquellos sobre quienes recaen las novedades más impactantes de la reconfiguración social y cultural, aquellos que deben procesar cambios y carencias más inmediatas. Estas formaciones religiosas, muy numerosas en el conurbano de Buenos Aires, ofrecen lugares de identificación temporal especialmente valorados por quienes no tienen otras opciones de identificación: son tribus culturales organizadas en redes bastante eficaces. Hoy representan una de las formas principales de la relación no mediada.[5]

En sociedades mediatizadas la esfera comunicacional procesa los datos de la experiencia, los refuerza o los debilita, operando con o contra ellos, aunque es raro que pueda contradecirlos abiertamente salvo en la ficción e, incluso en este caso, sólo según ciertas reglas. Los medios informan sobre aquello que sucede más allá de los límites de la experiencia vivida. Configuran una esfera pública global en el sentido en que se trata de una esfera de saber. Al mismo tiempo, en el caso de la violencia urbana, representan una esfera judicial en el sentido de una actuación teatral.

Por un lado, los medios presentan un registro documental de la violencia. La palabra documental es la más adecuada para designar el estilo de algunos emisores muy populares (Crónica TV, por ejemplo). La información recurre a la toma directa de los sucesos en el momento mismo en que se están produciendo. El ejemplo más conspicuo de los últimos meses fue el de un asalto con rehenes, que se trasmitió en directo interfiriendo de manera inadmisible con las disposiciones de seguridad de la policía y del juez. Pero aun en los casos (que son la mayoría) en que el registro comienza después de que los hechos han terminado, lo que se capta de modo documental son las consecuencias del acto de violencia: cadáveres, escaparates destruidos, agujeros de bala en las paredes, autos chocados durante la persecución, el cuerpo herido de las víctimas vivas cuando llegan a los hospitales, las declaraciones de los testigos o de quienes afirman que lo fueron.

El relato es documental hasta el extremo de que, en Crónica TV, casi no hay cortes y las secuencias son prolongadas, con alzas y bajas de la tensión narrativa. Lo que se trasmite casi no es manipulado por cortes de edición: se trata de una *tranche de vie crapuleuse*, en la tradición naturalista costumbrista que confluyó, hace más de cien años, con la crónica roja. El desorden narrativo se presenta como prueba de la verdad referencial; no se controla la edición porque se quiere mostrar los hechos al mismo tiempo que están sucediendo o lo más cerca posible de ese lapso. Esta proximidad temporal con los hechos es un argumento decisivo en la competencia capitalista por el mercado de la primicia.

Técnicamente, estas tomas directas llevan las marcas de lo documental: cámara en mano, cuadro permanentemente reconstruido por la búsqueda de lo que está sucediendo en el campo de representación, imprecisión de las imágenes por una iluminación natural no preparada para la toma o preparada de manera muy amplia, de modo de que nada de lo que suceda escape a la posibilidad de ser capturado, violentos cambios de foco obligados porque no hay un objeto predeterminado sino una multiplicidad de objetos que se van volviendo significativos para el relato (puertas que se abren o se cierran, autos que salen o llegan a toda velocidad, camilleros que corren con sus cargas de cuerpos heridos, familiares o amigos de las víctimas que, enfurecidos, exigen justicia inmediata o cosas peores).

Los medios reclaman como parte de los derechos de prensa e información, la posibilidad de realizar estas tomas directas en el momento mismo de los acontecimientos. En nombre de la libertad de información transgreden disposiciones explícitas de los jueces, arriesgan la seguridad de detenidos o rehenes y alimentan una indignación perfectamente comprensible en las víctimas pero no sólo en ellas. La crónica roja se ha convertido en crónica cotidiana desbordando los límites del género y ubicándose en los lugares periodísticos de la información general. Ya no hay página ni sección policial propiamente dicha, sino que esta noticia atraviesa todo el diario, radicándose más intensamente en algunas secciones y compitiendo en tapa. Como afirma Jesús Martín Barbero: "Los medios viven de los miedos" (*Pre-textos* 80).

¿Justicia ya?

El cuestionamiento de los procedimientos judiciales acompaña, como subtexto, este dispositivo de imágenes. Comparada con la velocidad de la toma directa documental, la justicia es intolerablemente lenta. Los medios se colocan del lado de las víctimas en el sentido en que ellas, las víctimas, no están interesadas en la construcción de un caso judicial con todas las garantías procesales y probatorias para los presuntos delincuentes, sino que reclaman un castigo directo y sumario. Así lo expresan cuando afirman, ante las cámaras de televisión, que los delincuentes son bestias fuera de todo derecho. En las víctimas este discurso es comprensible porque sobre el dolor de la pérdida o la humillación de la violencia padecida no se apoya una perspectiva de justicia para todos.

Es precisamente desde afuera de ese dolor, y sólo desde afuera, que sería posible garantizar la imparcialidad del juicio. Los medios audiovisuales realizan ese juicio según la costumbre de los regímenes no republicanos: de manera sumaria. Afortunadamente, no son instancias judiciales reales. La peor justicia, la más lenta y torpe, es preferible a un veredicto populista, donde la agitación demagógica del crimen implica una ausencia total de garantías. Frente a una justicia que debe ser invariablemente garantista, los medios audiovisuales son práctica y teóricamente antigarantistas. Se comportan como víctimas, aunque no lo sean. Lo que en las víctimas es comprensible dada su situación de indefensión, en los medios es agitación anti-institucional. Las víctimas le piden al Estado lo que éste debe dar, seguridad, y lo piden como pueden. Los medios tienden a colocarse en el lugar imaginario de una de las esferas del Estado, la de la justicia, y no pueden ni impartir justicia ni garantizar seguridad y, además, no cumplen con su tarea de informar razonadamente.

La izquierda y la seguridad

Al marco descripto hay que agregar algo más: la droga como dato nuevo, cualitativamente diferente de sus usos y su cultura en el pasado. Ni la sociedad argentina ni sus dirigencias políticas estaban preparadas para reconocer de inmediato y actuar, del modo que se decidiera, en un escenario marcado por la presencia de la droga. Tradicionalmente, éste no había sido un tema de los sectores progresistas: desde los años sesenta, la cuestión de la droga había sido encarada como una reivindicación libertaria especialmente en las capas pequeñoburguesas modernizadas. Hasta hace poco la Argentina no fue un lugar de destino, ni un mercado importante, ni un puerto de pasaje decisivo para las redes internacionales. Hoy ha comenzado a ser las tres cosas al mismo tiempo.

La relación de la droga con algunas de las manifestaciones de la violencia urbana se opera en dos niveles. Por un lado, están los hechos que, de modo directo o indirecto, tienen que ver con las consecuencias del consumo o del tráfico. Pero, por otro lado, de modo muy espectacular la sociedad parece haber despertado de un sueño agradable en cuyo transcurso la Argentina estaba relativamente limpia. Hoy nadie cree eso. Por el contrario, en el nivel cultural, la idea de que la droga es una causal de la violencia es un dato del sentido común que casi no hace falta probar: en la descripción de la violencia, sus testigos o sus víctimas casi siempre creen identificar agresores jóvenes y drogados. Ya se dijo que es difícil discutir con un imaginario que, como parece probable, está sustentado en algunos datos bastante sólidos de la experiencia.

La izquierda no consideró que estas cuestiones formaran parte de los problemas sobre los que debía pensar alternativas. Hasta la dictadura militar y durante su transcurso, la cuestión de la seguridad y de la droga eran abordadas sólo en términos de pronunciamientos antirrepresivos. Sólo en los últimos años, se ha comenzado a reconocer la entidad sustancial del problema. Y junto con este reconocimiento el debate incorpora una dimensión nueva: la violencia que supone una anulación de las potencialidades subjetivas y una apropiación del otro, una ocupación considerada ilegítima del espacio urbano y una reconfiguración de las estrategias públicas y privadas, esa violencia produce una experiencia de la temporalidad opuesta a la de las instituciones y la garantías constitucionales.

Éste es el dilema actual de la violencia urbana en Argentina. Responder a los reclamos que se apoyan en la experiencia y también en las figuraciones imaginarias implica sostener, frente a la inmediatez del reclamo y la anulación del tiempo institucional de las garantías, la necesidad de la intervención y, a la vez, la temporalidad de las garantías jurídicas. Este conflicto es material y cultural. No tiene una resolución inmediata aunque debe buscársele un método que sea eficaz y ultrajurídico. La unión de esos adjetivos, casi un oxímoron, demuestra la complejidad del problema que no tiene solución represiva ni tampoco encontraría una solución solamente económica. Cuando la "nueva violencia" se instala, sus causas son sociales. Enfrentarla, en cambio, no implica sólo liquidar esas causas que, en el entretiempo, han implantado configuraciones y reflejos culturales.

Notas

[1] El trabajo más exhaustivo y actualizado en nueva documentación sobre la configuración histórica de Buenos Aires es: Adrián Gorelik, *La grilla y el parque: espacio público y cultura urbana en Buenos Aires, 1887-1936*.

[2] Véase Thomas Hobbes, *Leviathan*, capítulo XIV.

[3] Tomo la idea de la caracterización de Arjun Appadurai del mundo globalizado donde existe una relación transpolítica y cultural entre cinco escenarios, que son denominados "*ethnoscapes*", "*mediascapes*", "*technoscapes*", "*finascapes*" e "*ideoscapes*". La idea es interesante en la medida en que permite pensar no en términos de sociedad nacional unificada sino en términos de espacios específicos de identificación o acción. Véase: Arjun Appadurai, "Disjuncture and difference in the global cultural economy" (275).

[4] Un film de 1999, dirigido por cuatro jóvenes: Nicolás Saad, Mariano De Rosa, Salvador Roselli y Rodrigo Moreno, con el título significativo de *Mala época*, trabaja con estos datos de la hostilidad urbana. Sobre *Mala época*, véase: Rafael Filippelli, "Ellos miran: la perspectiva de *Mala época*" y Adrián Gorelik, "*Mala época* y las representaciones de Buenos Aires".

Sobre la violencia en las tribus juveniles populares, es interesante también la representación de la novela *El sueño del cordero*, de Eduardo Terraneo.

⁵ Sobre las sectas y su incidencia socio-cultural, véase: David Lehmann, *Struggle for the Spirit; Popular Culture and Religious Transformations in Brazil and Latin America* y "Fundamentalismo: una forma de ser moderno"; también véase: Pablo Semán: "Pentecostales: un cristianismo inesperado".

Bibliografía

Appadurai, Arjun. "Disjuncture and difference in the global cultural economy". *The Phantom Public Sphere*. Bruce Robbins, ed. Minneapolis/Londres: University of Minnesota Press, 1993. 269-95.

Filipelli, Rafael. "Ellos miran: la perspectiva de *Mala época*". *Punto de Vista* XXII/64 (agosto 1999): 24-27.

García Canclini, Néstor. *Consumidores y ciudadanos; Conflictos multiculturales de la globalización*. México: Grijalbo, 1996.

Gorelik, Adrián. *La grilla y el parque; espacio público y cultura urbana en Buenos Aires, 1887-1936*. Bernal: Universidad Nacional de Quilmes, 1998.

_____ "*Mala época* y las representaciones de Buenos Aires". *Punto de Vista* XXII/64 (agosto 1999): 27-31.

Hobbes, Thomas. *Leviathan*.Richard Tuck, ed. Cambridge/Nueva York: Cambridge University Press, 1996.

Maffesoli, Michel. *Les temps des tribus; Le déclin de l'individualisme dans les sociétés de masse*. París: Meridiens Klincksieck-Folio, 1988.

Saad, Nicolás y otros. *Mala época*. 4 episodios. Argentina: AVH, 1999.

Martín Barbero, Jesús. *Pre-Textos; Conversaciones sobre la comunicación y sus contextos*. Cali: Editorial Universidad del Valle, 1996.

Terraneo, Eduardo. *El sueño del cordero*. Rosario: Ameghino, 1999.

Lehmann, David. *Struggle for the Spirit; Popular Culture and Religious Transformations in Brazil and Latin America*. Londres, 1996.

_____ "Fundamentalismo: una forma de ser moderno". *Punto de Vista* XXIII/66 (marzo 2000): 20-30.

Semán, Pablo. "Pentecostales: un cristianismo inesperado". *Punto de Vista* XVI/47 (diciembre 1993): 26-30.

Cenas urbanas: a violência como forma

Wander Melo Miranda
Universidade de Brasília

> as palavras de um livro
> sem final, sem final,
> sem final, sem final, final
> *marcelo yuka/o rappa*

CENA 1: A FUNDAÇÃO

Na parede, algumas fotografias em película ortocromática pintada e outras coloridas em papel resinado; no chão, bandejas de ferro dispostas como lápides — tudo reunido sob o título *Imemorial*, inscrito em branco no branco. A instalação da artista brasileira Rosângela Rennó, datada de 1994, restitui ao olhar contemporâneo uma cena invisível: a morte de operários construtores de Brasília. Projeto minucioso de pesquisa no Arquivo Público do Distrito Federal, para realizá-lo a artista retira do fichário trabalhista e enumera seqüencialmente os mais de 5.000 trabalhadores mortos durante a construção da Novacap, bem como registra a grande quantidade de crianças aí empregadas. Informa, ainda, sobre o massacre ocorrido no alojamento de uma empreiteira, quando a Guarda Especial de Brasília, ao ser chamada em razão de uma briga de dois operários por comida, chega atirando (Herkenhoff 171).

A obra de Rennó pauta-se por uma dupla intervenção: primeiro, exuma e reordena *in loco* componentes do arquivo-morto, mobilizados a partir de uma ordem classificatória própria; segundo, expõe publicamente o novo recorte, de acordo com critérios artísticos que inserem os dados escolhidos num outro espaço de circulação social. A rigor, nessa operação desconstrutora, a obra exposta é apenas uma etapa, não só do trabalho de constituição do Arquivo Universal que a artista vem realizando, mas da seqüência interminável, anterior e posterior ao evento rememorado — a fundação da cidade.

O arquivo é, como a cidade, um sistema de discursos que encerra possibilidades enunciativas agrupadas em figuras distintas, compostas umas com as outras segundo relações múltiplas e mantidas ou não conforme regularidades específicas. O arquivo não é, pois, o depósito de enunciados mortos, acumulados de maneira amorfa, como se fossem meros documentos do passado, reduzidos a testemunhos permanentes da identidade de uma cultura. Nas palavras de Foucault, "longe de ser o que unifica tudo o que foi dito no grande murmúrio confuso de um discurso, longe de ser o que nos assegura existir no meio do discurso mantido, é o que diferencia os discursos em sua existência múltipla e os especifica em sua duração própria" (Foucault 161).

A prática arquivística define-se, assim, pelo valor diferencial que congrega e permite, ao mesmo tempo, a subsistência de enunciados e sua regular transformação, a rigor intermináveis. Daí não ser o arquivo descritível em sua totalidade, mas por fragmentos, regiões e níveis, distintos com maior clareza em virtude da distância temporal que dele nos separa. Em suma, ele "é a borda do tempo que envolve nosso presente, que o domina e que o indica em sua alteridade (...) Ele estabelece que somos diferença, que nossa razão é a diferença dos discursos, nossa história a diferença dos tempos, nosso eu a diferença das máscaras" (Foucault 163).

A violência emblematizada pelo modo como a informação é guardada e mantida à distância exprime a natureza arbitrária da acumulação do conhecimento, a maneira como é organizado enquanto capital cultural, ou seja, através de um ato contraditório de subtração e esquecimento forçado. Nesse sentido, a barbárie do procedimento, ao obstruir elos e conexões que instituem lugares alternativos de circulação simbólica, aparenta-se ao ato de preservação cujos mecanismos de seleção e armazenamento tendem a fazer desaparecer a sujeira e a dor (Abbas 149), ao contrário da memória, que faz delas sua matéria. A apropriação do arquivo por Rennó — do que nele é origem da descontinuidade que é a morte, da intermitência que representa em termos de ruína e relíquia — realiza-se como "sub-versão" (González Echevarría 180) ou versão subalterna do metarrelato fundador da cidade moderna, cuja imagem dominante de cartão-postal aparece irremediavelmente deformada, disforme.

Como notou Roberto Schwarz, Brasília "representara um aprofundamento do caráter autoritário e predatório da modernização brasileira, em linha com a tendência que em seguida levaria ao regime militar. Noutras palavras, a realização mais sensacional e abrangente do programa histórico das vanguardas artísticas incluía entre as suas virtualidades o servir de álibi a um processo de modernização passavelmente sinistra, em cuja esteira ainda nos encontramos" (Schwarz 200). O que *Imemorial* nos dá a ver, a seu modo, é essa passagem inconclusa e sempre adiada para o moderno, que se revela sob a forma de uma modernização sem modernidade, sem a incorporação dos valores de um destino comum a ser compartilhado na arena pública. Desde o título, que remete ironicamente ao conjunto do Memorial da América Latina, de autoria do mesmo arquiteto de Brasília, Oscar Niemeyer, a instalação traduz a permanência desse gesto truncado de fundação da cidade enquanto lugar do cidadão. Através do direito *post mortem* à pólis que os fotografados expostos reivindicam, por meio do desejo de pertencimento a ela que expressam, instaura-se como pura transparência a condição fantasmática dessa demanda.

Espacialmente, essa condição se formula pelo uso "arquitetônico" que Rennó faz do espaço do chão e da parede, numa relação especular com as fotos e os textos exibidos. Conforme a observação de Paulo Herkenhoff, "o espelho real fica com as cinqüenta fotografias agrupadas em faixas horizontais, sendo as fotos dos mortos em preto sobre preto, e as das crianças que trabalharam, mas não morreram, em cores muito escuras. Essas fotografias são feitas em filmes gráficos, cuja superfície, muito brilhante e pintada de preto por trás, se torna então um espelho negro, indicativo do lugar de sombra social em que esses narcisos experimentam o desamor coletivo por si. Finalmente, o espelho obscuro, vazio no qual se projetam esses narcisos melancólicos, pode dar a perceber que o retângulo da fotografia pode ser lápide para a morte agenciada" (Herkenhoff 172).

O trabalho de luto da cidade monumento-funerário inaugura a potência recalcada da imagem como crítica da ideologia visual contemporânea. Em certo sentido, para a artista, a transparência ofuscante do espaço urbano do planalto central encerra o simulacro da própria condição semiótica desse espaço e do desvio da função escópica que a reveste: trata-se de *não ver para crer*. A compulsão à invisibilidade — reiterada exaustivamente pelos mais diversos meios de reprodução tecnológica na atualidade — leva ao extremo da amnésia social, por localizar-se, adverte-nos a obra em foco, no ponto mesmo em que o "instantâneo" fotográfico se nega à possibilidade de perlaboração — de integrar uma interpretação e superar as resistências que suscita — ou de memória. Em outros termos, arquiva-se o processo de desrecalque do moderno, no momento em que este parece impor-se em toda sua extensão ao espectador, que, em última instância, é o objeto por excelência das fotos mostradas.

Nesse sentido, a memória e a repetição mnemônica são mobilizadas para afirmar uma perda ou falha primária a que se tenta sobreviver pela resistência à atração sinistra que a disposição das fotos apresenta. Produz-se, então, algo inesperado, da ordem do heterogêneo, na medida em que o olhar do espectador se defronta com uma forma remanescente, uma espécie de aparição fantasmal —*spectrum* — que o instantâneo "fotográfico" consegue capturar. A "faculdade mimética" da operação define-se aí por um deslocamento que afeta o modelo representado pelas fotografias, mostrando o que nunca foi visto ou escrito (Benjamin 71-74). Refotografar torna-se possível somente porque o original não é completo ou idêntico a si mesmo, apesar de ser a matriz poderosa que a intervenção de Rennó irá desfazer ou *de*formar. No limiar da deformação —a um só tempo motor e resultado do trabalho artístico—, a violência constitui-se como limite, para não dizer obstáculo, das articulações culturais que tornariam factível a emergência de novas identidades e sua força de atuação no espaço social.

Ao interromper à sua maneira o fluxo de imagens produzido pelo dispositivo modernizador especial que é a fotografia, Rennó capta o mecanismo de exclusão que resulta no rompimento do tecido urbano e social desde sua origem. O ato de fundação da capital republicana inscreve-se como forma extremada da violência própria à "cidade escassa", que Maria Alice Rezende de Carvalho identifica como "expressão residual da cidadania" e, portanto, pouco apta a "articular os apetites sociais à vida política organizada" (Carvalho 55). É o que *Imemorial* retrata, por meio dos espaços vazios e dos silêncios de Brasília, como negatividade instituinte e aberta à reflexão contemporânea.

Cena 2: A cidade

"(...) Teve dificuldade em atravessar o osso, apanhou o martelo em baixo da pia da cozinha e, com duas marteladas na faca, concluiu a primeira cena daquele ato. O braço decepado não saltou da mesa, ficou ali aos olhos do vingador. A criança esperneava o tanto que podia, seu choro era uma oração sem sujeito e sem Deus para ouvir. Depois não conseguiu chorar alto, sua única atitude era aquela careta, a vermelhidão querendo saltar dos poros e aquele sacudir de perninhas. Cortava o outro braço devagar, aquela porrinha branca tinha que sentir muita dor. Teve a idéia de não se utilizar mais do martelo, a criança sofreria mais se cortasse a parte mais dura vagarosamente. O som da faca decepando o osso era uma melodia suave em seus ouvidos. O bebê estrebuchava com aquela morte lenta. As duas pernas foram cortadas com um pouco mais de trabalho e ajuda do martelo. Mesmo sem os quatro membros o nenê sacudia-se. O assassino levou um braço acima da cabeça para descê-la e dividir aquele coração indefeso. O bebê aquietou-se na solidão da morte" (Lins 81-82).

A cena de esquartejamento, um dos episódios mais brutais entre vários outros de *Cidade de Deus*, de Paulo Lins, é exemplar, na sua objetividade e precisão absurdas, da forma como a violência se impõe enquanto linguagem marginalizada, pertencente a "um mundo onde a república não chegou" (Ventura 12) Mais ainda: da forma como essa linguagem funciona no sentido de romper o círculo estreito do confinamento social que é a "neofavela de cimento armado" (Lins 17), nas palavras com que o autor define o condomínio de traficantes, criminosos e trabalhadores que dá título ao romance. A situação diz muito da maneira como o livro, um volume de mais de quinhentas páginas, foi concebido. Resultado da atuação de Paulo Lins como membro da equipe da pesquisa "Crime e criminalidade no Rio de Janeiro", coordenada pela antropóloga Alba Zaluar, a **narra**tiva conjuga a experiência do escritor —negro, ex-favelado e então universitário— com os dados da enquete social. A eles acrescenta o recurso do aproveitamento da técnica da notação sensacionalista do jornal popular, que a perspectiva ficcional encarrega de revestir de força generalizadora.

O compromisso de exprimir o que é excluído —apresentado reiteradamente da perspectiva do monstruoso em sua violência desmedida— é a situação-limite da escrita, que se vê de certo modo coagida pela forma hegemônica do romance e, ao mesmo tempo, tem de fazer dela um campo discursivo aberto o suficiente para articular uma linguagem subalterna. A aderência ao referente[1] é um complicador a mais, na medida em que aproxima o texto da inscrição fotográfica e, em conseqüência, da linguagem dêitica que constitui a fotografia (Barthes 14), apontando para uma realidade extratextual que parece impedir a aludida articulação e restringir a atividade da leitura à confirmação documental. Dito de outra forma, é como se o autor trabalhasse com dois sistemas distintos de signos —a escrita e a fotografia—, mas partindo do primeiro para chegar ao segundo, e não o contrário.

Nesse processo simulado de tradução intersemiótica, de passagem de um sistema de signos a outro, reside, no entanto, a capacidade de o romance constituir-se como escrita ficcional, pois, no percurso da travessia, produz-se a não-coincidência dos termos traduzidos, espécie de falha ou quebra entre a palavra e a imagem (fotográfica), como os versos-epígrafe de Paulo Leminski sugerem desde a abertura do livro: "Vim pelo caminho difícil,/ a linha que nunca termina/ a linha bate na pedra,/ a palavra quebra uma esquina,/ mínima linha vazia,/ a linha, uma vida inteira,/ palavra, palavra minha." Ao enfatizar seu estatuto literário pela indicação auto-reflexiva com que se inicia, *Cidade de Deus* se recusa a "naturalizar" os dados representados, negando-se a fixá-los numa imagem estável, mesmo porque é a velocidade alucinante da sucessão das cenas (fotografias então tornadas fotogramas) que dá um ritmo peculiar à narrativa e lhe empresta uma nitidez formal também peculiar —como se diz de uma imagem que tem boa definição.

A "vertigem de superfície" (Gomes 23) que as cenas provocam —e que o episódio do esquartejamento da criança sintetiza de forma exemplar— retira o peso das imagens configuradas (embora se possa também afirmar que são imagens "pesadas"), desvinculando-as do referente imediato, tal a violência excessiva da situação representada e que parece, por isso, improvável. Mais ainda, é essa vertigem que destitui o texto de qualquer profundidade psicológica, bem como o afasta da certificação sociológica totalizadora das ações e do destino dos personagens, esvaziados que são de uma interioridade que os justifique ou lhes dê sentido. Ao renunciar assim a julgamentos predeterminados ou a explicações compensatórias, a narrativa reforça sua determinação de assumir a violência menos como tema do que como forma da sua radicalidade.

Dito isso, só à primeira vista o romance guarda algum parentesco com a prosa naturalista brasileira, de que seria um herdeiro extemporâneo. Na verdade, não custa enfatizar, seu universo textual é todo ele atravessado pela exposição midiática do acontecimento, o que sobredetermina o andamento veloz da ação, agregando-lhe um valor hiper-realista que parece ser a via mais adequada para enunciar o hiato inerente à visão ao mesmo tempo próxima e distante do objeto que o olhar antropológico transforma em ficção. Daí o aspecto estranhamente inquietante das imagens de violência que, repetidas à exaustão, colocam em xeque a naturalidade e neutralidade com que transitam simultaneamente das páginas do jornal ou da tela da TV para o cotidiano da favela e, por extensão, da cidade. E que nesse trânsito, note-se, justificam e dão momentaneamente legitimidade, da perspectiva do criminoso, aos crimes cometidos.

O romance trabalha com continuidades e descontinuidades na urdidura de uma história que parece não ter fim nem finalidade. Por meio da sucessão ininterrupta de micro-narrativas, que funcionam como flashes fotográficos perceptíveis só o tempo suficiente para que o leitor veja com clareza a carga explosiva que contêm, a narrativa viola a zona de invisibilidade que divide a cidade em duas — a do asfalto e a da favela —, tornando-a uma "cidade partida", para usar a expressão de Zuenir Ventura. Violação que acaba por desfazer essa partição ou a fronteira entre uma "cidade" e a outra, o que se revelará como desconforto na própria recepção crítica do texto do ex-morador da Cidade de Deus, visto ora sob a óptica restritiva do "romance etnográfico", como o define Alba Zaluar na orelha do livro, publicado por uma editora de prestígio, ora com um entusiasmo não isento de cautela por um crítico eminente.[2]

Afinal, o que não se pode suportar ou aceitar de todo? Talvez a banalização da violência na "guerra permanente" (Ventura 142) do tráfico de drogas, a gratuidade do sentido que encerra e se dissemina por toda parte. *Uma forma vazia, sem destino, que não contém mais nenhuma proposição senão ela mesma* —como uma bala perdida cravada num alvo imprevisto. Acercar-se dessa forma é a condição meio impossível da escrita de Paulo Lins. Por isso, o livro se escreve desde um trava-língua que resume sua difícil contemporaneidade, a penosa articulação significante a que se propõe: "Falha a fala. Fala a bala" (Lins 23), declara o autor logo de início. Sob o signo da ameaça ao próprio ato de escrever é que se instaura uma ordem discursiva propícia ao enfrentamento "artístico" da barbárie anunciada, que condena essa ordem ao desaparecimento, no momento mesmo em que ela busca afirmar-se e afirmar sua condição escatológica —"massacrada no estômago com arroz e feijão a quase palavra é defecada ao invés de falada" (Lins 23).

Por isso, também, essa "quase palavra" que é o romance não comporta nada além de sua enunciação, não postula nenhuma intenção programática, como em outra época, na década de 1960, ao tratar de questão semelhante, fora possível a um artista como Hélio Oiticica fazê-lo. Ao aproximar o bandido do revolucionário político, Oiticica constrói uma teoria radical da marginalidade, revolta da arte contra toda forma de opressão, seja ela metafísica, estética, intelectual ou social, e cuja síntese pode-se ler no objeto "Homenagem a Cara de Cavalo" ou no parangolé "Seja Marginal, Seja Herói". Nenhum heroísmo tem lugar em *Cidade de Deus*, pois, "morto no chão, o senhor violento e astuto da vida e da morte dos outros é um menino desdentado, desnutrido e analfabeto, muitas vezes descalço e de bermuda, de cor sempre escura, o ponto de acumulação de todas as injustiças de nossa sociedade" (Schwarz 167).

O convívio social muito esgarçado aparece, assim, reduzido quase só a práticas de sobrevivência individual, nas quais a universalização dos direitos se desfaz ante a presença ubíqua do crime organizado (Zalvar 213), cujo poder estreita cada vez mais as relações entre a "bala" e a "fala". A cidade então desaparece. Vista de relance, durante assaltos, fugas ou desovas de cadáveres por policiais ou traficantes, ela é desfigurada, esquartejada pela violência que se impõe como forma incisiva de inscrição imagética.

Imagem da morte ou da impossibilidade de um discurso subalterno que não seja potencialmente letal, *Cidade de Deus* simula efetuar a aproximação entre tempo real e evento. É o modo que encontra para marcar, pela reversão da técnica midiática de que se apropria,[3] uma concepção da realidade histórica da cidade, que cada vez mais tende a desaparecer. O apelo à exterioridade, de que se vale todo o tempo o escritor, ao contrário de propiciar a visibilidade da emergência de novos sujeitos na cena pública brasileira, revela-se uma das condições especiais de enunciação literária do mecanismo de aniquilamento desses sujeitos. Afinal, a existência mesma do livro aponta para um novo quadro de práticas e discursos que permanecem no horizonte de uma possibilidade, ainda que remota, de superar a exclusão.

Cena 3: A cicatriz

De uma outra perspectiva, o desaparecimento da cidade pode ser percebido através da submissão do espaço corporal a técnicas específicas de controle disciplinar. Em projeto também de autoria de Rosângela Rennó —*Cicatriz*—, exposto em 1996 no Museum of Contemporary Art of Los Angeles, imagem e texto defrontam-se com a tarefa de mapear o território minado onde se dá a exclusão dos corpos na cena contemporânea.

Para tanto, a artista mais uma vez se vale da memória e do arquivo, mediadores de uma outra chacina, entre tantas, ocorridas no país. Em 2 de outubro de 1992, no Pavilhão da Casa de Detenção do Complexo Penitenciário do Carandiru, em São Paulo, uma briga entre dois detentos provoca uma revolta que leva a Polícia Militar a invadir o presídio. Como resultado, 111 presos mortos e mais de uma centena de feridos. Nas manchetes dos jornais, aparecem fotografias dos corpos nus, enfileirados em caixões de zinco, com um número pintado à maneira de identificação.

Rennó não trabalha com as fotos da chacina do Carandiru. Superpõe a elas, como um *pentimento*[4] ao avesso, outras figuras do passado. Sua interferência consiste em rasurar, refotografar e recontextualizar algumas imagens de um universo de mais de 15.000 negativos fotográficos de vidro, encontrados na Academia Penitenciária do Estado de São Paulo. As imagens, que recobrem o período de 1920 a 1940, são na sua maioria fotos identificatórias e signaléticas: rostos de frente ou perfil; corpos nus de frente, de lado e de costas. Rennó seleciona fotos de corpos tatuados, amplia alguns detalhes e expõe as novas imagens acompanhadas de textos do Arquivo Universal. São histórias ordinárias de gente comum, retiradas do jornal, de algum modo relacionadas com fotografias, posteriormente reelaboradas pela artista, que elimina nomes, lugares e datas — "um arquivo de imagens escritas, no qual a identidade dos sujeitos é mutilada pela maiúscula seguida do ponto. A indeterminação do sujeito reforça e acentua uma falsa objetividade. O anonimato da situação é também a chancela da sua intenção" (Melendi 4).

A violência que aí se expõe como forma é bastante sutil, filtrada que está por uma linguagem direta, nos textos, e uma certa assepsia do olhar, nas imagens, cuja pulsão carcerária original nos dois registros parece diluir-se na superfície regular das letras em relevo e nas linhas que circundam o desenho das tatuagens —quase como se estas adquirissem autonomia em relação aos corpos onde incidem. O apagamento dos corpos na imagem retoma, assim, a operação tecnológica por excelência da fotografia, para reverter a "cegueira histórica" (Cavada xxvii) que contém a favor da lembrança da segregação e do abandono.

O mais terrível das imagens de *Cicatriz* é nos fazer ver que o seqüestro das identidades que exibe não é efeito provisório de um regime —político ou discursivo— de exceção. Constitui, antes, um regime de continuidade no tempo. A instalação do Carandiru não evoca a chacina tal como ocorrida, mas não cessa de reencená-la, como se "cada disparo da polícia já estivesse anunciado nos disparos da câmara do fotógrafo desconhecido que, mais de cinqüenta anos atrás, tirou as fotos" (Melendi 12). A visibilidade que os corpos adquirem está na razão direta da sua opacidade histórica: quanto mais escuros, mais perceptível torna-se então sua nitidez. A interferência da superfície corporal na trajetória da luz acentua a transformação dos corpos em objeto, a seguir em espectro, metamorfose em tudo distante da espetacularização a que parece estar condenada a imagem no presente.

Esse ato de negatividade delega ao confronto entre texto e imagem em *Cicatriz* um poder de latência —"presença muda" (Gomes 22), para usar os termos da artista— que impulsiona o desdobramento ao infinito não só das possibilidades estruturais do arquivo, mas principalmente do sentido da violência de que é o guardião. O trânsito entre o referente e a imagem (textual ou fotográfica) constitui o lugar de retorno do excluído, marcado justamente pelo ato de intromissão do corpo na transparência óptica buscada,[5] no instante em que se revela, sem subterfúgios, a tensão que permeia o trânsito político entre o indivíduo e a cidade. Aí o espectro encontra sua existência mimética, a fotografia caminha em direção à escrita e ambas se desfazem sob a leveza da luz, que abre espaço para o olhar fundador de uma comunidade arruinada.

Notas

[1] Nas "Notas e agradecimentos" no final do livro, o autor explicita essa opção — "Este romance se baseia em fatos reais" (549) — ao mesmo tempo que indica os passos principais da pesquisa realizada para sua execução.

[2] Refiro-me ao instigante texto de Roberto Schwarz, "Cidade de Deus", em *Seqüências brasileiras* (163-171). Sobre a recepção do livro, ver: Penna, Lucia Artacho. "A bala e a fala" (27-29).

[3] Sobre tempo e imagem, ver Cavada, Eduardo. *Words of Light*, thesis on the photography of history (xxiv et seq).

[4] Diz-se que há *pentimento* quando sob a superfície de uma pintura realizada pode-se perceber os rastros de uma composição anterior, diversa da apresentada como resultado final.

[5] Baseio-me aqui na análise que Alberto Moreiras faz do relato "Apocalipsis de Solentiname", de Julio Cortázar. Cf. Moreiras, Alberto. *Tercer espacio: literatura y duelo en América Latina* (355 et seq).

BIBLIOGRAFIA

Abbas, Ackbar. *Building on disappearance: Hong Kong Architectural and Colonial Space. The Cultural Studies Reader.* Simon During, ed. 2.ed. Londres/Nova Iorque: Routledge, 1999.

Barthes, Roland. *A câmara clara*; nota sobre a fotografia. J. C. Guimarães, trad. Rio de Janeiro: Nova Fronteira, 1984.

Benjamin, Walter. *Angelus Novus*. Torino: Einaudi, 1982.

Carvalho, Maria Alice Rezende de. "Violência no Rio de Janeiro: uma reflexão política". *Linguagens da violência*. Carlos Alberto Messeder Pereira, et al. Rio de Janeiro: Rocco, 2000.

Cavada, Eduardo. *Words of Light*. Thesis on the photography of history. Princeton: Princeton University Press, 1999.

Echevarría, Roberto González. *Myth and Archive; A Theory of Latin America Narrative*. Durham: Duke University Press, 1998.

Foucault, Michel. *A arqueologia do saber*. Luiz F. B. Neves, trad. Petrópolis: Vozes, 1972.

Gomes, Rosângela Rennó. *Cicatriz*. São Paulo: Escola de Comunicação e Artes da Universidade de São Paulo, 1997.

Herkenhoff, Paulo. *Rennó ou a beleza e o dulçor do presente*. Rosângela Rennó. *Rosângela Rennó*. São Paulo: Edusp, 1998.

Lins, Paulo. *Cidade de Deus*. São Paulo: Companhia das Letras, 1997.

Melendi, Maria Angélica. Arquivos do Mal/Mal de Arquivo, p.4. (Inédito).

Moreiras, Alberto. *Tercer espacio: literatura y duelo en América Latina*. Santiago: LOM/Aries, 1999.

Penna, Lucia Artacho. "A bala e a fala". *Cult*. (São Paulo, 1998): 27-29.

Schwarz, Roberto. *Seqüências brasileiras: ensaios*. São Paulo: Companhia das Letras, 1999.

Ventura, Zuenir. *Cidade partida*. São Paulo: Companhia das Letras, 1994.

Zaluar, Alba. *Condomínio do diabo*. Rio de Janeiro: Revan/Ed. UFRJ, 1994.

Violencia, representación y voluntad realista. Entrevista con Víctor Gaviria

Carlos Jáuregui
Vanderbilt University

Víctor Gaviria (Medellín, Colombia 1955) director de *Rodrigo D.-No Futuro* (1990) y de *La vendedora de rosas* (1998), sus más reconocidas y premiadas realizaciones,[1] aceptó nuestra invitación a la Segunda Conferencia Internacional de Estudios Culturales: "Espacio urbano, comunicación y violencia en América Latina" que tuvo lugar en la University of Pittsburgh, los días 31 de marzo y 1 de abril del año 2000. *Rodrigo D*, *La vendedora* y *Sumas y restas* — película que se está rodando actualmente — hacen parte de una trilogía sobre marginalidad y violencia en la ciudad, las "generaciones consumidas por la violencia", la vida de los niños de la calle, y la cultura del "traqueteo" y el narcotráfico. Desde sus producciones tempranas como *Habitantes de la Noche, La Vieja Guardia* y *Los Músicos* (1982-1986), el trabajo de Gaviria está marcado por la decisión de trabajar con "actores naturales" en la construcción de los personajes y el guión.

Al final de la conferencia, Víctor Gaviria presentó *La vendedora de rosas*, abriendo una serie de discusiones y reflexiones referidas a la realización de la misma y al trabajo fílmico con estos actores naturales. La película promovió además, una reflexión sobre las ponencias, una suerte de epílogo del evento; nos invitó a discutir nuevamente muchos de los problemas tratados durante la conferencia, tales como la violencia-escritura de la ciudad, la vigencia de una agenda de derechos humanos, la producción, acumulación y difusión de un capital cultural de la violencia por los medios, la producción de esos "nuevos modos de estar juntos" a los que se refiere Jesús Martín Barbero, o las disimetrías socioeconómicas que hay en la atención crítica al problema de la memoria. En este texto, que hace parte de una serie de conversaciones y entrevistas con el director,[2] Gaviria se refiere a algunos de estos asuntos, conecta los debates de la conferencia con su trabajo como cineasta, y se refiere a algunas críticas hechas a sus películas.

Realismo

Hago cine como una experiencia de conocimiento de mi tiempo, de mi ciudad, de la gente con la que vivo y porque me apasiona la realidad, aunque la realidad a veces se muestre violenta e incomprensible, y aunque sea ante todo ocultamiento. No he vivido el mundo del que hablan algunas de mis películas, salvo de refilón, pero he tratado de dialogar con ese mundo. El cine que yo hago trata de mantener una relación creativa con la realidad mediante el trabajo con actores naturales y la construcción de guiones sobre la base de sus relatos.

Sé que es problemático hablar de realismo. Digamos que en películas como *Rodrigo D* o *La vendedora* lo que tenemos es una voluntad realista, y un imperativo ético respecto a la representación que da lugar a la construcción colectiva de relatos fílmicos. El realismo de mis películas no es la narración costumbrista o truculenta, ni el documental. El realismo ha sido mal entendido como objetividad, como voluntad de calco, como simplificación y falta de complejidad. Creo por el contrario que no hay nada más complicado y ambiguo, nada menos aprensible y más difícil de representar que la realidad, y que el realismo como yo lo entiendo —es decir como voluntad de realismo— asume que esa realidad no es manipulable, que es fragmentaria, que no tiene un significado estable ni abarcable, pero que sin embargo tiene cosas que decir.

Muchos amigos que hacen cine dejan por fuera de los guiones lo turbio, lo que no es explicable, los equívocos y sobre todo no trabajan con la gente que vive las historias que se pretende representar. Yo hago cine con eso que otros dejan de lado: con las historias que transitan por lo social y con lo que los actores de la vida tienen para decir. A veces me gustan más los relatos que dieron origen a los guiones de mis amigos cineastas que las películas que resultan de ellos. El relato antes de la "limpieza" ofrece cosas que no pueden ser contadas de otra manera. Un amigo mío hizo el guión de *Yo soy Bolívar*, una película de Jorge Alí Triana que se está filmando en este momento y que se basa en la historia de un actor de telenovelas que hizo el papel de Bolívar con mucho éxito en su momento. El actor hizo tanto este papel en una serie de televisión y luego en varias giras por los pueblos del país, que empezó a creerse Bolívar. De esto trata la película. Pero lo que quedó por fuera fue que la gente humilde del pueblo empezó a tratar a este "loco" como Bolívar. El actor terminaba en las tabernas o en las cantinas escuchando una cantidad asombrosa de quejas y de pedidos que le hacían los campesinos. La película le dio énfasis a la locura del actor, a quien por cierto nunca entrevistaron. Desapareció la figura redentora del Libertador, aquella que escucha las esperanzas de los humildes, acaso porque parecía inverosímil o era demasiado compleja. El realismo es aquello que podrían haber ofrecido esos campesinos o el propio "loco". Lo otro puede ser gracioso, pero no es realista; sin realismo, la película pierde belleza y dilapida sus resonancias políticas. Es posible que esté siendo injusto o que juzgue mal a mis amigos y colegas, pero tengo la impresión de que no creen mucho en el valor de los relatos de la gente.

ACTORES NATURALES

Empecé a trabajar con actores naturales en unos pequeños cortos en Súper 8. No me gustaba la sobreactuación de los actores de teatro. Poco a poco me encontré con la subactuación y los silencios de los actores naturales. Los actores naturales son testigos. Interesados, partícipes, subjetivos, hasta tendenciosos y todo lo que se quiera, pero testigos al fin y al cabo. En su lenguaje además, surgen memorias olvidadas inalcanzables mediante los procedimientos tradicionales de investigación; me refiero a cosas que no están en los libros ni en la memoria consciente de la cultura. Fue en *La vieja guardia*, sobre los ferroviarios, que me di cuenta de que aquellos actores contaban sus propias historias; introducían en sus gestos y palabras aspectos "menores" de las luchas sindicales, accidentes, dolores y felicidades fugaces, verdades y conocimientos que el actor natural guarda, a veces sin saber. Los personajes se logran mediante la re-narración de las experiencias propias del actor, así sea a propósito de una historia ficticia. Uno cree que inventa cuando en realidad recuerda. En *Los habitantes de la noche* noté que los personajes hablaban un lenguaje que yo no había escrito. Los actores no decían las líneas del guión sino que ponían en sus palabras lo que yo como director les pedía actuar. Estos modismos, formas del habla y jerga tenían un valor extraordinario y le ofrecían a la película lo que ninguna investigación o trabajo actoral podría. La primera vez que empecé a trabajar deliberadamente de esta manera fue en *Los músicos*. Conseguí unos músicos antioqueños que con sus historias, expresiones y lenguaje participaron en la realización de la película. Fue el trabajo con actores naturales lo que me trazó sin querer un camino, por el cual llegué a estas últimas películas sobre la marginalidad. En *Rodrigo D.-No futuro* llevé esta "metodología" al extremo y construí el guión con base en los relatos orales de mis actores y de otros jóvenes que entrevisté. La estructura de estas narraciones y su orden tiene que ver con lo oral, aunque el resultado —por supuesto— no sea equivalente a la oralidad de la que el trabajo surge, sino una construcción con base en ella.

La participación activa del actor natural desafía cualquier afán de unidad de sentido. El personaje se produce entre la narrativa de la propia vida y el proceso de la narración fílmica. La impresión que se tiene de cuando se conoce por primera vez a estos jóvenes de las comunas de Medellín, es que son inconsistentes, que no tienen ni sostienen la ilusión de la coherencia, y que no creen que lo que dicen o lo que son perdure en el mundo. La actuación natural recoge esa fugacidad. La historia se cuenta incluso pese a quien la cuenta. Hay un componente inconsciente del relato que escapa (afortunadamente) al control. Se trata de verdades que alguien podría llamar casualidades, pero que yo prefiero pensar que son resultado de un tipo de trabajo, si se quiere, de una manera de hacer cine. En una de las escenas de "La vendedora" Andrea, uno de los personajes (la niña que recién se ha escapado de su casa) interpela a la protagonista que alucina por efecto del pegante con la observación: "son desilusiones". Así se quedó la escena: con las desilusiones.

Uno puede construir los personajes a partir de muchas cosas, a partir del talento de un actor teatral por ejemplo, o de un personaje literario. En el caso de los actores naturales, el personaje surge de un trabajo con estos actores a quienes no les puedo dar un texto prefijado; el texto lo tengo que sacar con ellos. Un actor natural no se está refiriendo a ningún texto ajeno; simplemente está —como producto de unos ejercicios de improvisación— recordando unas improvisaciones anteriores, teniéndolas en cuenta. El actor natural siempre está improvisando, el profesional está actuando; uno siente que está haciendo un "mandado".

Algunos de los actores de mis películas se han dedicado a la actuación o se han ido para Bogotá y tratado con diversas suertes de triunfar en el mundo de la televisión. La excelencia de un actor natural no es equiparable al entrenamiento de un actor profesional. Son dos cosas distintas. Así como el actor de carrera no funciona en mis películas, los actores naturales no necesariamente saben hacer telenovelas.

Los *afueras* de la película

Uno de los problemas éticos más serios que ofrece el trabajo con actores naturales es que a veces, como en los casos de *Rodrigo D* o de *La vendedora de rosas*, se aprovechan las tragedias reales de seres humanos concretos. La película pasa y las tragedias continúan. La realización de la película no les cambia la vida a los niños. Es importante y éticamente necesario saber que algunos de mis actores han muerto en esas guerras amorfas que se libran en Colombia; muchos siguen en la calle y son presa de la miseria y la droga. El hecho de que las películas no modifiquen la realidad no se le puede imputar al cine, aunque ello pese sobre uno. La película es apenas un conjunto de signos escritos; algunos de estos signos los escriben los protagonistas de estas vidas. Quisiera que la película fuera más que eso. Esa es la culpa que uno tiene y que asumo para hacer mi trabajo. Esta realidad me escandaliza y me desanima. Pero, por otra parte, me parece problemático hablar de lo excluido mediante actos de exclusión, es decir, hablar de los niños de la calle sin los niños de la calle, o de los sicarios sin los sicarios, o de los narcotraficantes sin sus relatos. Gracias a esta participación la película puede ser una obra colectiva. La enunciación colectiva le da una densidad a la película que me es muy difícil de alcanzar de otra manera.

Obviamente los problemas y demoras que implica una filmación de este tipo son muchas. No solamente la adecuación y los cambios continuos en el plan o guión, sino las relaciones a veces tensas entre los productores o el director y los actores, y entre los actores entre sí. Robos, enfrentamientos, engaños, innumerables actos de indisciplina, peleas, rebeldía continua, demoras. Estos problemas hacen más costosa la producción; pero no podíamos pretender hacer la película que queríamos hacer en otras circunstancias. La disciplina que normalmente espera un director (y especialmente un productor) es precisamente contradictoria con la vida y forma de ser de los personajes y actores mismos. Yo no trabajo en la "educación" ni la "rehabilitación". Hay instituciones dedicadas de buena fe a estas labores que se encargan —no sé si con mucho o poco éxito— de cambiar a estos muchachos sin modificar las circunstancias sociales y económicas en las que viven. El disciplinamiento, de cualquier manera, significa la destrucción de lo que me interesa. Así que, hay que trabajar con ese desorden, con esos problemas, con esos enfrentamientos. Cuando estábamos listos a echar a alguno de la producción volvíamos siempre a este principio: *La vendedora* se trataba de esos niños; si no estábamos dispuestos a trabajar con ellos podíamos hacer otra cosa. Hace algún tiempo entendí que los actores naturales me hacen entender sus historias reproduciendo sus conflictos conmigo y mediante una rebeldía que los define. Son en algún sentido transferencias, y como tales una oportunidad para aproximarse a la historia de vida de una persona. La única alternativa es la negociación, el diálogo, el reconocimiento del poder del *Otro*. Esperar, no responder de manera contenciosa. Dejar que sucedan cosas, que se den ciertos conflictos. Intervenir como parte y no como árbitro. Esta violencia y su resistencia a ser objeto ya de una película o una encuesta oficial, o de las ideas de un profesor, acaso salvan la dignidad humana de estos niños, evitan que sean "desechables", como los llama la sociedad colombiana acomodada.

La agresividad recurrente de algunos actores, además, nos señalaba como culpables. Desde el director hasta el espectador cómodamente sentado en una sala de cine, o en su casa, debemos permanecer intranquilos frente a esa niña que nos mira desde la pantalla, o a ese niño hundido en la botella de pegamento. El argumento puede ser ficción, la historia es verdad. No se trata de una alusión a la verdad sino de una verdad enorme que sería imposible sin la presencia de estos niños en la película. De allí la intranquilidad de muchos espectadores después de ver la película y la mía después de hacerla. La vida es más triste, más dura, más alegre; escapa necesariamente a la película e incluso a nuestro intento de comprenderla o hallarle significado. El actor natural señala ese *afuera* de la película, siempre inasible. Es doloroso pero importante saber que cualquier persona, en cualquier lugar, es culpable de lo que les ha pasado a estos niños y niñas; que hacemos parte de la sociedad que los margina y que todos los días los traicionamos. Si algo se pierde y se gana con la mirada de un niño de la calle es la inocencia. El hecho de que podamos dormir tranquilos es un "milagro" de la indiferencia. Yo no puedo dejar de reconocer justicia en su rebeldía y agresividad, su deseo de incendiar el mundo entero y causarle dolores de cabeza a un director de cine. Me parece, repito, apenas justo.

Estos actores me cuentan a veces cómo engañaron a alguien, o le "sacaron" el almuerzo o algún dinero a algún "*traído*". "*Traído*" es una expresión para alguien interesado en hablar con ellos (un profesor, una periodista, un empleado de seguridad social del Estado). Me dicen: "Estuvimos con un traído, un viejito guevón al que nos bebimos toda la tarde y después le sacamos plata". No hace falta una larga reflexión para entender que ese "traído" puedo ser yo. Hay que asumir ese nivel de incomunicabilidad y de diferencia.

La vendedora: pretexto, relato y cine de residuos

A veces trabajo con un relato fundamental en el cual los otros confluyen. Este proceso va produciendo, como dije, una especie de enunciación colectiva. Había leído el cuento "La vendedora de cerillas" hacía muchos años, en un libro con las obras completas de Andersen que me regaló mi papá. Siempre me pareció un cuento de hadas muy anómalo y de todas maneras incómodo, destinado a unos niños "diferentes". Bruno Bettelheim en su *Psicoanálisis de los cuentos de hadas* hace un comentario muy desdeñoso de este cuento, aludiendo su inutilidad. Es posible que el autor pusiera en este cuento la experiencia de la pobreza de su niñez. Me pregunté si podría contar de nuevo el cuento de Andersen con las niñas y niños de la calle de Medellín. El cuento, como mi película, habla del camino hacia el hogar de las alucinaciones, del frío de la sociedad; en este sentido me pareció apropiado volver a contar el cuento de Andersen, lo que no quiere decir repetirlo. Yo supongo que cada vez que se cuenta una historia la historia cambia, y que la mayoría de estos cambios tienen que ver con que el narrador no repite o dobla sino que cuenta de nuevo y entonces lo que se relata es atravesado por las historias que el narrador y su público viven. La lectura más "fiel" del cuento de Andersen tiene que ver con los niños de la calle de mi ciudad y de mi tiempo. La historia real de esos niños y niñas es inconmensurable; no puede ser contada ni comprendida; está hecha de las innumerables y anónimas historias de los niños de las calles de Medellín. Andersen siempre fue un pretexto; no es posible leerlo de otra manera.

El argumento es un esquema y una ficción, pero es alimentado por una *historia* que aunque no puede contarse puede ser aludida con el relato. Creo que no me equivoco pensando que al espectador no lo conmueve el argumento en sí, sino la *historia* que está detrás, que es muchísimo más larga, laberíntica, segmentada, incomprensible y conmovedora. Así surge el relato de *La vendedora* que presenta treinta y dos horas de la vida de un personaje ficticio de catorce años. La película abre una ventana a fragmentos de la vida de este personaje, que a su vez representa una realidad que se nos escapa, entre otras razones porque no la vivimos: la vida no de una sino de muchas niñas y niños, de varias generaciones de niños, de madres, de abuelas, la historia de barrios, de multitudes que viven en la pobreza y la marginación.

Para *La vendedora*, contamos con una joven asesora, Mónica Rodríguez, quien nos ayudó mucho y que fue asesinada antes de que empezáramos la película. Mónica era una especie de *insider* con una capacidad extraordinaria de pasar de un código a otro. A ella le hice unas entrevistas inolvidables que me ayudaron a acercarme al mundo de los jóvenes que usan el pegamento plástico llamado "*sacol*" para alucinar. En esas entrevistas discutimos cosas como las visiones religiosas que tenían los niños de la calle y las imágenes compensatorias del abandono y la pobreza que aparecían bajo efecto de la inhalación del pegamento. Tanto ella como otros niños con los que hablé coincidían en un tipo de alucinaciones relacionadas con la orfandad, la figura maternal, el regreso al útero, el calor, el hogar. Un niño me decía: "Mirá Víctor, la primera vez que metí sacol yo me acordé de mi mamá por primera vez". Después de los años de un abandono, ese pegamento traía a la madre de un lugar perdido en la memoria. Yo tenía la idea —que no es falsa— de que los niños de la calle se ensacolan para pelear contra el hambre y el desamparo; no sabía que los llevaba a un tiempo / espacio tan diferente al ahora / presente, no sabía que también se trataba de un viaje a los afectos. Haciendo la película comprendí que yo también andaba en busca de los afectos y espacios en los que se es feliz. La solución no puede ser quitarle la droga a estos niños para salvar una vida que como en el verso de De Greiff "llevan perdida sin remedio". El uso del sacol según nos contaron muchos de estos niños, producía alucinaciones en las que se restauraba de alguna manera un equilibrio, y un lugar mutilado: la casa que no tienen, los hermanos disgregados, la familia rota. El pegamento "produce" una memoria de lo familiar perdido en la que la figura de la abuelita reemplaza la orfandad, la dureza, el frío del mundo. El cuento se me empezó a parecer mucho a los de los niños de las calles de Medellín. La ciudad con sus industrias y desarrollo produce no sólo muchísimo dinero sino *afueras* de su prosperidad, miles de personas para las que un techo o una mesa llena de comida son alucinaciones provocadas por un pegamento industrial, como en la escena en que la protagonista alucinando regresa a una fiesta luminosa en la que la familia come junta y la abuela sirve bebidas a los invitados. Entendimos que, en nuestro presente y nuestra ciudad, podíamos contar el cuento de Andersen siendo "realistas". En la realidad social y económica que viven estos niños lo fantasioso, lo simbólico y lo realista no tienen linderos claros; los sueños de los niños provocados por el pegamento son a menudo una salida fuera de sus pesadillas cotidianas.

La historia de una niña colombiana en Medellín le da vigencia al cuento de Andersen y, al mismo tiempo, lo desafía. La experiencia narrada es de alguna manera análoga y sin embargo las diferencias específicas exigen modificaciones y cambios.

Los contextos son fundamentales en el tipo de cine que yo hago, lo mismo que el lugar desde el cual se narra. El contexto, que podríamos llamar histórico del cuento de Andersen es diverso al de *La vendedora*. El cuento fue contado de nuevo y —por supuesto— fue adaptado y sufrió las transformaciones que implican contarlo otra vez en el cine y desde Medellín, y con unos niños para quienes lo maravilloso del cuento de Andersen tiene sentido; aunque sea *otro* sentido.

Una de las transformaciones más notorias del cuento es la de la muerte de la protagonista que en lugar de morir de frío muere asesinada después de una cadena de hechos azarosos. Algunos vivimos como si no nos fuéramos a morir nunca. Otros viven como si ya hubieran muerto, viendo pasar su procesión fúnebre delante de ellos. En *Rodrigo D* hay un momento en el que uno de los personajes está en una tienda tomándose una gaseosa; por una calle de tierra que va a una cañada pasa mucha gente que parece dirigirse a un solo lugar. El personaje dice: "pelaíto, parcerito, ¿qué está pasando?" Alguien le responde: "que en tal parte encontraron un muñeco, un traído". A él también lo van a encontrar así; él sabe que esa persona que está en esa cañada puede ser también él. La vida y la muerte, pueden estar en un encuentro a la vuelta de la esquina, en lo que se dice y lo que no, en un malentendido. Octavio Paz señalaba que los latinoamericanos a menudo percibimos que nuestro destino es producido por el azar. En *Los olvidados* de Luis Buñuel un niño sale del reformatorio a comprar unos cigarrillos y se encuentra con otro muchacho; ese encuentro desencadena una serie de acontecimientos por los cuales termina muerto en un basurero. En *La vendedora de rosas* la protagonista muere por el azar que desencadena el borracho que le regala el reloj. Cuando uno habla con personas que han vivido o viven las mil guerras que se dan en este país, siempre se encuentra con que la fatalidad y el absurdo son las únicas maneras de representarse la experiencia de la violencia. La violencia parece venida de otra parte, transferida al ahora y al aquí. Es un monstruo informe regido por algo anterior a la razón; está marcada por una incomprensibilidad que la define. Por eso es tan difícil hablar de ella. Claro que detrás del azar está la pobreza. Yo nunca olvido que el azar es una de las caras de ese otro monstruo.

Violencia y lenguaje

Algunos han notado que mis películas trabajan un tipo de violencia adicional a la del argumento mismo: la del lenguaje de los personajes (la llamada "jerga") que marca una especie de frontera o límite al cual se enfrentan muchos espectadores. Nuestra voluntad realista se encuentra con un lenguaje hecho y haciéndose. Trabajar con actores naturales conlleva lidiar con su lenguaje. Ese lenguaje —que a algunos les parece repetitivo, cansón, vulgar, oscuro, absurdo— expresa y alevosamente alude a la historia y a las historias de muchos, a determinados espacios de la ciudad, a experiencias sociales profundas. Todos tenemos "jerga"; ese no es un "privilegio" de los más pobres, ni de los jóvenes, ni de los criminales, ni de los niños de la calle. Lo que pasa es que —como sucede con la riqueza— la legitimidad de la cultura no está distribuida simétricamente. Desde que empecé a trabajar con actores naturales comprendí la importancia de esas palabras, del lenguaje que fluye contra la normalidad, contra el lenguaje de los libretistas y el lenguaje literario, o contra la economía de la eficiencia y la comunicación. Entre los niños de la calle, ese lenguaje es una riqueza, una práctica de reconocimiento entre ellos y un espacio de resistencia.

Hay un poder enorme en la habilidad para comunicarse con otros sin ser comprendidos por todos, como lo saben, entre otros, los abogados y los críticos literarios. El lenguaje de la calle es un lenguaje de guerra que designa muy bien ese mundo y en el que se juega la obstinación de ciertas identidades. Algunos espectadores —claro— se cansan de oír las palabras *gonorrea, hijueputa, faltón, malparido*. Ese problema, el de la traición a la inteligibilidad, es en todo caso un problema más fácil que el que tiene aquel que sufre la traición diaria de la vida. Es más sencillo no ver una película o irritarse por la palabra *gonorrea* que admitir que para muchos el mundo es literalmente una gonorrea.

Ese lenguaje —que está relacionado tan fuertemente a la identidad de estos niños— tiene algo de monstruoso; esa, creo, es la violencia lingüística que sienten algunos espectadores. Yo no puedo, sin traicionarme, hacer de corrector del habla, y de gramático y preceptor del buen decir de los actores naturales. Ese lenguaje es muchísimo más importante que la película misma porque allí está la historia (la de la ciudad, las de los muchachos, la de los muertos, la de la injusticia, la de las experiencias de vida, la de la solidaridad y la identidad).

Miremos de nuevo la palabra *traído*. *Traído* tradicionalmente es el niño Jesús, es el regalo de la Navidad; el traído a la tierra para la humanidad en diciembre. Las personas que viven excluidas (quienes viven en la calle, los delincuentes pobres) utilizan esa misma palabra pero le dan otro sentido y hasta invierten el significado. Entonces el *traído* es un enemigo, el *traído* es uno cuando uno es un objeto botado y sin valor en manos de otros, alguien (convertido en algo) de quien se puede tomar ventaja. *Traído* no tiene que ver con la vida (el nacimiento de Jesús acompañado de otros regalos) sino con la muerte (el más *traído* es un muerto).

Hay otra expresión común entre los niños de la calle: fulano —dicen elogiándolo— "tiene mucha casa". Es una variación de fulano "es un putas". En *La vendedora* la casa, ese lugar imaginario de lo que falta en la vida, se convierte en un adjetivo. Quien "tiene casa" —aunque literalmente no la tenga— es alguien destacado. Para mí, una expresión como esa debe entrar en el relato a riesgo de que no se la entienda. En la simple expresión están las historias acumuladas de muchas personas con sus dolores y esperanzas. No me refiero, repito, al argumento, sino a la historia como memoria sinuosa, repetitiva, violenta, poética e incomprensible.

El lenguaje se hace más difícil a medida que uno se aleja del contexto cultural referido. Yo pienso siempre en el acá y no en los públicos internacionales, o en los hispanohablantes, a los que éstas les parecen películas en otro idioma. El lenguaje de los personajes marca por supuesto una especie de frontera. A mí me parece importante y hasta necesario enfrentarse a esta extrañeza y que de alguna manera el espectador no entienda. El lenguaje, las palabras y hasta los grandes silencios de los actores hablan de y desde la experiencia, una experiencia que por definición se nos escapa, y que nos parece una serie de distorsiones, entre las cuales la lingüística es por irreducible ciertamente una muy agresiva. En otras palabras, lo que violenta al espectador no es la monstruosidad abstracta del lenguaje sino lo que ésta significa como diferencia. Todos hemos estado frente a palabras que nos sorprenden, y en conversaciones intimidantes entre expertos o gente versada en alguna cosa fuera de nuestro alcance.

Aquí la única diferencia es el sector social que nos intimida. Cuando empecé con esto y a hablar y trabajar con actores naturales, recuerdo que vivía en estado de continuo asombro. Me decían "ahí viene un paciente", o "un botado" (alguien solo e indefenso); hablaban de un "chupasangre" refiriéndose a un empresario y así, había una continua circulación creativa de una lengua sometida a una intensa desestabilización. ¿Cómo va uno a dejar algo así fuera de la película? El llamado lenguaje neutral no existe. Lo que sí existe es un intento fallido de homogenizar el lenguaje, o privilegiar determinados registros; en el mejor de los casos para poder vender una película en toda Latinoamérica.

PROYECTOS: LA CONTABILIDAD DE VIDA DE LA CULTURA DEL *TRAQUETEO*

Ahora estoy trabajando en una película que se llama *Sumas y restas*, que trata de las historias del narcotráfico entre 1980 y 1985. Un período muy violento en el cual el Estado colombiano le había declarado la guerra a los narcotraficantes. En la película no trato los hechos sino la cultura de esa época; una época y una cultura en la que reinaba el valor del dinero fácil que Estalislao Zuleta interpretó tan bien en *El elogio de la dificultad*. *Sumas y restas* trata de cómo creció entre nosotros la cultura de la facilidad y la convicción del valor absoluto del dinero y de los objetos.

En relativamente pocos años el narcotráfico transformó la cultura de una manera radical entre todas las clases sociales. La gente se llenó de plata, y pagaron diferentes precios por ese sueño de la felicidad. Conversando con los "traquetos" que manejaban las fachadas legales del negocio del narcotráfico, me contaban "haciendo cuentas" de esos años, cómo aplazaron tantas cosas para después de que consiguieran plata, y cuando ésta llegó, no sabían ni lo que querían. Después de noches enteras de contar billetes, de tener que pesar el dinero por kilos, la vida empezaba a verse borrosa, a vaciarse.

Estoy investigando y trabajando de nuevo con actores naturales; gente que vivió esa época de distintas maneras y que hoy hacen balance de lo que fueron sus vidas. Considero esta película como la última parte de una trilogía en la que estarían *Rodrigo D* y *La vendedora*.

Sumas y restas es la historia de un muchacho que trabaja con propiedad raíz, apoyado y recostado en el dinero del narcotráfico y que en un momento dado necesita meterse a traquetiar porque se ha acostumbrado a la vida fácil y a un tren de vida alto. Se asocia con unos traquetos duros, se mete en una cocina y termina transando con la policía y cayendo en la trampa que le ha puesto su propio socio, quien lo odia y lo secuestra para quitarle todo el dinero. Al final se da cuenta de que se ha metido en un mundo donde no se puede construir nada, ni un negocio, ni una casa, ni una familia, ni una amistad. Nada. El dinero y las cosas dominan todo. Es como si hicieras un barrio a la orilla de un río. Hay un día en que el río te lo borra.

Hace poco hablé con el sobrino de "Machete" que ahora tiene veinticinco años pero que en aquel entonces era un peladito de trece años. Es el que menos sabe de los hechos. Al mismo tiempo es el que más sabe. A los trece años admiraba a ese grupo de matones y entre ellos a "Conguido", un sicario o matón muy culto, que jamás decía malas palabras y que entrenaba artes marciales con el niño. Según me cuenta, salían con su tío "Machete" a tratar de tumbar postes del alumbrado usando una de esas camionetas que tienen un motor que jala un gancho. Hay en este gesto un deseo de desorganizar todo, de ver cuánto aguantaba la realidad. Otra persona que entrevisté me decía que en los dólares falsos Franklin se ríe maliciosamente.

Cuando estoy haciendo estas películas me siento en un proceso de conocimiento muy intuitivo que no tiene que ver con la llamada verdad historiográfica y ni siquiera periodística, sino con verdades éticas y estéticas. Es un conocimiento que no puede reducirse a una proposición. En este sentido es muy difícil de describir. Lo conceptual está en el terreno de las ideas que uno tiene cuando comienza y que son lanzadas a la experiencia, a la acción. La realización de una película como *La vendedora* es el resultado de actos (no necesariamente coincidentes) de muchas personas. Este conocimiento depende claro, por un lado de las preguntas que le hagas a la realidad y por otro de la experiencia que se tenga de la misma.

Algunas críticas

Debo recoger algunos comentarios y críticas, y las discusiones que tuvimos. Estas críticas se refieren a cuatro aspectos de *La vendedora*: su tono melodramático en contraste con *Rodrigo D*, el contrapunto que se da entre la degradación de los objetos y la acción, la falta de cuestionamiento del papel que las fuerzas de seguridad juegan en la violencia de la calle, y la presentación insistente de la miseria y la pobreza.

Alguien me ha hecho notar que el hecho de que *Rodrigo D* sea una historia de muchachos y *La vendedora*, de niñas puede tener algo que ver con la diferencia en el tratamiento de la historia y los personajes y hasta de la música (rock pesado en *Rodrigo* y música melódica en *La vendedora*). La pregunta entonces sería: ¿en qué sentido se vincula el género sexual al tema de las películas y a las distintas formas de violencia social que cada una representa? Es posible que el ambiente predominantemente masculino o femenino de cada película tenga que ver con las diferencias entre los dos trabajos. Pero además, se trata de películas muy diferentes, en las que se exploran asuntos diversos. Para responder a esta cuestión debo señalar tres circunstancias: En primer lugar la rudeza de *Rodrigo D* surge principalmente del trabajo con los actores; ese mundo no tenía por qué repetirse en *La vendedora*. En segundo lugar en cada película la presencia de la muerte y la violencia que permea a los personajes mismos funciona de manera distinta; y por último, en mis películas el dispositivo de la violencia es predominantemente masculino; es decir, el género no es independiente de la producción ni de la representación de la violencia.

Acaso cometo una simplificación enorme pero me parece que esa violencia de la que estamos hablando ocurre primero como exacerbación de lo masculino, y como un desplazamiento de lo femenino. Lo que viene a reemplazar el lugar central de la mujer en ese mundo hipermasculino es la violencia. Esa violencia en su extremo es la muerte, representada precisamente como una figura femenina. De la mujer desalojada quedan huellas, figuras asexuadas, previas a la competencia masculina: la virgen, la madre. Pienso ahora en *La virgen de los sicarios* y en *Rodrigo D*. En *La vendedora*, la virgen está presente pero en un espacio femenino (el de las niñas) que de manera un poco melodramática asume sin pudores lo sentimental. En cierto sentido, en *La vendedora* los exiliados son los hombres; han quedado como caricaturas, agentes de una violencia gesticulante y absurda. Son como figuras fugaces hechas de los vapores del "sacol".

Respecto a la música de *La vendedora* es cierto que secunda el sentimentalismo de la película. Cuando veíamos *La vendedora* sin música la película aparecía demasiado dura, traicionando la alegría, el sentimentalismo, la ternura y las historias que habíamos escuchado de las niñas en la calle.

Se me señalaba también que una serie de objetos y mercancías marcan cada momento de la acción en *La vendedora*: objetos que se degradan como el reloj que desencadena la muerte de la protagonista, los patines robados de la casa, la pólvora que se quema, o la mercadería barata que compran las niñas a un vendedor ambulante en el inquilinato. Las relaciones entre las mercancías degradadas, consumidas y los "desechables" como se les llama en Colombia a quienes viven en la calle, no fue un efecto conciente. No lo buscamos, pero así salió la cosa. El origen está en un relato que me contaron para un documental que hice: dos muchachos muy jóvenes y amigos habían, cada uno, robado un reloj. Uno había robado uno muy vistoso y bonito como para niña que el otro quería para su novia; así que los intercambiaron. Pero el muchacho que se quedó con el reloj de hombre trató de deshacer el negocio al poco tiempo; mientras se bañaba se le había dañado. Su amigo no le dijo que ya se lo había regalado a su novia y que le era imposible devolvérselo. La cosa terminó con que el dueño del reloj dañado mató de un tiro a su amigo. El lugar de la comunicación o del diálogo estaba ocupado por dos relojes que no valen la vida de nadie pero que valen su muerte. De allí tome la anécdota del reloj. Lo que ésta significa en la película no es de ninguna manera una enunciación mía; algo que yo haya querido decir, aunque me alegra que lo diga. De mis conversaciones con varios amigos en Pittsburgh he estado pensando en que el reloj de la protagonista como el de su victimario señala el vaciamiento del espacio social —ocupado por la mercancía degradada— y la muerte. Recientemente he visto unos relojes que marcan las horas con mercancías en lugar de números, la una son unos zapatos, las dos un auto, las tres una camiseta, las cuatro una motocicleta y así sucesivamente. Este es un tiempo marcado por la aparición efímera e insatisfactoria de objetos. El consumismo vació el tiempo y lo llenó de mercancías. Cuando esta sociedad llama a estos niños "desechables" los coloca en el nivel de la mercancía degradable, que se puede gastar.

En *La vendedora* no abordamos a fondo ni el papel de la policía ni el asunto de la prostitución. Fueron cuestiones moduladas en bajo tono, como eventos marginales en la historia. Ambas cosas podían haber lanzado la película en los terrenos de los estereotipos sobre la calle, la pobreza y el "bajo mundo". Los excesos y crímenes oficiales, así como la prostitución, son visibles incluso sin necesidad de la película.

La participación de la policía en la película es relativamente positiva: intervienen para quitarle el pegamento a un niño. Puede sin duda señalarse legítimamente que la participación de las "Fuerzas de seguridad" en los procesos de violencia en Colombia, especialmente en relación con los indigentes ha sido diferente. Los escuadrones de la muerte y las operaciones de "limpieza" son desafortunadamente comunes en toda Latinoamérica. Pero, por otra parte, los "policías malos" son una especie de lugar común que no aporta mucho a la percepción que la mayoría del público tiene de los verdugos de niños y desposeídos. Además, esa cosa fácil de culpar a la policía desplaza la culpabilidad de todos nosotros. No queríamos ofrecer ese amparo (el policía malo) para la culpa del ciudadano "respetable" que permite el abandono en el que esas "limpiezas" son posibles. Lo terrible del "malo de la película" es que nos hace buenos.

Por último, quiero comentar algo respecto a mi supuesta insistencia pertinaz en la miseria y la pobreza. Las niñas en la calle viven en condiciones que no podemos ni siquiera imaginarnos. Pero a pesar de todo, en sus vidas hay belleza y alegría. Nos interesaban las historias humanas, la ternura, la solidaridad, la dignidad de estas niñas aun en medio del abandono y la pobreza, de la droga y la amenaza continua de convertirse ellas mismas en mercancías. Esto es algo que me llamó la atención desde un primer momento y que no quisimos que se perdiera. Aunque ellas viven cosas tan duras todos los días, hay una mirada sensible del mundo y un sentido de humanidad que hace por ejemplo que cuiden a una amiga, que sean entre ellas como las mamás que no han tenido, y que a veces se protejan entre sí contra la droga o contra tantos otros peligros de la calle. En cada secuencia de la película intentamos presentar esos pequeños detalles que son como pequeños poemas. En cada escena por dura y brutal que parezca, existe una dimensión humana que trasciende el dolor y la violencia, y que acaso se levanta desde ese dolor y violencia no para comunicarnos el dolor, que es incomunicable, sino para defender la persistencia de la humanidad.

A veces el impacto de las películas alimenta la crítica que señala que el realismo de mis películas sólo ve el lado abyecto de la realidad colombiana, o que mi cine explota la miseria, la tragedia y la violencia. En *Rodrigo D* traté de no hacer juicios de valor y el proyecto de *La vendedora* se realizó bajo el entendido de evitar juzgar a los personajes y a los actores. Esa crudeza y la suspensión del juicio moral tiene críticos de buena fe y también críticos a los que —además de no gustarles la película— sencillamente no les gustan los sectores sociales que ella representa, ni su lenguaje y cultura. Yo no creo que *Rodrigo D* ni *La vendedora* sean películas facilistas o sensacionalistas. Tampoco son despiadadamente frías como de alguna manera lo es *La virgen de los sicarios*, que me parece una buena realización, pero que obedece a las ideas de una persona que piensa que este mundo realmente debería desaparecer del todo y en todos sus elementos. El sicario de *La virgen* es un borrador de la página de esta ciudad. Ciertamente es un personaje más alegórico que los de mis películas, en donde la alegoría es accidental. A mí el sicario no me parece una alegoría sino una persona. La vendedora de rosas tampoco es la patria sino una niña abandonada con frío y con algo que decir. Si se producen resonancias alegóricas es sólo como un agregado al realismo que intentamos. No obedecen —únicamente— a lo que yo quiero decir, sino a lo que sucede en una enunciación colectiva, en la que el sicario o la niña participan.

No me gusta la "pornomiseria". En el mundo que exploran las películas que dirijo existe belleza, dignidad y valores sociales. Lo que quiero decir es que a veces lo que es egoísta, brutal, horrible, lo que es abyecto, no es el mundo sino nuestra mirada indiferente, sin empatía, una mirada que diluye lo real. Yo me quito el sombrero ante la humanidad de quienes son mirados por debajo de su dignidad humana fundamental. Mis películas no son "apocalípticas", ni morbosas. Busco desenfocar las miradas, proponer otras y cambiar la relación que se tiene con personas que no existen como interlocutores. Mi trabajo se dirige contra la idea del ciudadano escondido en su subjetividad, que no ve a nadie, que sólo vive en vecindad consigo mismo. Encerrado con cien canales de televisión pareciera que estás interconectado al mundo.

Pero acaso esa niña pobre, sucia, "ignorante", alucinada, despojada de todo menos de su dignidad humana, sea quien te da la oportunidad única de salir de tu vecindario egótico.

No creo mucho en todas las virtualidades de los teóricos de la cultura. Lo que sí puede estar pasando es que la experiencia de la calle y de la violencia se haya convertido para muchos en algo irreal y que en lugar de ser el lugar del encuentro es el espacio del desencuentro. La violencia, repito, es una experiencia que modifica la realidad y a las personas, y que es intransmisible. La violencia frecuentemente indica un cierto fracaso o espacio diferente al de la comunicación. La experiencia de la violencia en Colombia ha sido intensa y ha dejado una serie de ruinas físicas y morales, pero también de historias vitales y hermosas, frente a las cuales me niego a cerrar los ojos o a guardar la cámara. El diálogo por el que todo el mundo clama sólo puede producirse después de la *mirada* y el *conocimiento* ético del *Otro*, que es la base de cualquier proyecto serio de paz y de reconstrucción de esta sociedad.

Notas

[1] *Rodrigo D* fue nominada a una Palm D'Or del *Festival de Cannes* (1990), y recibió entre otros, el premio a la "Mejor película" del *Festival de cine Latino de New York* (1990), el premio "Glauber Rocha" de la Prensa Internacional, *Festival de La Habana* (1990) y el "Opera Prima" en el *IV Salón de cine de Bogotá* (1990). *La vendedora de rosas* fue nominada a una Palm D'Or del *Festival de Cannes* (1998) y a un "Oscar" como mejor película extranjera (1999); obtuvo el "Premio a la mejor película" y "Mejor director" en el Festival de cine de Bogotá (1999), "Mejor director" y "Mejor actriz principal" en el *Festival de Viña del Mar* (Chile, 1999), "Mejor película" en el *Festival de Santa Cruz* (Bolivia, 1999), y "Mejor película" en el *Festival de San Juan de Puerto Rico* (1999); además fue ganadora de siete premios en el *Festival de cine de La Habana* y obtuvo el premio "Golden Egret" al "Mejor director" en el *Festival de Cine de Miami* (1999) y "Mejor película" en el *Denver Latin Film Festival* (1999).

[2] Este texto recoge la primera parte de una serie de tres entrevistas con Víctor Gaviria. Agradezco la colaboración de Tatiana Botero, Luis M. Delgado, Ángela Ramírez y Juana Suárez.

La vendedora de rosas (1998)
DIRECTOR: Víctor Gaviria
ACTORES: Leidy Tabores, Martha Correa, Mileider Gil, Diana Murillo, Liliana Giraldo, Yuli García, Julio Bedoya, Elkin Vargas, Fredy Ríos.
GUIÓN: Víctor Gaviria, Carlos Henao, Diana Ospina
DIRECTOR DE FOTOGRAFÍA: Rodrigo Lalinde, Erwin Goggel
DIRECTOR ARTÍSTICO: Ricardo Duque
MÚSICA: Luis Fernando Franco
EDICIÓN: Agustin Pinto, Víctor Gaviria
PRODUCCIÓN: PRODUCCIONES FILAMENTO - Calle 71 #50-73 - Itagüi - Medellín - Colombia - Tel. (1) 857 26 91 - Fax (1) 857 26 62

TICIO ESCOBAR. Crítico cultural, nació en Asunción, Paraguay, en 1947. Es abogado y licenciado en Filosofía. Coordina el programa "Identidades en Tránsito" promovido por la Fundación Rockefeller y el Centro de Artes Visuales de Asunción. Dirige el Museo de Arte Indígena del Centro de Artes Visuales de Asunción. Es Presidente de la Sección Paraguaya de la interpretación de las artes visuales en el Paraguay. Dos tomos, *Colección de las Américas* (1982 y 1984). *El mito del pueblo* (1986). *Misión: etnocidio* (1988). *La belleza de los otros (arte indígena en el Paraguay)* (1993). *El arte en los tiempos globales* (1997). *La maldición de Nemur* (1999).

HERMANN HERLINGHAUS es profesor e investigador en el Departamento de Lenguas y Literaturas Hispánicas de la Universidad de Pittsburgh. Entre sus libros publicados están: *Modernidad heterogénea. Descentramientos hermenéuticos desde la comunicación en América Latina* (2000). *Contemporaneidad latinoamericana y análisis cultural* (con Jesús Martín-Barbero) (2000). *Posmodernidad en la periferia. Enfoques latinoamericanos de la nueva teoría cultural* (con Monika Walter) (1994).

MARTIN HOPENHAYN. Chileno, filósofo y ensayista, ha publicado artículos y libros de crítica cultural, sobre dinámicas de modernización y el debate modernidad-posmodernidad en América Latina. En torno a estos temas ha dictado cursos y conferencias desde 1984, tanto en Europa como en América Latina. Desde 1989 es investigador de la División de Desarrollo Social de la Comisión Económica para América Latina y el Caribe, CEPAL. Entre sus libros publicados, destacan: *Ni apocalípticos ni integrados: aventuras de la modernidad en América Latina* (1994, Premio Iberoamericano de LASA, 1997); *Esa esquiva modernidad: desarrollo, ciudadanía y cultura en América Latina y el Caribe* (1996, en colaboración con Fernando Calderón y Ernesto Ottone); y *Después del nihilismo: de Nietzsche a Foucault* (1997, finalista en el Concurso Ensayo Anagrama 1995, en España).

CARLOS A. JÁUREGUI. Profesor asistente de literatura latinoamericana en el Department of Spanish and Portuguese de Vanderbilt University. Se encuentra trabajando un libro sobre la redefinición histórica y valores ideológicos del canibalismo como heterotopía o metáfora cultural, en la construcción y fractura de diversos discursos de identidad latinoamericana, en varios momentos de su historia cultural.

JESÚS MARTÍN-BARBERO. Doctorado en Filosofía, con postdoctorado en Antropología y Semiótica. Fundó el Departamento de Ciencias de la Comunicación en la Universidad del Valle, Cali-Colombia. Ha sido presidente de ALAIC —Asociación Latinoamericana de Investigadores de Comunicación— y miembro de la Comisión de Políticas culturales de CLACSO. Acutalmente es profesor-investigador del Departamento de Estudios Sociocultruales del ITESO en Guadalajara, México. Ha publicado: *De los medios a las mediaciones* (1987), *Procesos de comunicación yt matrices de cultura* (1988), *Televisión y melodrama* (1992); con G. Rey *Los ejercicios del ver. Hegemonía audiovisual y ficción televisiva* (1999), *Oficio de cartógrafo. Travesías latinoamericanas de la comunicación en la cultura* (en prensa).

WANDER MELO MIRANDA. Es profesor de la Universidade Federal de Minas Gerais entre sus publicaciones se encuentran: *Narrativas da modernidade* (1999), *A trama do arquivo* (1995), *Silviano Santiago, duplo estilete* (1993) y *Corpos escritos: Graciliano Ramos e Silviano Santiago* (1992).

DOMINGO MILIANI profesor, investigador y crítico. Actualmente es agregado cultural de Venezuela en Chile. Entre sus publicaciones más recientes se encuentran: *Doña Bárbara / Rómulo Gallegos* (1997), *Entre la Historia y la Intemperie* (1997), *Los mejores comentarios reales / Garcilaso de la Vega* (1992), *País de lotófagos: ensayos* (1992) y *Prueba de fuego* (1973).

ALICIA ORTEGA obtuvo en 1993 su maestría en artes en la Universidad Estatal Lomonosov de Moscú y en 1995 su maestría en letras en la Universidad Andina Simón Bolívar, Quito. Ha sido profesora en la Universidad Andina Simón Bolívar, donde se ha desempeñado como docente de literatura y estudios de la cultura y como coordinadora del Programa de Maestría en Letras. Acutalmente realiza sus estudios de doctorado en la Universidad de Pittsburgh. *La ciudad y sus bibliotecas. El graffiti quiteño y la crónica costeña* (1999).

JUAN POBLETE es profesor asistente de literatura latinoamericana en la Universidad de California, Santa Cruz. Cuenta entre sus publicaciones con las siguientes: "Rama, Foucault, González Echevarría: el problema de la construcción del espacio discursivo del siglo XIX latinoamericano" en *Angel Rama y los estudios latinoamericanos* (1997) "El Castellano: la nueva disciplina y el texto nacional en el fin de siglo chileno" en *Revista de Crítica Cultural* (1997), "Rethinking Latinoamericanism-Cultural History, Politics, Identity: On the (Re)Articulations of the Global and the Local" en *International Studies in Philosophy* (1997) y "Homogeneización y heterogeneización en el debate sobre la modernidad y la pos/modernidad" en *Revista de Crítica Literaria Latinoamericana* (1995).

MARY LOUISE PRATT ocupa la cátedra Olive H. Palmer de Humanidades en la Universidad de Stanford, donde enseña en los departamentos de Literatura Comparada, y Español y Portugués. Su libro *Imperial Eyes* (1992), un estudio de literatura de viajes e imperialismo, ha sido traducido al español (Universidad de Quilmes, Argentina) y al portugués (Brasil, EDUSC). Sus ensayos más recientes abarcan la figura de Nellie Campobello, la polémica sobre el testimonio, y las perigrinaciones transnacionales de la Virgen de Zapopan.

ROSSANA REGUILLO-CRUZ. Doctora en Ciencias Sociales con especialidad en antropología social por el CIESAS y la Universidad de Guadalajara. Profesora-investigadora del

Departamento de Estudios Socioculturales del ITESO, donde coordina el Programa de Investigación y dirige la línea "Comunicación y Culturas Urbanas". Autora de varios libros, entre otros: *Estrategias del desencanto. Emergencia de culturas juveniles* (2001); *Ciudadano N. Crónica de la diversidad* (2000); *La construcción simbólica de la ciudad* (1996). Ha participado en varios libros colectivos y ha publicado en numerosas revistas latinoamericanas y europeas. Su trabajo más reciente aborda la construcción social del miedo en las ciudades latinoamericanas.

NELLY RICHARD ha dirigido el Programa "Postdictadura y Transición Democrática" de la Fundación Rockefeller. Ha coordinado el Diplomado en Crítica Cultural de la Universidad Arcis en Santiago de Chile. En 1996, obtuvo al beca Guggenheim. Es autora, entre otras publicaciones, de *Márgenes e instituciones* (1986); *Masculino/femenino* (1993), *La insubordinación de los signos* (1994), *Residuos y metáforas. (Ensayos de crítica cultural sobre el Chile de la transición)* (1998). Desde 1990, dirige la *Revista de Crítica Cultural*.

BEATRIZ SARLO. Profesora de la Universidad de Buenos Aires; directora de la revista cultural *Punto de Vista*. Ha enseñado en las universidades de Columbia, Berkeley, Minnesota, Maryland de Estados Unidos y en Cambridge, Inglaterra. Ha recibido la beca Guggenheim y ha sido fellow del Wilson Center de Washington. Sus últimos libros son: *Escenas de la vida postmoderna* (1994); *Borges, A Writer on the Edge* (1993); *Instantáneas* (1995); *La máquina cultural* (1998) y *Siete ensayos sobre Walter Benjamin* (2000).

JOSÉ TEIXEIRA COELHO NETTO es profesor y director del Museo de Arte Contemporáneo en la Universidad de São Paulo y Director de Políticas Culturales y Acción cultural en la Escuela de Comunicación y artes de esa misma institución. Entre sus publicaciones se cuentan *Moderno/Pósmoderno* (1995), *Dicionário crítico de política cultural* (1997), *Arte e utopia* (1987), *A construcção no sentido da arquitetura* (1979). Ficción narrativa: *Neimeyer, um romance* (1994), *Seus deretidos* (1996), *As fúrias da mente* (1998), *O que é utopia?* (1993) y *O que é industria cultural?* (1995).

www.ingramcontent.com/pod-product-compliance
Lightning Source LLC
Chambersburg PA
CBHW071408300426
44114CB00016B/2227